KB046096

와인잔에
담긴
인문학

일러두기

* 단행본의 경우 《 》, 잡지나 단편 작품의 경우 〈 〉로 표기하였습니다.
* 영문, 한문 첨자의 경우 가독성을 위해 꼭 필요한 첨자만 넣고자 하였습니다.
* 본문에 들어간 그림과 사진은 최대한 저작권을 해결하고 싣고자 하였습니다.
* 본문에 들어간 그림과 사진, 내용 중 미처 찾지 못한 저작권이 있다면 corcovado@sigongsa.com 으로 일러주시기 바랍니다. 추후 저작권자 정보가 확인되는 대로 적법한 절차를 밟겠습니다.

한 잔에 담긴
깊은 이야기를 마시다

와인잔에 담긴 인문학

황헌 지음

SIGONGSA

와인 대중화 시대에 꼭 필요한 책

한관규(와인마케팅경영연구원 원장)

오랫동안 와인과 함께 살아왔지만, 지금도 와인이 늘 어렵게 느껴지고 변화하는 와인 소비와 시장을 따라가기가 벅차기만 합니다. 어쩌면 신의 창조물인 와인의 오묘함을 파악하고, 끊임없이 전 세계에서 생산되는 수많은 와인들을 이해하는 것은 불가능한 일인지도 모릅니다. 그렇다고 할지라도 와인을 알고자 노력하다보면, 어느새 즐기고 선호하게 된다는 것을 경험을 통해 알게 되었습니다.

황헌 작가와의 만남은 SNS에서 그의 글을 접했던 것이 계기가 되었습니다. TV 화면에서 버버리 코트를 입고 에펠탑을 배경으로 방송하던 특파원, 이후 뉴스 앵커와 '100분 토론' 진행자로 얼굴이 익은 그가 쓴 와인 관련 글은 전문적인 내용에다 재미가 넘치고 읽기도 좋았습니다.

인문학 지식이 폭넓고 세상 여행 경험이 많은 황헌 작가는 주로 인문학 글을 쓰고, 저는 와인과 관련된 정보 제공과 글을 쓰는 역할을 해보자고 의기투합했습니다. 이렇게 '와인과 인문학의 만남', 약칭 '와인만' 모임이 탄생했습니다. 밴드를 만들어 황헌 작가는 '인문학' 시리즈를, 저는 와인 상식과 다양한 정보를 회원들과 공유하고 있습니다. 이어서 와인과 관련된 궁금증을 쉽고 재미있게 풀 수 있는 방송을 만들자는 목표로 2020년 9월 '와인채널'이라는 정통 와인방송 유튜브 채널을 개설했습니다. 횟수를 거듭할수록 와인 방송의 새 장을 열고 있다고 자부하는 중입니다.

《와인잔에 담긴 인문학》은 와인이 어떤 연유로 인문학과 연관성을 가지는지 쉽고 흥미롭게 구성했습니다. 와인과 인문학의 상관관계를 시대와 지역의 씨줄, 날줄로 엮어 펼쳐나가며 지금까지 어떤 와인 관련 책에서도 좀처럼 접할 수 없었던 이야기를 많이 만날 수 있게 책을 꾸몄습니다.

이 책은 먼저 와인의 특징과 양조 과정을 이해하기 쉽게 설명했습니다. 포도 품종을 소개하며 세계 와인 산지의 여행기를 엮었습니다. 프랑스를 필두로 이탈리아, 스페인, 동유럽 등 유럽의 와이너리 투어를 생동감 있게 전달합니다. 더 나아가 남아공 케이프타운의 와인, 호주와 뉴질랜드, 미국 캘리포니아와 캐나다 아이스 와인, 칠레와 아르헨티나로 상징되는 남미 와인까지 지구를 한 바퀴 도는 와인 여행을 가이드해줍니다. 그리고 와인을 사랑하는 사람들이 꼭 알고 싶어 하는 빈티지부터 와인 병과 잔의 세계, 아로마 바퀴, 어울리는 음식, 프랑스 와인 등급의 재미있는 역사 등 흥미 넘치는 이야기가 다양하게 펼쳐집니다.

와인 초심자들에게 와인이라는 문화의 뿌리부터 성장의 역사까지 두루 알게 해주는 것은 물론 마시는 데 유익한 정보와 에티켓을 잘 설명합니다. 와인 애호가들에게는 깊이 있는 역사와 철학인, 문학적 이야기를 통해 와인에 대한 보다 심층적인 이해를 할 수 있도록 저술했고, 특히 이야기꾼이 전하는 글이라 그런지 책을 잡으면 술술 넘어가는 게 특징입니다.

코로나로 힘든 시기에 출간된 황헌 작가의 이 책이 독자에게 작은 쉼표가 되고, 와인의 가치를 이해하며 이야기를 제공하는 즐거움이 되기를 기대합니다.

와인은 사랑이니까요.

추천의 글

와인은 이제 더 이상 먼 나라의 술이 아닙니다. 우리네 일상에 깊이 파고들어 어디서든 쉽게 접할 수 있는 음식 문화로 자리 잡았습니다. 와인이 주는 즐거움은 와인을 알면 알수록 더 커지는 데 비해 와인을 쉽게 이해하게끔 도와줄 길잡이는 눈에 잘 띄지 않습니다.

과거 MBC 앵커였던 황헌 작가와는 언론인과 취재원의 관계로 만났지만 오랜 세월 교유하다보니 호형호제하는 사이가 됐습니다. 그는 참 묘한 매력을 가졌습니다. 방송기자 출신이면서 글맛을 아는 그가 SNS에 써내려가는 와인 이야기가 늘 각별했습니다. 와인을 걸개로 유럽의 역사를 소개하고, 와인을 가교 삼아 철학을 훑어주었습니다.

《와인잔에 담긴 인문학》을 살펴보니 읽는 즐거움에 미소가 따라옵니다. 대다수의 와인 책이 시도하지 않은 내용인 포도 품종의 이야기를 볼 수 있습니다. 카베르네 소비뇽부터 화이트 와인을 만드는 세미용, 그리고 수십 종의 포도에 얽힌 다채로운 내용을 참 쉽고 재미있게 펼쳐서 소개합니다.

그의 글은 특유의 간결체 문장으로 쉽게 표현해 읽게 만드는 힘이 있습니다. 와인 소비와 와인 지식에 대한 요구가 폭증하는 시대에 꼭 필요한 책을 펴내준 저자에게 큰 박수를 보냅니다.

–박용만(대한상공회의소 회장)

지금은 코로나19 때문에 여행이 어렵지만, 곧 상황이 좋아지리라는 희망을 갖고 그때가 되면 "반드시 가보리라"며 다짐하는 여행지가 늘어만 갑니다.

여행지 중에서 특히 역사가 깊은 유럽을 다녀오고 나면 지도를 펴놓고 오갔던 거리, 머물렀던 장소, 피곤함에 깜빡 잠을 청했던 찻집이나 식당까지 샅샅이 찾아보며 혼자만의 여행을 다시 해보곤 합니다. 예정에 없이 머물게 된 분위기가 남다른 장소, 이동 중 창밖으로 보며 감탄했던 아름다운 곳에 대한 궁금증과 호기심도 커져서 그곳을 다시 찾아봅니다. 그 장소에 대한 의외의 역사나 스토리를 미리 알았더라면 시간을 좀 더 보냈을 텐데 하는 아쉬움을 갖고 재방문하게 되기를 소망합니다.

와인에 대한 생각도 마찬가지입니다. 술을 즐기는 편은 아니지만 그래도 가끔 추천으로 와인 한두 잔을 마시는 날이 있는데, 헤어지고 돌아오면 오늘 내가 마신 게 어떤 와인이었는지 궁금해져 검색해보고는 깜짝 놀랄 때도 있습니다.

'그 와인을 사랑한 사람이 그였다니….'

역사 속의 위대한 어떤 사람이 그토록 사랑하고 즐긴 와인을 오늘 내가 마신 것을 알게 되면서, 역사와 스토리를 알고 와인을 마시는 것과 마신 후에 알게 되는 것은 엄청난 차이가 있지 않을까 생각하게 됩니다. 수백 년 아니 수천 년 이어진 와인의 역사, 그리고 그 와인과 함께한 인물들을 알고 난 이후엔 단순하게 와인을 마시긴 어려울 것 같습니다.

우리가 와인을 마신다는 것은 한낱 몇 잔의 알코올을 들이키는 것이 아니라, 오래전 그 와인을 인생만큼 사랑했던 어떤 사람과의 대화이며 그 와인에 인생을 건 사람들의 역사를 마신다는 생각은 좀 과한 것일까요. 황헌의 《와인잔에 담긴 인문학》을 꼼꼼히 읽고 그 내용을 필요할 때 언제든지 기억해 낼 수 있다면, 와인잔 부딪치는 소리가 기분 좋게 울리는 자리의 주인공은 언제나 당신이 될 것입니다. 사람들은 풍부한 상식 앞에 경의를 표하게 될 테니까요.

–강석우(탤런트, 영화배우)

(제 MBC 후배인) 황헌의 《와인잔에 담긴 인문학》을 읽기 시작하면서 눈을 뗄 수가 없었습니다. 크리스천이면서 와인을 잘 모르는 제게 특별하게 다가온 부분은 '성경과 포도주'였습니다. "대홍수 이후 최초로 포도나무를 심어 경작한 사람으로 기록된 노아", 그 노아가 포도주를 마시고 취해 벌거벗고 잠든 일, 이를 본 함과 셈, 야벳 세 아들의 서로 다른 태도, 그 후 세 아들과 후손의 각기 다른 행로…. '축복'의 포도나무와 포도주에서 종의 '저주'로 이어진 이 사건은 창조주의 은혜와 인간의 죄가 교차하는 인간 삶의 실존과 역사를 상징하는 것처럼 보였습니다. 저자가 "와인은 역사인 동시에 철학이고 문학인 측면이 다분하다"라고 한 건 그래서였을 겁니다. 와인에 대한 지식을 넘어 책 제목처럼 '와인잔에 담긴 인문학'을 음미해보시면 좋겠습니다.

–이인용(삼성전자 사장)

책을 쓰면서

와인은 현대인의 삶에서 매우 중요한 부분이 됐습니다. 유럽 사람들에게 와인과 함께하는 삶은 이미 수천 년의 역사를 갖습니다. 그 오랜 세월 동안 와인에 관한 지식과 정보는 산더미처럼 쌓였습니다. 하지만 많은 이들이 필요한 기본 지식조차 갖추지 못한 채 와인을 마십니다. 적지 않은 분들이 와인과 더불어 살면서도 아쉬움 혹은 갈증을 호소하는 것을 자주 보았습니다. 바로 와인 지식에 대한 허기 때문이었습니다. 기본을 조금만 익혀서 이해하고 마시면 훨씬 좋겠는데 그게 쉽지 않다는 게 공통된 불만이었습니다.

일반인들이 와인에 다가서는 것을 가로막는 장애물은 크게 두 가지입니다. 하나는 알아야 할 정보가 너무나 방대하다는 점입니다. 와인의 종류에서부터 제조 방법, 숙성과 보관, 포도 품종, 지역적 특징 등 숙지해야 할 내용이 많은 게 사실입니다. 다른 하나는 관련 용어가 대부분 프랑스어나 이탈리아어로 돼 있다는 점입니다. 프랑스어를 아는 사람은 많지 않습니다. 낯설고 새로운 용어를 암기해서 와인 지식을 쌓는 것은 매우 어려운 일입니다.

대형 서점의 와인 서가를 찾을 때마다 느끼는 점은 기존의 와인 서적이 대개 쉽지 않다는 것입니다. 상당수의 서적들이 앞서 언급한 와인 학습의 두 가지 장애물을 재현해서 보여줍니다. 이에 오랜 세월 와인을 즐기고 공부해온 필자는 읽는 재미를 줄 수 있는 쉬운 와인 도서를 써보는 것이 좋겠다고 생각했습니다. 복잡한 내용을 최대한 간결하고 어렵지 않게 전달하는 것을 최우선 목표로 삼았습니다. 프랑스어로 된 와인 용어는 그것이 영어로 어떻게 표현되는지 비교함으로써 언어적 장벽을 허무는 데 신경 썼습니다.

필자는 정통 와인 교육을 받은 전문가는 아니지만, 사람들이 알기 쉽고 읽기 쉬운 내용의 글을 쓰는 데 의미를 두고 집필에 착수했습니다. 초심자들의 입장에서 무엇이 가장 궁금한지 경험을 토대로 짚어나갈 수 있었습니다. 전문가의 세계로 진입하는 데는 무엇이 필요한지도 생각할 수 있는 처지가 되면서, 시행착오를 몸으로 체험하면서 쌓은 실전 지식을 포도주 공부에 배고픔을 가진 분들에게 나눠드리기로 했습니다. 저는 처음 와인을 접했을 때 느낀 어려움을 기억합니다. 초보자가 전문가 수준으로 성장하는 데 필요한 학습의 단계별 열쇠를 필자의 경험치에 기대어 제시할 예정입니다. 그 기준과 시각으로 한 문장, 한 페이지씩 써나갔습니다.

이 책은 여느 와인 서적과는 두 가지가 다릅니다. 첫째, 책에 담긴 이야기의 상당 부분이 저의 개인적 인연과 경험에서 비롯됐습니다. 기술한 내용 가운데 많은 부분은 소제목별로 한 편씩 떼어 읽어도 됩니다. 둘째, 와인을 다룬 글이지만 연관된 인문학적 이야기를 많이 담았습니다. 인문학적 재미는 이 책을 읽는 또 다른 즐거움이 될 것입니다. 필자는 34년 언론인의 삶을 마치고 지금은 인문학 글 쓰는 일을 주로 하고 있습니다. 페이스북 등 SNS를 통해 서양 철학의 주요 흐름을 시대와 철학가 중심으로 살펴보는 인문학 글 50편을 썼습니다. 또 인류의 지혜가 담긴 명언과 유명 구절의 인문학적 배경을 살펴본 명언 이야기도 수십 편 썼습니다. 유럽, 호주, 캐나다 동부와 서부, 인도, 미국 동부와 서부, 남아공에 이르는 많은 지역을 여행하면서 인문학 정보를 곁들인 여행기도 50여 편 썼습니다. 와인 관련 글을 집필하는 데 필자가 쓴 인문학 글들은 음으로 양으로 적지 않은 도움이 됐습니다. 서양에서 짧지 않은 시간 머물며 서양 철학과 유럽 역사의 현장을 자주 찾을 수 있었던 것도 특별한 행운이었습니다. 경험하거나 읽은 문학과 역사, 철학의 조각을 포도주와 결합했습니다. 인문학 이야기를 버무림으로써 읽는 재미를 높이려 애썼습니다.

필자에겐 두 차례 유럽에서 체재할 기회가 있었습니다. 저는 1996년부터 1997년까지 영국 카디프시티에서 유학 생활을 했습니다. 그때 처음 만난 와인은 '무통 카데Mouton Cadet'라는 적포도주였습니다. 집 부근 세인즈베리라는 마트에서 무통 카데 한 병을 사 들고 오는 날엔 어김없이 콧노래가 나왔던 기억이 생생합니다. 후일 무통 카데와 보르도의 1등급 '샤토 무통 로칠드Château Mouton Rothschild' 사이의 인연을 알고는 와인 공부의 즐거움을 실감했습니다. 작황 나쁜 해에 와이너리가 내놓은 대중적 브랜드가 바로 무통 카데였던 것입니다. 보르도의 다른 양조업자들로부터 무통 카데 때문에 시기를 받았던 이야기도 흥미 만점이었습니다. 이 내용은 책 본문의 '흥미로운 와인 등급의 역사' 편에 자세히 나옵니다.

2003년부터 2006년까지 프랑스 파리의 MBC 특파원으로 근무한 일도 좋은 기회였습니다. 그 기간 동안 유럽의 주요 도시와 역사 유적지를 거의 섭렵했습니다. 프랑스와 이탈리아, 스페인, 독일의 많은 와이너리를 구경했고, 멀리는 남아공 케이프타운 포도밭도 방문했습니다. 역사의 현장, 철학의 중요한 의미가 담긴 장소, 그리고 포도밭을 찾아 떠난 여행의 횟수가 쌓이며 와인에 대한 이해도 조금씩 높아졌습니다. 2006년 특파원 임기를 마치고 귀임한 이후엔 포도주의 신대륙을 접할 기회가 많았습니다. 미국 나파 밸리와 캐나다 아이스 와인 현장을 직접 찾았습니다. 호주와 뉴질랜드의 와이너리 여러 곳을 체험한 것도 큰 도움이 됐습니다.

이 책은 크게 와인에는 어떤 종류가 있는지를 먼저 다뤘습니다. 와인 종류에 대한 체계적인 학습은 이후 전개될 내용을 이해하는 데 중요한 초석이 될 것입니다. 와인의 종류 다음엔 포도 품종의 이야기가 뒤를 잇습니다. 품종 관련 글은 인문학 수필 혹은 역사 이야기이자 여행기의 성격을 동시에 갖고 있습니다. 여느 와인 책에서는 좀처럼 찾아보기 힘든 내용이라 생각합니다.

와인과 품종 이야기에 이어 실제 와인을 즐기는 데 필요한 지식과 정보를 소개했습니다. 코르크 마개의 역할, 라벨이 말해주는 것, 디캔팅의 의미와 효과, 무수아황산의 진실, 빈티지, 아로마, 병과 잔, 음식과의 조화, 등급과 점수 등 실전에 필요한 정보를 담았습니다. 처음부터 끝까지 차례대로 읽으면 체계적인 이해에 도움이 될 것입니다. 그렇지만 와인을 즐기는 데 필요한 관련 정보만을 찾아서 발췌독하는 것도 괜찮은 방법입니다. 관심이나 흥미가 있는 부분만 골라 읽어도 무방합니다. 앞뒤의 연결성이 있긴 하지만 각각의 주제마다 고유한 내용을 담고 있기 때문입니다.

저의 와인 이야기를 세상 사람들에게 예쁜 책으로 꾸며 출간해주신 시공사 박혜린 회장님과 송정하 본부장님, 그리고 이영인 팀장님을 비롯한 편집진 여러분께 깊은 고마움을 표합니다. 내용을 감수해주시고 주제에 맞는 사진 게재도 기꺼이 허락해주신 와인마케팅경영연구원 한관규 원장님께도 깊은 고마움을 표합니다. 한 원장님은 요즘 필자와 함께 '와인채널'이라는 유튜브 방송도 진행하고 있습니다. 책이 나오기까지 말없이 응원해준 사랑하는 아내 김미선과 홍콩과 뉴욕에서 아버지의 책 출간을 성원해준 두 아들 홍균과 재균에게 이 책을 기쁜 마음으로 선물합니다.

황헌

차례

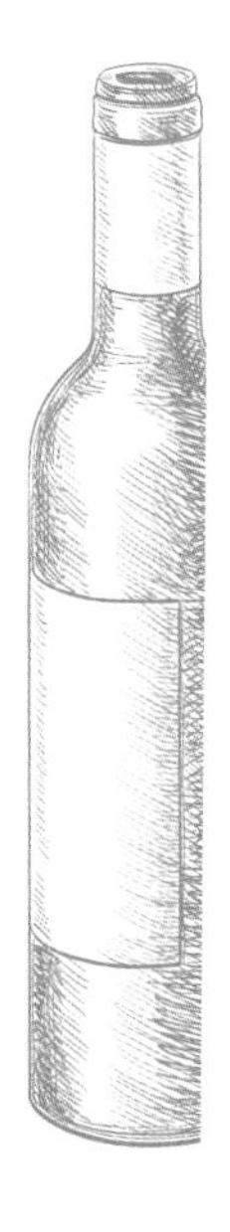

1부 : 와인의 깊은 세계

2부 : 붉은 포도에 얽힌 풍성한 이야기

3부 : 청포도의 깊은 풍미 이야기

4부 : 와인을 둘러싼 이야기들

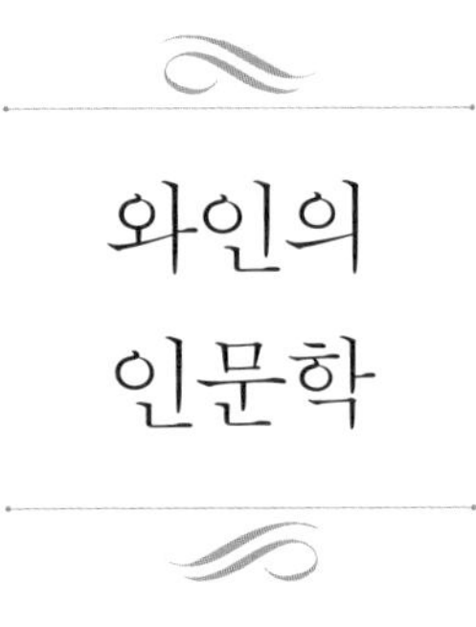

와인의 인문학

와인은 인문학의 영역과 많은 부분 중첩됩니다. 와인은 역사인 동시에 철학이고 문학인 측면이 다분하기 때문입니다. 유럽의 와인 역사는 곧 유럽의 역사와 중복됩니다. 와인을 대하는 시대의 가치는 서양 철학사의 흐름과 닿아 있습니다. 근대 이후 서양의 문학, 음악, 미술의 이면에는 예외 없이 와인이 존재합니다. 포도주는 유럽의 문학, 역사, 철학의 변천사 길목마다 중요한 존재감을 드러냈습니다. 이 책은 기본적으로 와인을 이해하기 위해 설계됐지만, 인문학 관련 함수를 곁들여 볼 수 있도록 집을 지었습니다.

1) 포도주의 시작

포도주 역사의 첫 페이지가 정확히 어떻게 시작됐는지 누구도 알

수 없습니다. 최초로 포도나무를 심어 경작한 사람은 노아로 기록돼 있지요. 노아 이후 10대가 지나면서 자손들이 건설한 세상은 타락한 것으로 성경은 묘사합니다. 특히 수메르 문명이 너무 물질적으로 발달하다보니 우상숭배와 음란이 판치는 세상이 돼, 하나님이 예전에 노아를 선택해서 세상을 구했듯이 이번엔 아브라함을 순수한 광야로 보낸 것입니다. 같은 아브라함의 자손이지만 본처인 사라와 하녀 출신으로 먼저 아브라함의 아이를 낳은 하갈의 갈등이 오늘날 유대인과 아랍인 사이의 길고도 깊은 갈등의 역사를 만들었습니다. 그때가 바로 BC 4500년경입니다.

당시 팔레스타인 지역엔 북동쪽의 수메르 문명과 남서쪽의 이집트 문명이 있었습니다. 물질이 발달한다는 것은 음주의 문화도 크게 융성해진다는 것을 의미합니다. 노아 시대 포도주가 흔했다는 것을 성경이 술회하듯 실제 대략 노아의 시대 혹은 그에 앞선 시대에 인류는 이미 포도주를 마셨을 거라는 증거가 최근 속속 드러나고 있습니다.

2017년 11월 13일 영국 BBC는 인류 역사상 가장 오래된 포도주 숙성용 항아리가 코카서스 지방 흑해 연안의 조지아Georgia(옛 그루지야)에서 발굴됐다고 보도했습니다. 조지아의 수도 트빌리시 남쪽 50킬로미터 부근에서 발굴된 것은 바로 '크베브리Kwevri'라는 포도주 숙성용 항아리였습니다. 과학적 분석 결과, 크베브리에서 포도의 DNA가 대거 검출됐던 것입니다. 이 유적의 연도는 BC 6000년경으로 추정됐습니다. 지금부터 8,000년 전이라는 애기입니다. 당시 조지아에 살던 사람들은 먹고 남은 포도를 크베브리라는 항아리에 넣고 땅속에

묻은 뒤 추운 겨울을 보내고 나면 알맞게 익은 포도주가 만들어진다는 사실을 깨달았던 것입니다.

이렇듯 인류의 포도주 문화는 8,000년이라는 긴긴 역사를 가졌습니다.

조지아에서 발굴된 8,000년 전 크베브리

2) 성경과 포도주

포도는 사람보다 더 오랜 역사를 갖고 있습니다. 포도주 이야기는 구약 창세기부터 신약 요한복음에 이르기까지 자주 등장합니다. 《와인의 역사》의 저자인 로드 필립스에 따르면 성경에는 모두 441번의 포도와 와인에 대한 기록이 나온다고 합니다. 무엇보다 창세기는 포도주에 취해 벌거벗고 잠든 아버지 노아를 본 세 아들 함과 셈, 야벳의 언행의 차이에 의미를 부여합니다. 작은아들 함은 부끄러이 여겨 셈과 야벳에게 고했고 셈과 야벳은 옷을 챙겨 아버지를 모셨습니다. 술에서 깨어난 노아는 함을 괘씸히 여겨 그가 가나안(셈과 야벳의 땅)의 종이 되기를 원한다고 했습니다(창세기 9:20-27).

프랑스에서는 포도주와 관련한 노아의 이야기만큼 중요시하는 대목이 있습니다. 바로 '노아의 방주' 편에 나오는 노아가 포도나무를 심는 일입니다. 대홍수 이후 처음으로 땅에 포도나무를 심는 행위는 포도주에 신성함을 부여하는 의미로 받아들여집니다. 이후 노아가 포도주 마시는 일이 자주 묘사됩니다. 와인을 즐겨 마신 노아는 900세 넘게 장수했다고 구약은 기록합니다.

예수의 첫 번째 기적은 갈릴리 가나의 혼인 잔치에서 일어났습니다. 와인이 다 떨어지자 예수는 물을 와인으로 바꾸는 기적을 행합니다. 거기서도 좋은 와인을 나중에 마시는 게 옳다는 의미의 에피소드가 등장합니다. 혼인 잔치를 이끌던 사람은 예수가 물을 바꿔서 만든 포도주를 마신 뒤 신랑에게 좋은 와인을 나중에 베풀었다며 칭찬합니다(요한복음 2:1-11).

와인을 좋은 것부터 마셔야 옳은지 아니면 반대로 요한복음에 나오는 연회장의 말처럼 훌륭한 와인을 나중에 마시는 게 옳은지 정답은

취한 노아, 미켈란젤로, 시스티나 성당

가나의 혼인 잔치

물론 없습니다. 필자는 이와 관련해 값이 아주 비싼 최고급 와인이 아니라면 성경에 나오듯 먼저 평범한 와인을 마신 뒤 갈수록 맛이 좋은 와인을 마시는 게 옳다고 생각합니다. 그날 준비된 와인 가운데 가장 맛이 뛰어난 것을 먼저 마시면 그 뒤로 나오는 와인은 마시기에 불편하기 때문입니다. 그러나 한 병에 수십만 원 혹은 수백만 원이 넘는 최고급 와인과 평범한 와인을 같이 마시는 경우라면 얘기는 달라집니다. 최고의 맛을 보기 전에 상대적으로 평범한 와인으로 입과 코를 어지럽히면 명품의 진정한 가치를 다 느끼지 못할 수 있습니다. 이런 경우 먼저 최고급 와인을 즐기는 게 좋겠지요.

3) 전쟁과 와인

포도주를 발전시킨 페르시아 전쟁

페르시아 전쟁(BC 492~479년)은 당시 세계 최강의 군대로 오늘날의 인도부터 터키와 이집트까지 정복한 페르시아의 다리우스 1세 왕과 그 아들이 에게해를 거쳐 그리스를 정복하려고 시도한 3차에 걸친 전쟁입니다. 지금의 마라톤 경기가 탄생한 뿌리도 페르시아 전쟁이었습니다. 전쟁은 문화를 이동시킵니다. 포도주는 전쟁 이전부터 도시국가 아테네에도 있었지만, 전쟁을 계기로 동방의 수준 높은 포도주 문화가 전파됐습니다. 최근 이란에서 발굴된 포도주를 담은 용기는 6,000년 전 것으로 추정됐습니다. 뉴욕 메트로폴리탄 미술관이 소장 중인 흙을 빚어 구워낸 와인 주전자는 3,500년 전 이집트 투탕카멘 왕조 시절 사용된 것으로 확인됐습니다. 페르시아는 유구한 역사를 가진 와인 문화를 계승한 왕조였습니다. 따라서 이미 전쟁 당시 유럽보다 차원 높은 와인 문화를 즐기고 있었던 셈입니다.

투탕카멘 왕조 포도주 그릇,
메트로폴리탄 미술관

포도주는 전파 경로가 뚜렷합니다. 올리브의 전파 과정과 거의 같습니다. 오늘날 흑해 연안의 조지아, 아르메니아 등 코카서스 지방에서 시작된 포도주 문화는 이란, 이집트를 거쳐 그리스로 전파됐고 거기서 다시 로마를 거쳐 독일, 프랑스,

스페인, 영국으로 전해졌습니다.

로마는 BC 50년경 갈리아, 즉 오늘날의 프랑스를 정복하면서 지중해 연안에 포도나무를 심기 시작했습니다. 이어 프랑스 본토 깊숙한 지역인 부르고뉴(버건디)와 대서양에 면한 보르도 지역으로 포도나무는 빠르게 전파됐습니다. 보르도의 로마 시대 이름은 '부르디갈라'로, 로마는 이곳을 주도로 만들었습니다. 포도주 운송의 필수 조건은 항구였는데, 보르도는 그 점에서 최적의 지역이었습니다. 항구를 개발해 배편으로 양질의 포도주를 대거 로마로 운송하기 시작한 것도 BC 50년 무렵입니다.

포도나무 이식 가져온 십자군 전쟁

로마 제국이 전성기를 지나면서 중세는 기독교가 지배하는 시대로 변했습니다. 그런 배경으로 일반인들의 포도주 즐기기 문화는 쇠퇴일로를 걸었습니다. 하지만 예수 탄생 이후 기독교에서 포도주는 중요한 성찬의 한 부분으로 자리했고, 예배 때마다 포도주가 필요했던 게 사실입니다. 기독교가 포도주의 명맥을 이어준 셈이지요.

서유럽의 와인 문화에서 결정적 전환점이 된 전쟁이 있습니다. 바로 십자군 전쟁(11세기 말~13세기 말)입니다. 200여 년 동안 계속된 전쟁 기간 내내 십자군은 포도주의 원조인 중동 지역에서 신종 포도나무를 대거 가져옵니다. 그때 옮겨온 포도나무 종자가 사실상 오늘날 서유럽에서 재배되는 포도 수종의 원조가 됐습니다.

수도원은 교회 조직과 넉넉한 노동력에 힘입어 체계적인 포도 농사가 가능했고 포도주를 만드는 기술 수준도 높아졌습니다. 당연히 질 좋은 포도주 만드는 방법에 관한 지식도 탄탄히 쌓을 수 있었습니다. 수도원과 수도승은 중세 포도주 산업을 크게 성장시켰습니다. 당시 유럽엔 황무지가 많았습니다. 수도원은 성찬식에 필요한 포도주의 공급을 위해 황무지를 개간해 포도나무를 심었습니다. 좋은 포도주의 생산이 늘어나면서 교회 수요를 넘어서는 와인을 생산하게 됐고 포도주를 많이 판매할 수 있었습니다. 세금이 면제된 수도원으로서는 부를 축적하는 수단을 확보한 거죠. 수도승은 포교보다는 자신의 도를 닦는 사람입니다. 아침에 일찍 일어나 기도하고 성경을 읽지만, 종일 각자 맡은 일에 충실합니다. 와인을 만드는 수도승은 보다 향과 맛이 좋은 와인 개발에 집중했습니다. 치즈 만드는 수도승, 옷을 만드는 수도승은 각자 자기 몫을 하는 데 최선을 다할 수 있었습니다. 수도원은 현재의 기준으로 보면 두뇌 집단 혹은 전문 연구소와 같은 성격을 띤 측면도 강합니다.

클로 드 부조 와이너리의 가을

프랑스 부르고뉴의 특급 포도밭 '클로 드 부조Château du Clos de Vougeot'의 역사는 12세기에 시작됩니다. 시토파 대수도원에서 포도밭을 개간한 것입니다. 수녀원도 마찬가지로 와인 양조에 기여했습니다. 대표적으로 론의 명품 와인 생산지로 꼽히는 지공다스 마을은 프로방스 생탕드레의 베네딕트 수녀원에서 만든 것입니다.

아비뇽 유수와 와인

1303년 9월 7일 새벽 이탈리아 남동부의 아나니에 프랑스 군대가 급습했습니다. 휴양 중이던 교황 보니파키우스 8세를 압박하기 위한 것이었습니다. 교황은 화를 못 참고 프랑스 왕 필리프 4세가 보낸 장군 앞에 꼿꼿이 서서 소리를 질렀습니다. 그러자 장군이 교황의 뺨을 후려쳤고, 74세의 교황은 치를 떨다가 충격으로 쓰러졌습니다.

아비뇽 유수幽囚는 이렇게 시작됐습니다. 왕권이 교권의 우위에 서면서 일어난 파문이었습니다. 그 전에 필리프 4세가 프랑스 내의 성직자들에게도 세금을 부과하자 교황은 기독교와 교황권에 대한 도전이라며 프랑스 왕에게 파문을 내렸습니다. 이에 프랑스 왕이 교황을 욕보인 것입니다. 로마로 돌아온 교황 보니파키우스 8세는 화병으로 한 달 만에 선종합니다. 그 후 도미니크 수도회 원장이던 베네딕토 11세가 교황에 오르지만, 즉위 1년도 못 가서 무화과를 먹고 숨이 끊어지는 의문의 사건이 일어났습니다. 이어 1305년 교황에 오른 인물은 프랑스 출신의 클레멘스 5세입니다. 교황 즉위 후 그가 처음 한 일은 교황청을 옮기는 것이었습니다. 로마에서 프랑스 남부 아비뇽으로 교황청을 천도했고, 이 모든 일을 필리프 4세가 지휘했습니다.

1309년부터 1377년까지 68년 동안 7인의 프랑스인 교황이 아비뇽에 머물렀습니다. 바로 아비뇽 유수기입니다. 구약성서에서 옛 유태인들이 바빌론에 끌려가서 생활했던 시기를 '바빌론 유수'라 칭하듯, 교황들이 감옥에 갇힌 죄수의 신세로 지냈던 시기라는 의미에서 '아비뇽 유수'라는 표현을 쓰는 것입니다. 로마 가톨릭의 최악의 불명예이자 지우고 싶은 흑역사지만 포도주의 발전 과정으로 볼 때는 성숙의 시기였습니다.

로마에서 교황청을 옮겨오면서 아비뇽은 크게 발전합니다. 프랑스 왕은 교황을 평균 10년에 한 명씩 바꿨습니다. 길들이기를 한 것입니다. 대신 프랑스 왕은 교황들을 호의호식하게 함으로써 입막음을 시도했습니다. 교황청이 옮겨오면서 큰 미사가 자주 열렸는데 그때마다 고급 포도주가 필요했습니다. 아비뇽이 있는 프랑스 남부 론 지역은 그르나슈Grenache와 시라Syrah 두 품종이 자라는 데 최적의 기후와 땅을 가졌습니다. 뜨거운 햇살과 자갈로 이뤄진 토양이 포도 재배에 천상의 조건을 만들어준 겁니다. 교황들은 미사뿐 아니라 평소 만찬 때도 최고급 포도주를 즐길 수 있었습니다.

아비뇽 유수 때 인근 포도밭이 대거 새로이 경작됐습니다. 바로 그 뜻을 담아 '교황의 새로운 성'이란 의미의 '샤토 뇌프 뒤 파프Châteauneuf-du-Pape'라는 명품 와인 생산 마을이 탄생했습니다. 요즘엔 마을의 이름보다 고급 포도주 브랜드로 더 많이 알려졌습니다.

샤토 뇌프 뒤 파프 와이너리

백년 전쟁은 와인 전쟁

1328년 프랑스 왕 샤를 4세가 아들이 없는 상태에서 갑자기 세상을 떠납니다. 사촌인 필리프 백작이 프랑스 왕위에 올라 필리프 6세가 되죠. 그런데 당시 영국의 왕 에드워드 3세는 죽은 샤를 4세의 여동생이 낳은 아들이었습니다. 자신이 외삼촌을 이어 프랑스 왕위를 계승해야 한다고 주장하면서 영국과 프랑스의 싸움이 시작됐습니다.

그러나 백년 전쟁의 실체는 영토 전쟁이었습니다. 영국과 프랑스 왕조는 혼인 동맹을 여러 차례 맺어왔습니다. 그 과정에서 프랑스의 오늘날 보르도 일대가 포함된 가스코뉴 지방을 영국이 소유할 수 있었던 겁니다. 가스코뉴의 최대 특산품은 당대 유럽 최고 품질의 포도주였습니다. 유럽 최대의 와인 산지이자 최고 명품 생산지였던 가스코뉴를 영국이 차지한 것에 프랑스 왕조의 불만은 깊어만 갔습니다. 와인 자체도 문제였지만 세금 수입이 더 심각한 문제였습니다. 가스코뉴 지방에서 생산된 와인을 수출해서 얻는 세금 수입이 프랑스 내 다른 모든 지역의 와인 수출에서 나오는 세금 수입보다 많았습니다. 가스코뉴가 영국 소유다보니 그 세금은 런던으로 고스란히 넘어갔습니다. 프랑스는 이 모습을 계속 볼 수만은 없었던 것입니다.

1337년 필리프 6세가 가스코뉴 지방을 강제로 몰수하자 영국 왕 에드워드 3세가 직접 군대를 이끌고 프랑스를 침공함으로써 백년 전쟁의 막이 올랐습니다. 전쟁 중반까지만 해도 영국이 연전연승을 거뒀지만, 1429년 유명한 프랑스의 성녀 잔 다르크가 군대를 이끌면서 프랑스군은 반전에 성공합니다. 결국 1453년 프랑스의 승리로 백년 전쟁은 마무리됩니다. 116년의 전쟁에서 승리한 프랑스는 당시 세계 최고의 포도주 생산지 보르도가 포함된 가스코뉴를 300년 만에 되찾았습니다.

와인의 종류를 다루는 1부에서 다시 언급하겠지만 백년 전쟁에서 패퇴한 영국은 신선하고 향도 뛰어난 고급 프랑스 와인을 더 이상 구경할 수 없었습니다. 그래서 프랑스가 아닌 스페인과 포르투갈에서 셰리Sherry와 포트Port라는 주정 강화 와인을 만들어 수입했습니다. 와인의 빼어난 향을 오래 느낄 수 있는 또 다른 방법인 화이트 와인의 증류가 시작된 것도 백년 전쟁 이후였습니다. 코냑Cognac은 영국인들의 보르도 와인에 대한 진한 향수 덕분에 빛을 보게 된 술입니다.

나폴레옹 전쟁과 와인

나폴레옹 전쟁은 1797년부터 1815년까지 나폴레옹 1세의 지휘로 프랑스와 유럽 여러 나라가 싸운 전쟁을 총칭합니다. 초기엔 프랑스 혁명 정신을 방위하는 성격을 띠다가 점차 나폴레옹의 침략 전쟁으로 변했습니다. 그 과정에서 나폴레옹은 유럽 각국과 60차례나 싸움을 벌입니다.

처음엔 프랑스혁명 정신을 앞세웠지만 갈수록 자유, 평등, 박애라는 정신을 배반하고 군사독재를 강화해 모순을 빚었습니다. 나폴레옹의 등장을 신선하게 바라보던 독일 철학자 피히테는 그 배신을 비판했습니다. 음악의 천재 베토벤도 나폴레옹을 흠모해 교향곡 3번을 작곡했으나 전쟁 과정에서 보여준 독재에 실망해 작품명을 바꾸게 됩니다. 본래 3번은 요즘 '황제'라는 별칭을 갖고 있지만, 원곡은 오늘날 불리는 제목 '에로이카(영웅)'가 아닌 '보나파르트'였습니다.

나폴레옹 전쟁의 본질은 영국과 프랑스가 당시 세계 경제의 패권을 두고 다툰 전쟁의 측면이 강합니다. 침략받은 영국을 중심으로 반프랑스 동맹을 결성해 항전이 이어졌습니다. 나폴레옹 1세가 좋아한 포도주가 있었습니다. 나폴레옹이 숱한 전쟁에서 이기고 황제의 권위를 지킬 수 있었던 힘은 신중함이었습니다. 그는 잠을 많이 자지 않았습니다. 말수가 적고 술도 삼가는 편이었지만, 단 하나 예외가 있었으니 바로 프랑스 부르고뉴의 와인 '주브레 샹베르탱Gevrey-Chambertin'을 즐기는 일이었습니다.

"샹베르탱 와인 한 잔을 바라보는 것 이상으로 미래를 장밋빛으로

루이 자도의 주브레 샹베르탱 클로 생자크 와이너리 오크

만드는 건 없다."

나폴레옹이 얼마나 샹베르탱을 좋아했는지를 짐작하게 하는 말입니다.

나폴레옹이 포도주가 떨어져 전쟁에서 졌다는 이야기도 전해집니다. 절제력이 뛰어난 황제가 매일 조금씩 마시는 와인 공급이 안 된다고 국가의 운명이 달린 전쟁을 그르쳤다는 건 사실과 다릅니다. 그가 전쟁에서 지고 대서양의 세인트헬레나섬으로 유배 간 계기는 러시아 원정 실패였습니다. 나폴레옹은 45만 대군을 이끌고 러시아 정복을 시도했습니다. 역사상 가장 치열했다는 보로디노 전투에서 승리하고 모스크바 크렘린에 입성하지만, 러시아 군대는 크렘린이 함락됐음에도 모스크바 외곽으로 물러났을 뿐 항복하지 않았습니다. 그때부터 나폴레옹의 고민은 시작됩니다. 겨울이 되면서 식량과 혹한기 전투 장비가 부족해 그 상태로는 전쟁을 이어갈 수 없음을 직감한 것입니다. 마침내 퇴각을 결정했지만 추위와 러시아군의 반격이라는 엄청난 시련이 이어졌습니다. 45만 명을 이끌고 갔던 황제는 목숨만 겨우 부지한 채 1만 명을 데리고 간신히 철수했습니다.

나폴레옹이 좋아했던 샹베르탱은 오늘날 피노 누아Pinot Noir로 만들어진 전 세계 최고 명품 레드 와인 가운데 하나로 대접받고 있습니다.

프랑스를 구한 샴페인

나폴레옹 시대의 종언은 19세기 초 빈 회의로 이어집니다. 이는 전후 처리를 위한 회의였습니다. 승전국인 영국, 러시아, 프로이센, 오스트리아 4국이 참가했습니다. 10개월간 이어진 회의는 각국의 이해관계가 복잡하게 얽혀 순탄히 진행되지 못했습니다. 승전국들은 느긋했지만 패전국인 프랑스는 초조했습니다. 개최국 오스트리아는 매일 사냥이나 연극, 무도회를 열어 자국의 위상을 높이려 했습니다.

패전국 프랑스를 대표한 외교관은 탈레랑 전 외무장관이었습니다. 후일 보르도 1등급 와인으로 지정된 '샤토 오브리옹Château Haut-Brion' 명품 와인을 당시에 소유하고 있었던 그는 와인 전문가였고 정치적 감각이 뛰어난 인물이었습니다. '왕의 요리사이자 요리사의 왕'으로 유명했던 요리사 카렘을 데리고 빈 회의에 온 것도 탈레랑의 아이디어였습니다. 탈레랑은 각국의 외교관들에게 최고급 요리와 샴페인을 매일 대접했고 전쟁을 나폴레옹 탓으로 돌리는 데 성공했습니다. 요리와 와인 향에 취한 유럽 각국의 대표들이 프랑스에 관대한 전후 처리를 할 수 있도록 만들었던 셈입니다.

빈 회의가 열린 쇤부른 궁전 거울의 방

4) 철학과 문학의 샘물이 된 포도주

호머, 플라톤 그리고 심포지엄

《일리아스와 오디세이아》로 인류의 역사와 문학의 문을 연 고대 그리스의 작가 호머와 철학자 플라톤은 각각 다음의 명언으로 포도주를 극찬했습니다.

"지친 사람에게 한 잔의 포도주는 힘을 준다." (호머)
"와인은 신이 인간에게 준 최고의 선물이다." (플라톤)

그리스의 와인 역사는 5,000년이 넘습니다. 호머를 비롯해 플라톤과 아리스토텔레스 같은 고대 지성들 대다수가 포도주를 즐겼습니다. 그런데 재미있는 구석이 있습니다. 그들이 활발한 토론 문화를 초기에 정착시켰던 힘이 포도주에 있었다는 점입니다.

오늘날 우리는 토론회, 좌담회 혹은 학술 세미나의 뜻으로 '심포지엄symposium'이란 어휘를 사용합니다. 심포지엄은 고대 아테네에서 기원했습니다. 어원이 된 단어는 '함께 마시다'라는 뜻을 가진 '심포지아symposia'입니다. 심포지엄이라는 단어는 바로 포도주 때문에 탄생한 것입니다.

고대 그리스의 자유인들은 대개 저녁 식사 후 심포지엄을 열었는데, 초대받은 사람만 모임에 참여할 수 있었습니다. 모두가 모이면 어떤 주제로 대화를 나누면서 포도주를 즐길 것인지 결정합니다. 플라톤의 《향연》에는 사랑의 신 에로스를 주제로 토론하자는 제안이 나와서 참석자들이 와인을 마시며 즐겁게 토론했다는 대목이 등장합니다. 이러한 심포지엄엔 와인이 필수품이었습니다. 손님들을 초청한 주인이 와인을 준비합니다. 그리스인들은 첫 잔을 신에게 바치는 의식인 헌주식獻酒式을 한 뒤 연회를 시작했습니다. 특히 훌륭한 와인의 제조법을 가져온 신 디오니소스에게 감사하는 의미에서 각자 바닥에 와인 몇 방울을 떨어뜨렸다고 합니다. 와인을 함께 마시며 대화하고 즐거움을 나누는 행사가 바로 심포지엄이었습니다. 심포지엄이 무르익으면 참석자 가운데 흥이 오른 이가 먼저 노래를 부르거나 악기를 연주하고 그에 맞춰 춤을 추기도 했습니다. 이렇게 심포지엄은 고대 아테

플라톤의 향연, 안젤름 포이어바흐

네 사람들의 삶에 중요한 요소였고 중대한 의식이었습니다.

포도주를 즐긴 스콜라 철학

중세 철학은 아우구스티누스의 교부 철학과 토마스 아퀴나스의 스콜라 철학으로 요약됩니다. 스콜라 철학은 신 중심의 중세 기독교 철학 기조를 이어가되 신앙을 체계적으로 정리해 이성적 사유를 통해 논증하려 한 철학의 흐름이었습니다. 그 한가운데에 토마스 아퀴나스가 자리합니다. 아퀴나스는 아리스토텔레스의 정치학과 윤리학, 형이상학을 대거 녹여서 이를 기독교 신앙에 접목한 인물로 평가됩니다. 앞서 십자군 전쟁과 아비뇽 유수 이야기를 통해 교회와 수도원이 와인 문화를 발전, 계승하는 중요한 역할을 했다는 점 기억하실 겁니다. 중세 스콜라 철학을 완성한 아퀴나스는 후대에 와서 기독교 성인 반열에 오른 인물이지만 그 역시 포도주를 즐겨 마셨음을 보여주는 대목이 있습니다. 대표적으로 그가 남긴 말이 참으로 의미심장합니다.

"숙면과 목욕, 그리고 한 잔의 포도주는 당신의 슬픔을 사라지게 할 것이다."

750년이 지난 오늘날에도 그의 말은 실감 나게 적용됩니다. 잠을 깊게 충분히 잔 뒤 목욕까지 마치고 한 잔의 와인을 마신다면, 중세나 지금이나 멋스러운 일인 건 마찬가지일 겁니다.

책보다 많은 철학이 있는 와인

"인간은 생각하는 갈대다."

프랑스의 철학자이자 수학자, 물리학자였던 파스칼이 한 말입니다. 《팡세》 혹은 《명상록》으로 알려진 유고집을 통해 세상에 전파됐습니다.

《팡세》에서 파스칼은 이렇게 이어갑니다.

"인간은 자연에서 가장 연약한 한 줄기 갈대일 뿐이다. 그러나 인간은 생각하는 갈대다. 인간을 박살 내기 위해 전 우주

토마스 아퀴나스 초상화

가 무장할 필요는 없다. 한 번 뿜은 증기, 한 방울의 물이면 그를 죽이기에 충분하다. 그러나 우주가 그를 박살 낸다 해도 인간은 그를 죽이는 것보다 더 고귀할 것이다. 인간은 자기가 죽는다는 것을, 우주가 자신보다 우월하다는 것을 알기 때문이다. 우주는 아무것도 모른다. 그러므로 인간의 모든 존엄성은 사유로 이뤄져 있다. 인간이 스스로 높여야 하는 것은 여기서부터지, 인간이 채울 수 없는 공간과 시간에서가 아니다. 그러므로 올바르게 사유하도록 힘써야 한다. 이것이 곧 도덕의 원리일 것이다."

파스칼이 강조한 사유하는 존재, 생각하는 갈대로서의 인간은 도덕 원리를 실천하도록 하기 위한 표현이었음을 느끼게 합니다. 파스칼은 12세에 유클리드 수학을 완파했고, 16세 때 원추 곡선 이론을 발표해 세상을 놀라게 만들었습니다. 당시 파리의 사교계에서는 이 천재를 만나는 것을 큰 영광으로 여겼습니다. 프랑스 왕실의 왕자와 공주들조차 파스칼을 만나고 싶어 안달이었다고 합니다.

파스칼 초상화

파스칼이 어느 날 파티를 마치고 술에 취해 귀가하던 중 타고 가던 마차가 센강 다리를 들이받고 굴러떨어지는 사건이 발생합니다. 그는 마차 밑에 깔린 채 죽는 줄 알았겠지요. 극적으로 구조된 파스칼은 그때부터 죽음 앞의 인생이란 과연 무엇인가에 대해 고뇌했습니다. 이 일이 있고 나서 얼마 지나지 않아 수녀원에 있던 파스칼의 누나가 찾아와 성경을 전했고, 파스칼은 성경을 통해 인생의 허무함은 이 세상의 것으로는 채울 수 없다고 확신합니다. 이후 파스칼은 신의 존재를 증명하기 위해 메모를 하기 시작했고, 그가 죽은 뒤 메모를 모아 출판된 책이 바로《팡세》입니다.

파스칼은 늘 포도주를 가까이 두고 즐겨 마셨습니다. 그렇게 신에게 다가가는 마음과 인간의 도덕 실천의 당위성을 잇는 노력에 집중한 천재는 인류에게 영원히 대체할 수 없는 멋진 포도주 관련 명언을 남겼습니다.

"한 병의 포도주엔 세상의 어떤 책보다 많은 철학이 담겨 있다."

포도주는 생산지나 포도 품종, 양조 방식, 연도에 따라 다양한 깊이와 복합적인 풍미를 가진 불가사의한 음료라고 느낀 파스칼이 남긴 명언입니다. 와인에 대한 생각을 책과 철학으로 비유하는 것은 포도주와 철학 두 분야 모두에서 경지에 오른 사상가에게서나 나올 수 있는 표현일 겁니다.

신은 물을, 인간은 와인을

명작《레 미제라블》의 작가로 잘 알려진 빅토르 위고는 19세기 프랑스를 대표하는 문호이자 사상가입니다. 1802년 2월 26일 프랑스 동부 브장송에서 나폴레옹 군대의 고급장교였던 조제프 위고의 셋째 아들로 태어난 그는 어릴 때부터 빼어난 문학 재능을 보였습니다. 1822년에 첫 시집을 내고 결혼까지 했는데 3년 뒤 프랑스 왕실로부터 최고 명예인 레지옹 도뇌르 기사 훈장을 받기에 이릅니다.

그러나 평탄하던 그의 삶은 1851년 나폴레옹 3세(나폴레옹 보나파르트 1세의 조카)의 등장과 함께 무너집니다. 나폴레옹 3세가 공화정을 무너뜨리고 친위 쿠데타로 왕에 오르는 과정에 반대하면서 위고는 프랑스에서 추방됩니다. 나폴레옹 3세는 파리 만국박람회를 앞두고 1855년 보르도의 와인 등급을 정하게 만든 인물로 프랑스 와인 역사에서 나름 중요한 비중을 차지하는 인물입니다. 위고는 국외 추방 기간 동안 최고의 작품을 썼습니다. 그가 추방된 곳은 벨기에를 거쳐 영국 해협의 저지섬과 건지섬이었습니다. 19년 동안 이 열악한 곳을 전전하면서 인류의 유산으로 평가받는 최고의 작품을 남겼습니다. 잡념 없이 순수하게 집필만 한 결과 소설 《레 미제라블》 등 다수의 명작이 나올 수 있었습니다.

1870년 보불 전쟁에서 패퇴한 나폴레옹 3세가 몰락하면서 위고의 망명 생활도 그해 끝이 납니다. 공화제를 옹호한 지성 위고는 시민들의 열렬한 환호 속에 파리로 복귀합니다. 이때부터 창작과 사교를 이어가며 여유로운 삶을 살다 15년 뒤 세상을 떠났습니다. 파리 생제르맹에 위치한 카페 레 되 마고Cafe Les Deux Magots는 그가 죽기 전해인 1884년 문을 열었는데 위고는 그곳을 자주 방문했습니다.

위고는 대표작 《파리의 노트르담》에서 개인의 욕망에 눈이 어두워 살인까지 저지르는 프롤로 주교를 그렸습니다. 가톨릭교회는 위고의 《파리의 노트르담》과 《레 미제라블》을 금서로 정해 신도들이 읽지 못하게 했습니다. 교회라는 권위주의적 제도를 비판해온 위고는 유서에

빅토르 위고

가난한 사람들 앞으로 당시로선 매우 큰 금액인 4만 프랑과 함께 극빈자들이 세상을 떠날 때 관을 만드는 용도로 쓰이기 바란다는 메시지를 남겼습니다.

1885년 5월 22일 눈을 감은 위고의 장례는 국장國葬으로 치러졌고 유해는 파리 판테온에 안장됐습니다. 그는 망명 생활을 끝내고 파리로 돌아온 후에는 좋은 와인을 즐긴 진정한 와인 애호가였습니다.

"신은 물을 만들었지만, 인간은 와인을 만들었다."

숱한 지성들이 와인을 예찬하는 명언을 남겼지만 위고가 남긴 이 말만큼 함축적이고 상징적인 표현은 찾아보기 힘들 것입니다.

"위고는 가고 없지만, 우리는 위고 덕에 포도주의 진정한 가치를 음미할 수 있게 됐다."

필자는 이런 말로 위고의 와인 사랑에 화답하고 싶습니다. 요즘 와인을 '신의 물방울'로 이야기하는 사람들이 많아졌습니다. 일본 작가의 만화 덕분에 생긴 현상이죠. "신은 물을 만들었다"는 말 속에는 이중언어가 숨어 있다는 생각을 해봅니다. 포도주야말로 신이 만든 최고의 창조품인데, 인간이 너무 좋아하고 또한 인간에게 너무 와닿는 음료입니다. 신은 물을 만들었지만, 포도주도 만들었을 것입니다. 하지만 위고는 교회를 비판하는 인식 속에 신과 인간을 물과 포도주의 관계로 대위법을 사용해 병치시켰습니다. 그 배경에는 아마도 인간에게 포도주를 자유롭게 즐길 수 있도록 하는 배려가 담긴 것일지도 모른다는 생각으로 상상의 날개를 펼쳐봅니다.

와인을 사랑한 남자 헤밍웨이

'샤토 마고Château Margaux'를 사랑한 작가 어니스트 헤밍웨이의 와인 인연도 참으로 각별합니다.

헤밍웨이는 풍운아입니다. 그는 일리노이주의 의사 가정에서 태어나 고등학교를 마친 뒤 노동판을 전전하다 1차 대전 때 지원해 야전 위생부대 소속으로 프랑스에 갔습니다. 이탈리아 전선에서는 다치기도 했습니다. 1차 대전이 끝나고는 캐나다 신문의 프랑스 특파원이 돼 파리에 머물렀는데, 형편이 어려워 거리의 선술집에서 포도주를 구걸해 마신 적도 많았다고 합니다.

어니스트 헤밍웨이

1926년 미국으로 돌아와 《해는 또다시 떠오른다》를 발표합니다. 미국의 대공황이 시작된 1929년엔 이탈리아 전선 체험을 배경으로 전쟁과 연애가 얼개를 이루는 《무기여 잘 있거라》를 출간해 일약 최고 소설가의 지위를 확립합니다. 그 뒤 다시 유럽으로 가서 스페인 내란을 취재한 경험으로 《누구를 위하여 종은 울리나?》를 1940년에 발표합니다. 1952년에는 《노인과 바다》를 내놓아 세계 최고의 작가로 등극합니다. 퓰리처상(1953년)과 노벨문학상(1954년)을 이 작품으로 연이어 받았습니다.

헤밍웨이는 술과 사랑에 빠진 남자로 유명합니다. 종군기자로 활동하기도 했지만 그의 삶 대부분을 함께한 파트너는 와인이었습니다. 평소에도 와인 이야기를 많이 한 그는 소설 속 대사를 통해 와인에 대한 자신의 특별한 감성을 다양하게 표현했습니다. 소설 대부분이 자전적 이야기 혹은 자신의 체험을 배경으로 한 것인 만큼 작품 속 언어는 곧 헤밍웨이의 포도주를 인식하는 철학 그 자체라 봐도 틀리지 않을 겁니다. 다음의 몇몇 표현이 이를 잘 보여줍니다.

"와인은 이 세상에서 가장 고상한 것이다." (《오후의 죽음》)

"와인은 참 대단한 물건이다. 당신의 모든 슬픔을 잊게 해주니까." (《무기여 잘 있거라》)

"술이 넉넉하게 있는 이곳이야말로 제일 좋은 곳이지." (《해는 또다시 떠오른다》)

"와인은 가장 고상한 것"이란 표현은 포도주 예찬의 최상급으로 받아들여집니다. 와인 종교에 빠진 사람이라고 해도 지나치지 않습니다. 그의 삶은 고통으로 얼룩졌습니다. 작가는 "모든 슬픔을 잊게 해주는 대단한 물건"이라는 소설 주인공의 대사를 통해 고통을 이겨내는 과정의 친구로 포도주를 인식했음을 드러내 보여줍니다. 젊은 시절 파리에서나 전선을 따라 이동하던 때 모두 그는 늘 포도주를 넉넉하게 마실 수 없었기에 "술이 넉넉한 곳, 그곳이 바로 천국"이라는 표현을 쓸 수 있었던 겁니다.

현재도 보르도의 1등급 와인으로 꼽히는 샤토 마고는 헤밍웨이가 평생 가장 좋아한 와인입니다. 샤토 마고는 그때나 지금이나 누구든 여유롭게 즐겨 마실 수 있는 대상은 아닙니다. 워낙 고가의 와인이기 때문입니다. 비가 몹시도 많이 내리던 어느 날 저녁 헤밍웨이는 파리의 단골 식당 문을 박차고 들어가 외쳤습니다.

"이런 제기랄! 밀린 원고료를 받았는데 겨우 이게 전부라니. 주인장, 이 돈 갖고 마고 한 병 가져오게."

샤토 마고 와이너리 본관

다른 생활비는 없어도 샤토 마고는 사 마실 줄 아는 대책 없는 남자가 바로 헤밍웨이였습니다. 그는 62세에 엽총으로 스스로 목숨을 끊었습니다. 얼마나 마고 와인을 좋아했던지 손녀의 이름을 마고 헤밍웨이로 지을 정도였습니다.

마고 헤밍웨이 역시 풍운아였습니다. 배우의 길을 걸었던 그녀는 절제와는 거리가 먼 삶을 살던 끝에 1996년 할아버지처럼 스스로 생을 마감했습니다. 하지만 그녀의 이름은 후세 와인 애호가들에게 한 시대를 풍미한 위대한 작가의 와인 사랑이 얼마나 각별했는지 일깨워주는 상징어로 굳어졌습니다.

슬픔이여 안녕

프랑스 시인 가운데 '현대시의 창시자'로 불리는 인물이 있습니다. 바로 《악의 꽃》으로 잘 알려진 비운의 시인 보들레르가 그 주인공이죠. 유년기에 부친과 사별한 그는 어머니의 재혼으로 후일 파리 이공대학장이 된 계부 밑에서 엄하게 자랐습니다. 그때부터 반항과 증오가 소년 보들레르의 가슴에 싹텄습니다. 성년이 돼 계부의 간섭에서 벗어나자 그는 방종한 삶으로 빠져듭니다. 어른이 된 보들레르는 어머니를 설득해, 6세 때 세상을 떠난 친부의 유산을 물려받았습니다. 그때부터 절제할 줄 모르고 돈을 쓰면서 중독성 높은 마취제를 사용했고 삶의 균형은 깨졌습니다. 거리의 창녀를 알게 되면서 매독에 걸려 평생의 지병으로 안고 살았습니다. 10년간의 방탕과 빈곤, 정열적 호기심이 뒤섞인 생활 끝에 보들레르를 대표하는 시 《악의 꽃》이 탄생했습니다.

《악의 꽃》의 시어에는 악취가 넘칩니다. 가장 퇴폐적이고 사악한 모습을 적나라한 어휘를 동원해 묘사한 보들레르. 1800년대 중반 보들레르는 시의 운율, 시어의 맛과 아름다움, 전하고자 하는 메시지의 순수를 파괴하는 시도를 했습니다. 이후 한 세기 반이 지나도록 많은 시인이 세상의 겉이 아닌 인간성의 이면을 그려냈습니다. 그래서 후세 평단은 그를 '현대시의 창시자'로 칭합니다.

"내 인생은 처음부터 끝까지 저주로 일관됐다"고 시인은 회고했습니다. 보들레르는 우울한 파리를 떠나 벨기에로 인생의 마지막 여행길에 올랐습니다. 하지만 시인은 행복을 찾을 수 없었고 심한 현기증과 구토 끝에 반신마비에 빠집니다. 늙은 어머니의 손을 잡고 파리로 돌아온 후 얼마 지나지 않아 고통과 우울로 점철된 46년의 생을 마감했습니다. 1867년 8월 31일 오전 11시였습니다.

비관, 고통, 우울의 언어로 시를 썼지만, 와인에 대한 보들레르의 생각은 각별했습니다. 보들레르의 《악의 꽃》에는 5편의 와인 연작시가 있습니다. 이 시를 통해 와인의 가치를 다각도로 조명했습니다. 와인은 질서의 세계에서 빠져나가고자 하는 영혼의 경계선이라 규정했습니다. 또한 와인이 인간의 내부를 놀라울 정도로 변화시키는 모습도 세밀하게 기술했습니다. 특히 〈외로운 자의 술〉에서 보들레르는 와인이야말로 인간의 마음에 희망과 젊음, 자존심을 되살려주는 아폴론이라 표현합니다. 보들레르가 가장 즐겨 마신 와인은 바로 '샤토 샤스 스플린Château Chasse-Spleen'이라는 보르도 와인입니다. 만화 《신의 물방울》에서도 보들레르가 사랑한 와인으로 묘사됐습니다.

보들레르의 삶도 어두웠지만 영국 시인 바이런 경의 삶 또한 밝지 않았습니다. 바이런은 보들레르가 태어나고 3년 뒤인 1824년에 생을 마감했습니다. 영국을 떠나 유럽을 전전하던 낭만주의 시인 바이런 경은 불과 36세의 나이에 요절했습니다. 많은 여인들과 염문설이 난 까닭에 그리스에서 운구된 시신은 웨스트민스터 묘지에 안치될 수 없었다고 합니다.

이런 바이런 경의 이야기는 '샤토 샤스 스플린'이란 와인 이름의 유래와 직접적인 연결고리가 있습니다. 샤스 스플린 홈페이지에는 1820년 바이런 경의 음주 소회가 지금의 이름을 짓게 된 직접적인 동기였다고 소개돼 있습니다. 1820년 이 와이너리의 소유주였던 뤼크레스와 카스탱 드 푸조 부부의 의붓딸이 바이런 경 이야기를 해준 것이 작명의 계기가 됐다고 합니다.

바이런이 유럽 남부 지방을 누비며 혁명을 지원하다가 프랑스 보르도에 잠시 머물게 됐는데 와이너리를 경영하던 증조부로부터 성대한 대접을 받았습니다. 그때 마신 와인에 대해 바이런 경은 우울증 혹은 슬픔spleen을 쫓는chasser 데는 이만한 것이 없다는 말로 와인을 극찬했다고 합니다. 이 일화는 곧바로 와인과 와이너리의 작명으로 이어졌고 샤토 측은 '샤스 스플린'이란 어휘를 고유명사화해 저작권을 소유하게 됐습니다. 와이너리 측의 설명처럼 영국 시인 바이런이 스페인으로 가던 중에 이곳을 지나다 극찬한 표현에서 샤스 스플린의 이름이 유래했습니다. 그러나 친구인 화가를 만나기 위해 이곳을 들른 보

사토 샤스 스플린의 봄

들레르가 즉석에서 지어낸 시 한 구절에서 유래했다는 설도 존재합니다.

2000년 빈티지부터 샤스 스플린은 아름다운 추억을 되살리자는 취지로 라벨 위에 유명 시인의 시구를 담아서 스티커를 부착하기 시작했습니다.

2000년 샤스 스플린 라벨

1부

와인의 깊은 세계

1

와인 공부는 차이에 대한 이해로부터

서양의 역사와 철학은 이원론적 흐름을 수천 년 동안 이어왔습니다. 신과 인간, 하늘과 땅, 이데아와 현실, 천국과 지옥, 이성과 감성 등 수많은 이원론적 대각선 구조의 얼개를 띠며 흘러왔습니다.

포도주의 세계도 철저하게 이원론적 구조를 갖고 있습니다. 한마디로 대비對比, contrast의 세상입니다. 레드 와인의 건너편엔 화이트 와인이 존재합니다. 식전주가 있는가 하면 디저트 와인도 있습니다. 구대륙 와인이 전부는 아니죠. 신대륙 와인도 세계 시장에서 큰 비중을 차지합니다. 같은 레드 와인이라 해도 타닌Tannin(포도 껍질과 씨에 든 떫은맛을 내는 물질)의 강도에 따라 풀보디 와인과 라이트보디 와인으로 나뉩니다. 또한 고가의 와인과 저가의 와인이 공존하며, 좋은 빈티지와 나쁜 빈티지의 격차도 존재합니다. 어떤 와인이 어떤 음식과 어울리는지 그 차이도 매우 중요합니다. 같은 프랑스라도 서남쪽의 보르

수확한 레드 와인용 포도

도와 동남쪽의 부르고뉴는 여러 측면에서 상이합니다. 이 모든 이원론적 차이와 대비를 이해하는 것이 곧 와인 세계를 이해하는 전부나 다름없습니다.

이외에도 대조 혹은 차이의 측면으로 살펴봐야 할 항목은 참으로 많습니다. 아로마와 부케, 1855년과 1973년, 피에몬테와 토스카나, 귀부와 아이스, 1976년과 2006년의 심판 등 일일이 꼽을 수 없을 정도로 다양한 차이가 존재합니다.

이런 것들을 처음부터 암기할 필요는 없습니다. 공부해야 하는 과제나 숙제로 생각하는 순간 골치가 아파지기 때문입니다. 그냥 맛있는 와인 한 잔 마시는 즐거움 자체만 누려도 충분합니다. 다만 기왕 즐길 바에야 몇 가지 기본 상식 정도는 알고 마시면 더 좋을 거라는 생각으로 임하면 됩니다. 모든 학문이 기초가 튼튼해야 하듯 와인을 즐기기 위해서도 기초에 해당하는 상식과 정보를 탄탄히 갖추는 것이 필요합니다. 즐기기의 강도가 달라지기 때문입니다. 와인에 대한 기초를 쌓는 것은 앞에서 언급한 대비와 차이에 대한 이해와 직결됩니다. 바꿔 말해 와인을 둘러싼 수많은 차이를 하나하나 이해하는 과정에서 독자 여러분은 자신도 모르는 사이에 와인에 대한 이해의 폭과 깊이가 그만큼 넓고 깊어지고 있음을 체감할 것입니다.

가장 대표적인 차이는 와인의 제조 과정에서 출발합니다. 와인은 어떻게 만들어질까요? 잘 익은 포도를 수확해 거대한 통에 집어넣고 며칠 두면 포도 안의 당분이 발효해서 서서히 알코올이 만들어집니다. 술의 성분이 많아지면 걸러서 오크통에 넣고 일정 기간 더 숙성한 다음 병에 집어넣으면 와인이 완성됩니다. 레드 와인과 화이트 와인은 물론 샴페인, 로제, 아이스, 귀부 와인 등 모든 포도주 종류는 근본적으로 제조 원리가 비슷합니다. 그러나 세부적으로는 만드는 과정이 다릅니다. 이 차이를 모두 이해하고 나면 와인 종류가 왜 이렇게 다양한지, 종류마다 어떤 특징이 있는지 눈이 뜨일 것입니다.

와인은 색깔을 기준으로 보면 레드, 화이트, 로제 등으로 구분할 수 있습니다. 와인 색에 영향을 주는 성분은 포도 껍질에 함유된 색소 안토시아닌anthocyanin입니다. 포도 껍질에 담긴 안토시아닌의 함량이 와인 색을 결정합니다. 레드 와인엔 안토시아닌이 많지만 화이트 와인엔 안토시아닌이 적습니다. 안토시아닌은 붉은 포도, 블랙베리, 라즈베리, 아로니아 등의 껍질에 함유된 색소 배당체, 즉 색을 주는 물질입니다. 화이트 와인을 만드는 청포도에도 안토시아닌이 포함돼 있지만 붉은 포도에 비해 함유량이 적습니다. 대신 청포도엔 폴리페놀 polyphenol이라는 성분이 있습니다. 폴리페놀은 항산화와 항암의 효과가 있다고 합니다.

이 차이를 접하는 것으로 와인 세계에 진입하는 문을 연 셈입니다. 이제 그 안에 어떤 세상이 펼쳐지는지 함께 즐거운 기차 여행길에 나서는 겁니다. 수많은 이름의 역이 독자 여러분을 기다리고 있습니다. 편하고 쉽게 와인 세계에 다가가는 요령을 한 가지 알려드립니다. 지금부터 만나게 될 다양한 이름의 와인 인문학 정거장 가운데 내용이 좀 딱딱하거나 내키지 않는 주제가 나오면 잠시 제쳐두고 다음 목적지로 넘어가도 됩니다. 건너뛴 역에 어떤 이야기가 있는지 알고 가면 더 좋겠지만 대세에 큰 지장은 없습니다.

저는 이 글을 처음부터 끝까지 경어체로 썼습니다. 복잡한 와인을 익히는 독자 여러분에게 대화하듯 때로는 강의하듯 문장을 전개함으로써 읽기 편하고 집중도를 높일 수 있을 것이라는 생각에서였습니다. 자! 그럼 이제 본격적인 포도주 여행을 함께 출발하시죠.

2

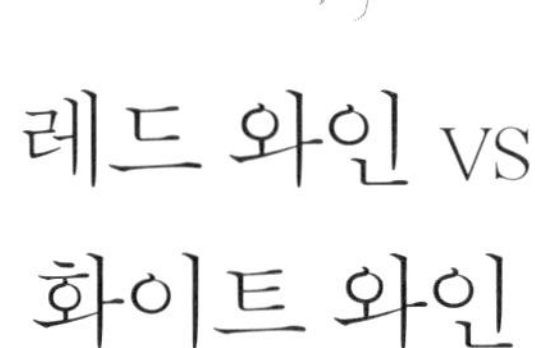

레드 와인 VS 화이트 와인

와인의 세계로 다가가는 첫 번째 문은 색으로 구별되는 두 개의 칸이 존재한다는 사실을 인식하는 것입니다. 우리가 흔히 마시는 와인은 주로 육류와 잘 어울린다는 레드 와인입니다. 과일이나 해산물과 잘 어울린다는 화이트 와인 역시 많은 사랑을 받습니다. 적포도주와 백포도주가 만들어지는 과정은 어떤 차이가 있을까요?

먼저 서술형 문장으로 표현하자면, 화이트 와인은 포도를 수확해서 으깬 다음 곧바로 압착한 뒤 압착된 포도즙을 그대로 큰 통에 넣고 발효시키는 것입니다. 제조 과정이 매우 단순하다고 볼 수 있습니다. 반면 레드 와인은 포도를 수확해 으깬 다음 큰 통에 집어넣고 곧바로 며칠 발효를 시킵니다. 한 차례 발효된 포도즙을 압착한 뒤 2차 발효를 시키는 게 다른 겁니다. 레드 와인과 화이트 와인의 제조 과정 차이는 크게 보면 이게 전부입니다.

화이트 와인

수확 → 으깨기 → 압착 → 발효 → 거르기 → 숙성 → 거르기 → 병입

레드 와인

수확 → 으깨기 → 1차 발효 → 압착 → 2차 발효 → 거르기 → 숙성 → 거르기 → 병입

화이트 와인 vs 레드 와인 제조 과정

화이트 와인은 수확한 포도를 으깬 뒤 곧바로 압착해 얻어진 포도즙을 발효시키는 것이라면, 레드 와인은 커다란 통에 으깬 붉은 포도를 넣어 발효부터 먼저 시키는 게 다른 점입니다.

레드 와인은 먼저 발효부터

수확한 포도를 침용시키기 위해 대형 통에 넣는 모습

레드 와인의 양조 과정부터 짚어보겠습니다. 프랑스어로 레드 와인은 '뱅 루주Vin Rouge'라고 부릅니다. 레드 와인 제조의 첫 단계는 침용沈溶, maceration입니다. 붉은 포도를 으깨 발효시키는 과정입니다.

그렇다면 포도의 침용 과정에서 어떻게 알코올이 나올까요? 으깨진 붉

루이 자도 레드 와인의 침용 후 찌꺼기 제거 장면

은 포도의 경우 포도 껍질에 붙은 효모가 포도 과육에 함유된 당분을 먹으면서 발효가 시작됩니다. 침용이 일어나면서 알코올 성분이 생기는 거죠. 이것이 1차 발효입니다. 1차 발효의 기간은 와인 생산자에 따라 다소 차이가 있지만, 대략 평균적으로 일주일에서 열흘 정도로 보면 됩니다. 영상 25~30도의 고온에서 1차 발효가 진행됩니다.

1차 발효 기간에 거대한 통의 맨 밑바닥에 있는 포도부터 침용이 시작됩니다. 커다란 통에서 진한 보랏빛 거품이 소리를 내며 부글부글 일어납니다. 그러다가 포도즙 맨 위 표면 쪽에 있던 으깨진 포도까지 1단계 발효가 끝나면 압착 단계로 넘어갑니다. 침용은 대개 거대한 스테인리스 스틸 통이나 오크로 만든 통에서 진행하는 경우가 많습니다.

1차 발효가 끝난 포도즙은 아직 와인이라 부를 수 없습니다. 마시기 부적합한 진한 액체기 때문입니다. 이 단계에선 신맛이 강하고 떫습니다. 신맛은 사과산이 많이 생성돼서 나온 결과입니다. 1차 발효를 마치고 압착된 즙을 오크통에 넣고 유산균 박테리아를 집중 투입해 섞은 후에야 비로소 온전한 와인의 세계에 진입합니다. 유산균을 넣어 두 번째 발효를 시키는 과정을 레드 와인의 2차 발효라 부릅니다. 사과산을 젖산으로 바꾸는 유산 발효 과정이죠.

유산 발효가 끝은 아닙니다. 2차 발효를 마친 와인은 3개월에 한 번씩 통을 갈아줘야 합니다. 통에 오래 담아두면 여러 부유물이 서로 엉켜 가라앉기 때문입니다. 그걸 막아줘야 와인 고유의 숙성이 제대로 이뤄져 좋은 향을 유지합니다. 이렇게 오크통 안에서 침전물이 가라앉는 것을 막기 위해 오크통을 바꿔주는 작업을 '래킹racking'이라고 합니다. 래킹 기간은 대개 1년부터 2년 정도까지 다양합니다. 양조가문의 철학과 전통에 따라 기간이 달라집니다. 래킹이 끝난 붉은 포도주를 마지막으로 한 번 더 걸러서 병에 담으면 비로소 레드 와인이

루이 자도의 오크 발효

완성됩니다.

물론 병입瓶入으로 와인이 완성되는 건 아닙니다. 기나긴 숙성 시간이 필요한 와인의 경우 더욱 그렇습니다. 숙성되지 않은 와인을 마신다는 건 그 와인의 절정의 향을 포기하는 것과 같습니다. 프랑스나 이탈리아 등의 유명 양조업자들은 흔히 "숙성은 병입 이후부터 본격적으로 시작된다"고 생각합니다. 병입 후 5년부터 10년, 20년이 흐른 뒤 더 특별한 맛을 내는 와인도 많기 때문입니다.

화이트 와인용 샤르도네를 수확하는 모습

레드 와인의 복습 키워드는 침용과 래킹입니다. 침용과 래킹 과정이 왜 필요하며, 그게 와인이 되는 데 어떤 역할을 하는지도 함께 기억하면 좋습니다.

화이트 와인은 곧바로 주스부터

이제 화이트 와인을 자세히 공부해보겠습니다. 프랑스어로 화이트 와인은 '뱅 블랑Vin Blanc'이라고 하죠. 화이트 와인은 앞서 언급한 것처럼 대개 청포도 종류로 만들지만 붉은 포도로도 좋은 품질의 백포도주를 생산하고 있습니다. 붉은 포도의 껍질을 제거한 뒤 그 과육만으로 포도주를 만들면 안토시아닌이 가져다주는 붉은 색조가 사라지게 됩니다. 간략한 비교를 통해 알아본 것처럼 화이트 와인을 만들 때는 침용 과정이 없습니다. 레드 와인을 만들 때 양조업자들은 먼저 포도를 으깬 뒤 곧바로 1차 발효인 침용 과정을 밟습니다. 알코올이 만들어지는 과정이 침용이기 때문입니다. 하지만 화이트 와인은 포도를 으깬 뒤 곧바로 압착壓搾해서 거친 포도즙을 만드는 게 다릅니다.

화이트 와인 제조의 첫 순서는 포도 껍질을 주의 깊게 벗긴 후 포도즙을 얻어내는 것입니다. 어떻게 해서 맑은 즙이 나올까요? 껍질을 벗겼기 때문입니다. 속에 남은 연한 녹색의 청포도 과육을 으깬 뒤 나온 즙이니 맑을 수밖에 없겠지요. 포도 껍질과 알맹이가 상호작용해 알코올 성분을 만들어내는 레드 와인과는 달리 포도즙이 알코올로 변하도록 효모를 첨가합니다. 맑은 포도즙을 12~24시간 동안 압착, 정제하는 과정을 거칩니다. 제조업자는 이 정제 시간에 맑은 포도즙의 윗부분에 형성된 더 맑은 주스를 담아내서 곧바로 발효에 들어갑니다. 붉은 포도주는 1차 발효 때 25~30도의 고온을 유지하지만 흰 포도주는 15~18도의 저온 상태에서 발효가 진행됩니다. 레드 와인을 만들 때는 발효 과정에 색소가 잔뜩 포함된 껍질을 그대로 즙 속에 남겨서 발효 후 제거하죠. 그러나 화이트 와인은 발효가 시작되기 전 껍질을 분리하는 게 다르다는 점을 앞서 공부했습니다. 바로 그런 차이 때문에 레드 와인을 만들 때 거쳤던 유산 발효(사과산을 젖산으로 바꾸는 작업) 과정이 화이트 와인 때는 없는 것입니다. 화이트 와인 양조업자 대다수는 유산 발효를 하지 않지만 드물게 유산 발효를 고집하는 와이너리도 없지는 않습니다.

화이트 와인은 풍부한 산도가 생명입니다. 유산 발효를 안 하는 대신 껍질을 제거해 압착한 맑은 포도즙의 발효를 위해 와인 농가에서 효모를 투입합니다. 효모가 가해진 포도즙은 빠르게 알코올로 변합니다. 2주 동안의 저온 발효가 계속되는 동안 발생하는 탄산가스는 외부로 뽑아냅니다. 발효가 시작되면 발생하는 열은 냉각수로 식혀줍니다. 발효 도중 온도가 상승하거나 크게 떨어지면 발효가 중단되므로 화이트 와인 제조에선 온도 관리가 생명입니다. 이 기간엔 매일 두 차례씩 온도와 당도를 점검합니다. 발효가 끝나면 숙성 단계로 넘어갑니다. 숙성은 스테인리스통이나 오크통에서 이뤄집니다. 이때 화이트 와인 숙성에 적합한 온도인 섭씨 18도를 늘 유지해야 합니다. 숙성 기간은 보통 2년 정도를 잡습니다. 숙성이 끝나면 병입 과정을 거쳐 세상에 선보입니다.

레드 와인은 고지혈증을 막아주는 효과가 있다고 합니다. 그렇다면 화이트 와인은 어떤 효과가 있을까요? 해독, 비타민 C 증강, 항산화, 피부 노화 방지, 인슐린에 의한 근육 증강 효과 등이 주로 꼽힙니다. 물론 지나치게 많이 마시는 건 건강에 좋지 않겠지요. 과음은 안 되지만 적당한 와인 음용은 우리 몸에 좋습니다. 특히 레드든 화이트든 그에 어울리는 음식이 따로 있습니다. 이 결합이 잘 이뤄졌을 때 조화로운 와인 즐기기를 할 수 있습니다.

3

상한 와인과 와인 색깔

잘못된 보관으로 인해 와인을 상하게 한 경험을 더러 겪어보았을 것입니다. 선물로 받은 와인이나 세일 때 싸게 사뒀던 와인을 잊고 내버려둘 수 있습니다. 장롱이나 그릇장 안에 두고 여름을 나거나 베란다 구석에 놔둔 채 여름을 보냈는데 그 와인을 어떻게 하면 좋을지 묻는 지인들을 이따금씩 보았습니다.

열은 와인의 최대 적입니다. 아파트 베란다 등에 두고 망각한 채 여름을 난 경우 그 와인은 마시기 부적합합니다. 섭씨 35도를 넘나드는 우리나라의 여름 날씨를 견뎌낼 와인은 없기 때문입니다. 며칠이나 한두 주일 정도 깜박했다면 곧바로 일반 냉장고에라도 넣어서 보관하는 게 좋습니다. 베란다 등 더운 곳에서 여름 한 계절 방치된 와인은 변질이 시작될 수 있으므로 빨리 마셔야 합니다.

레드 와인은 섭씨 15~18도의 서늘한 곳에서 보관해야 포도주가 코르크 마개를 통해 미세한 산소를 마시며 숙성 과정을 이어갈 수 있습니다. 화씨로는 55도 정도입니다. 미국이나 프랑스엔 와인이 좋아하는 온도를 말하는 '55'라는 숫자를 앞세운 와인가게나 식당, 와인바 등을 어렵지 않게 찾아볼 수 있습니다. 섭씨 16도의 서늘함을 필요로 하는 와인을 뜨거운 베란다에 놔두면 어떤 변화가 올까요? 고온은 와인의 산도를 높여 마치 식초처럼 시고 부패한 액체로 전락합니다. 특히 발효 숙성 과정부터 레드 와인보다 서늘한 온도에서 진행되는 화이트 와인은 섭씨 8~12도의 보다 서늘한 냉장 상태로 보관해야만 그 맛이 유지됩니다.

요즘은 '셀러cellar', 즉 와인 냉장고가 대중화됐습니다. 2000년대 초만 하더라도 매우 고가였지만 이제 가격이 많이 내려갔습니다. 구매자가 늘면서 보급형 와인 냉장고도 많이 나왔습니다. 우선 12병 정도 들어가는 소형 냉장고로 시작하는 것을 권합니다. 8병을 보관할 수 있는 것도 있습니다. 화이트 와인이나 로제, 샴페인을 보관하는 데 적합한 온도는 섭씨 8~10도입니다. 12병 들어가는 와인 냉장고에도 저온 보관 공간과 레드 와인용 공간이 별도로 있습니다. 하지만 레드 와인 8병을 넣는 공간만 있는 미니 냉장고에 화

와인 셀러

이트 와인을 보관하는 것은 부적절합니다.

와인 냉장고를 갖추지 못한 분들을 위한 팁을 하나 알려드리겠습니다. 먼저 화이트 와인이나 로제, 아이스 와인 등은 일반 가정의 냉장고에 보관해도 괜찮습니다. 냉장고 실내 온도가 화이트 와인이 좋아하는 온도와 같기 때문입니다. 물론 그렇다 해도 가정용 냉장고에 장기 보관하는 것은 피하는 게 좋습니다. 냉장고 안에는 김치, 마늘, 젓갈 등이 함께 보관돼 있는데 한국의 발효식품이 내뿜는 강한 냄새가 병 속으로 스며들 수 있기 때문입니다. 집에 와인 냉장고가 없어도 기온이 서늘한 늦은 가을철부터 이른 봄까지는 서재 등에 보관해도 됩니다.

상한 코르크 마개

상한 와인의 특징

프랑스어로 '부쇼네bouchonné'는 와인 병마개가 상한 것을 뜻하는 형용사입니다. 영어로는 '코르크가 상한'이라는 의미를 담은 'corked'로 표현합니다. 와인이 상했는지 아닌지를 한눈에 알아보는 몇 가지 방법이 있습니다. 와인을 열었을 때 다음의 현상이 나타난다면 일단 의심해보는 게 좋습니다.

1) 곰팡이 냄새나 과일 상한 냄새: 처음부터 좋지 않은 포도로 제조

2) 식초의 신맛: 보관 잘못으로 쉰 식초 맛으로 변질

3) 화학 약품 냄새: 과도한 산화 진행으로 약품이 들어간 느낌

4) 메주 냄새: 변질된 화이트 와인이 내는 냄새

5) 코르크 냄새: 코르크 상태가 좋지 않아 산화가 극도로 진행

와인 에티켓 한 가지를 설명하겠습니다. 식당에서 와인을 어렵게 골라서 주문하고 나면 종업원이 코르크 마개를 열고 나서 맛을 보겠느냐고 질문합니다. 소믈리에는 주문한 사람에게 왜 먼저 테이스팅 tasting 기회를 주는 것일까요?

이와 관련해 제가 체험한 에피소드 하나를 소개합니다. 수년 전 서울의 한 레스토랑에서 실제 있었던 일입니다. 어느 지인이 손님을 초대한 자리에서 레드 와인 한 병을 주문했습니다. 잠시 후 소믈리에가 와인을 가져와서 보여주고는 코르크 마개를 열었습니다. 그리고 와인을 주문한 사람에게 물었습니다. "손님, 주문하신 2010년산 이탈리아 키안티 클라시코 와인입니다. 맛보시겠습니까?" 소믈리에는 그 사람의 잔에 와인을 조금 따르고는 반응을 기다렸습니다. 한 모금을 마셔본 지인은 모두를 당황하게 만드는 발언을 합니다. "아닌데요. 내가 전에 마셔본 그 향이 아닙니다. 아무래도 아니야 이건. 이거 가져가고 다른 병으로 가져오세요." 그 순간 필자는 내심 와인 보관이 잘못됐다고 생각했습니다. 곰팡이나 식초, 화학 냄새 등 변질된 냄새가 강해서 자신이 초대한 손님들이 마시기에 부적합하다고 판단한 줄 알았습니다. 소믈리에는 고개를 갸우뚱하며 머뭇거리다 결국 그 와인을 도로 갖고 갔습니다. 손님이 거절하면 일단 그것을 거역하는 건 어려운 노

릇입니다. 이후 같은 빈티지의 다른 병으로 만찬을 마치긴 했지만, 필자를 비롯해 와인을 아는 사람들은 내내 마음이 불편했습니다.

레스토랑에서 와인을 먼저 맛보게 하는 유일한 이유는 와인이 상했는지 아닌지 그것만 확인해달라는 취지입니다. 과거에 마셔본 그 향이 맞는지 아닌지를 확인하라는 것은 결코 아닙니다. 설령 예민한 후각과 미각을 가진 사람이라 하더라도 와인은 생산 연도와 보관 상태 등에 따라 맛이 다를 수밖에 없기 때문입니다.

소믈리에가 코르크를 열고 먼저 맛보게 하는 의미는 와인 보관 상태만 확인해달라는 것입니다. 그 이하도 이상도 아닙니다. 식당에서는 유통 과정에서 보관이 잘된 와인을 사 자체 와인 냉장고에서 제대로 갈무리를 해왔지만, 자신들이 알 수 없는 영역에서 변질이 생길 수 있다는 가능성을 염두에 두고 먼저 고객에게 테이스팅을 시키는 것입니다. 생산자가 씌운 코르크 마개가 훼손되거나 처음부터 병이나 마개에 결함이 있는 와인이 수많은 상자 가운데 포함될 수도 있습니다. 그걸 확인해달라는 겁니다. 그러면 와인 맛보기를 소믈리에가 먼저 하면 되는 것 아니냐는 질문이 나올 수 있습니다. 이는 손님에 대한 예의가 아니라고 간주합니다. 손님이 선택한 와인을 식당 직원이 먼저 맛보는 것은 결례라고 여기는 것입니다. 그래서 소믈리에는 막 오픈한 코르크 마개를 자신의 코에 살짝 갖다 대서 1차로 확인하는 경우가 많습니다.

와인의 색은 시간의 바로미터

레드 와인과 화이트 와인은 처음엔 색상이 완전히 다릅니다. 그러나 시간이 흘러 숙성되고 나면 레드는 화이트를 향해, 화이트는 레드를 향해 색상이 변화됩니다. 그러다 아주 오랜 세월이 흐른 뒤에는 레드 와인과 화이트 와인의 색상이 비슷해집니다.

어떻게 해서 이런 변화가 생기는 것일까요? 와인은 시간이 갈수록, 숙성의 향이 더해질수록 액체의 색깔에 미묘한 변화가 진행됩니다. 극과 극은 통한다고 했던가요? 레드 와인은 수십 년 지나 잘 익고 나면 벽돌색을 거쳐 갈색이 됩니다. 화이트 와인은 반대로 연한 노란색으로 시작해 호박색을 거쳐 결국 갈색으로 바뀝니다. 그러니까 레드 와인은 그 우아한 노년의 모습을 갈색으로 선보이고, 화이트 와인 역시 나이를 많이 먹을수록 갈색으로 변하는 겁니다. 와인 색의 변천 과정은 다음과 같습니다.

레드 와인

짙은 자주 → 루비 → 붉은색 → 붉은 벽돌색 → 적갈색 → 갈색

화이트 와인

무색 → 연초록 띤 노란색 → 볏짚색 → 노란색 → 황금색 → 호박색 → 갈색

레드 와인 vs 화이트 와인 시간에 따른 색 변화 과정

레드 와인과 화이트 와인이 끝에 가서 갈색으로 만난다는 사실은 와인을 익히는 과정에서 느낄 수 있는 재미 가운데 하나입니다. 따라서 레드 와인 가운데 벽돌색을 띠면서 맛과 향이 변하지 않았다면 일단 매우 좋은 포도주임을 말해줍니다. 마찬가지로 화이트 와인 역시 노란색을 띠거나 황금색에 가깝게 숙성됐는데 맛이 여전히 향기롭다면 좋은 제품일 가능성이 아주 큽니다.

그렇지만 갈색이 된 와인은 마시는 최적의 시기를 지났다고 보면 됩니다. 레드와 화이트가 오랜 세월 지나면서 갈색이 돼가는 변화 과정을 설명한 것이지 갈색으로 변한 와인이 최고로 마시기 적합하다는 뜻은 결코 아닙니다. 명품 레드 와인이라 하더라도 붉은 벽돌색 단계에서는 마시는 게 좋습니다. 적갈색 혹은 갈색 단계까지 오래 보관된 경우 포도주의 최고 전성기 맛은 지켜질 수 없습니다. 마찬가지로 화이트 와인도 황금색에 가까운 수준이 한계선입니다. 그 이후 호박색이나 갈색까지 진행됐다면 이미 전성기를 지난 것이라고 보면 됩니다. 갈색으로 통합되는 건 시간이 만드는 색의 조화지만, 와인을 제대로 음미하려면 갈색 단계까지 가는 건 피하는 게 좋다는 뜻입니다.

4

샴페인의 깊은 세계

레드 와인과 화이트 와인은 포도주 세계의 두 중심축입니다. 와인의 세계는 참으로 깊고 다양합니다. 레드 와인과 화이트 와인 말고도 수많은 종류의 포도주가 존재합니다. 중심축인 레드 와인과 화이트 와인이 등심이나 생선 요리 같은 주요리를 먹을 때 잘 어울리는 와인이라면, 음식을 본격적으로 먹기 전 마시는 식전주도 다채롭습니다. 마찬가지로 본식을 마치고 후식과 곁들여 마시는 식후주도 여러 가지가 있습니다.

다양한 유래 관련 설

이번 편은 프랑스어로 아페리티프apéritif, 즉 식전주로 많은 사랑을 받는 스파클링 와인의 세계를 공부해보겠습니다. 샴페인으로 상징되는 스파클링 와인의 유래를 쓰기 위해 다양한 문헌과 기사를 찾아봤습니다. 결론부터 말씀드리자면, 어떤 문서도 스파클링 와인의 유래를 명백하고 확실하게 제시하지 못했습니다. 크게 보면 세 가지 설이 존재합니다. 첫째는 프랑스 남부 랑그도크의 수도원에서 처음 시작됐다는 이론입니다. 둘째로는 강한 유리를 만든 영국에서 우연히 발견됐다는 설입니다. 마지막으로 대중들에게 가장 많이 알려진 프랑스 샹파뉴 지방의 수도사였던 동 페리뇽Dom Pérignon에 의해 발견됐다는 설이 있습니다.

먼저 남프랑스의 랑그도크 수도원에서 스파클링 와인이 시작됐다는 설은 1531년에 기록된 문서가 발견되면서 설득력을 얻었습니다. 프랑스 랑그도크의 리무 지방에 있는 생틸레르 수도원에서 쓴 논문에 처음으로 스파클링 와인에 대한 기술이 발견됐습니다. 화이트 와인에서 기포가 발생하는 현상을 베네딕트 수도사가 기록한 글입니다. 프랑스 정부도 이 내용을 인정했습니다. 그래서 1938년부터는 원산지 명칭AOC으로 '블랑케트 드 리무Blanqutte de Limoux'를 인정했습니다.

두 번째 영국 기원설은 유리병의 역사와 맥이 닿습니다. 샴페인의 병 속 압력은 6기압으로 대략 자동차 타이어의 3배쯤 됩니다. 그 정도로 높은 압력을 견뎌내려면 유리병 자체가 아주 강해야만 가능합니다. 1600년대 영국은 당시 유럽에서는 유일하게 석탄을 태워 고열을 만들 수 있었던 나라입니다. 따라서 강한 유리병도 영국에서 만들 수 있었습니다. 프랑스에서는 제조한 화이트 와인을 나무 그릇에 담아 영국으로 수출했습니다. 그걸 영국에서 강한 유리병에 밀봉해 보관하던 중 실수로 병마개가 터지면서 스파클링 와인을 만났을 것이라는 게 영국 유래설의 근거입니다.

그러나 스파클링 와인을 본격적으로 개발한 공로자는 수도사 동 페리뇽이라는 설이 가장 지배적이고 설득적입니다. 동 페리뇽이 생틸레르 수도원을 방문했을 것이고 그곳에서 본 많은 문제점을 샹파뉴의 수도원에서 몸소 개선한 노력이 빚어낸 산물이 바로 샴페인이었던 것입니다.

그 이유로 동 페리뇽은 샴페인의 역사를 연 인물로 평가됩니다. 프랑스 샹파뉴 지방은 예전부터 신맛과 단맛이 강한 포도가 많이 생산된 지역입니다. 동 페리뇽은 샹파뉴 지역 오빌레 마을에 있는 성 베드로 수도원의 수도사였습니다. 그는 여러 종류의 포도주를 섞어서 발효하는 실험을 하던 와인 전문가였습니다. 어느 봄날 페리뇽 수도사는 지하 저장고에 있는 포도주 병들의 뚜껑이 펑펑 소리를 내며 터지는 모습을 우연히 목격합니다. 추운 겨울 동안 병 속에서 잠자던 효모가 따뜻한 봄이 되자 활동을 시작해, 병 안에 남아 있던 당분을 발효시키면서 탄산가스를 만들었고 압력이 높아지자 병이 터진 것이죠. 그는 이렇게 탄산가스에 의해 터진 병 안에 남아 있는 포도주가 아주 달콤하면서도 신묘한 맛을 내는 것을 발견했습니다. 그길로 본격적으로 발포성 와인을 개발하기에 이릅니다.

이어서 1816년 뵈브 클리코Veuve Clicquot 여사의 역할이 빛을 발합니다. 그녀는 샴페인 병 안의 효모 찌꺼기를 병 입구로 모아주는 것과 나중에 모아진 찌꺼기만을 제거하는 방법을 찾아낸 장본인입니다. 뵈브 클리코는 루이뷔통 그룹LVMH이 소유한 프랑스 랭스에 본사를 둔 샴페인 회사 이름으로 샴페인 혁신 역사의 맥을 이어가고 있습니다.

모엣 샹동의 동 페리뇽 동상

샹파뉴 지방에서 전통적으로 샴페인을 만드는 방법을 'Méthode Champenoise(메또드 샹페누아즈)'라고 합니다. 오늘날 전 세계 많은 곳에서 샹파뉴 방식으로 스파클링 와인을 만드는데, 제조 방식이 '메또드 샹페누아즈(샹파뉴식 제조)'임을 반드시 라벨에 명기해야 합니다. 그러나 '샴페인Champagne'이란 이름은 세계 다른 어떤 지역에서도 붙일 수 없습니다. 프랑스 정부는 샹파뉴 지역에서 생산된 스파클링 와인에 한해 샴페인이라 부를 수 있는 저작권을 확보했습니다. 프랑스 샹파뉴 지방 말고 다른 나라에서도 얼마든지 발포성 와인을 만들 수는 있지만, 샴페인이란 이름을 붙일 수는 없도록 한 것입니다. 그래서 유럽의 다른 나라들이 생산하는 스파클링 와인에는 각각 고유의 명칭이 붙었습니다. 독일에서는 '젝트Sekt', 이탈리아에서는 '스푸만테Spumante', 스페인에서는 '까바Cava' 혹은 '에스푸모소Espumoso'로 각각 다르게 명명해서 출고합니다. 프랑스는 2015년 샹파뉴 지방의 샴페인 와이너리와 지하 와인 저장 동굴을 유네스코 세계문화유산에 올렸습니다.

샹파뉴 지방에서 샴페인을 만드는 포도 품종은 피노 누아와 피노 뫼니에Pinot Meunier, 샤르도네Chardonnay 세 가지가 주를 이룹니다. 이 가운데 피노 누아와 피노 뫼니에는 붉은 포도입니다. 샴페인은 대개 투명한 색인데 어떻게 붉은 포도로 만들 수 있을까요? 앞서 화이트 와인 이야기 때 포도 껍질을 벗기고 순수 포도 과육만으로 만들면 붉은 포도로도 화이트 와인 만들기가 가능함을 함께 공부했습니다. 샴페인도 마찬가지입니다. 여기서 한 가지 특징은 레드 와인을 만드는 용도로 수확할 때는 와이너리에 따라 기계로 대량 수확과 으깨기를 하기도 합니다. 물론 명품 붉은 포도주를 만드는 특별한 와이너리들은 손으로 포도를 수확합니다. 그런데 화이트 와인이나 샴페인을 제조하기 위해 수확할 때는 손으로 수확합니다. 껍질의 붉은 색소가 투명한 색깔의 포도주 색상을 만드는 것에 방해가 되기 때문입니다. '흰색으로 만든 흰색'과 '검은색으로 만든 흰색'을 구분하는 것도 기억하는 게 좋습니다. 프랑스어로 '흰색으로 만든 흰색'은 '블랑 드 블랑Blanc de Blanc'이라 부르는데 샤르도네 청포도로 만든 샴페인을 이를 때 사용하는 용어입니다. 반면 붉은 포도인 피노 누아로 만든 샴페인의 경우 검붉은 포도로 만든 발포성 화이트 와인이라는 뜻에서 '블랑 드

프랑스 랭스의 모엣 샹동 와이너리 본관

누아Blanc de Noir'라고 부릅니다.

샴페인의 핵심은 기포에 있으며, 기포가 많이 발생할수록 향을 더 깊게 느낄 수 있는 좋은 와인입니다. 파리에서 A4 고속도로를 타고 자동차로 2시간 정도 남동쪽으로 달려가면 만나는 곳이 랭스라는 도시입니다. 샴페인 지방의 중심 도시인 셈이죠. 필자는 그곳에서 샴페인 제조사인 '모엣 샹동Moët & Chandon'과 '포므리La Maison de Pommery'라는 두 와이너리를 직접 찾았습니다. 2차 세계대전 당시 히틀러가 프랑스를 점령했지만, 프랑스의 고유 문화유산은 훼손하지 않도록 했습니다. 샹파뉴 지방의 샴페인 제조 시설과 수백 년 된 카브cave(와인 숙성용 지하 창고)도 나치가 그 가치를 높이 평가해 시설을 훼손하지 않았습니다.

포므리 와이너리의 지하 저장고는 규모가 어마어마합니다. 샴페인 회사 직원들조차 그 넓은 지하 세계에서 길을 잃으면 몇 시간을 헤매는 일이 잦았다고 합니다. 포므리의 저장고엔 갈림길마다 세계 유명

정문에서 본 포므리 와이너리

한 도시나 거리 이름을 붙여 놓습니다. 인부들이 작업 도중 길을 잃으면 자신이 현재 어느 지점에 있는지 표지판을 보고 판단할 수 있게 한 것입니다. 모엣 샹동이나 파이퍼 하이직Piper-Heidsieck 같은 샴페인 회사는 아예 소형 전기자동차로 넓은 지하 세계를 탐방하는 관광 코스를 만들었습니다.

프랑스산 샴페인은 기본적으로 가격이 비싼 편입니다. 반면 스페인 까바나 이탈리아 스푸만테는 상대적으로 저렴한 가격에 즐길 수 있는 발포성 와인입니다.

샴페인의 제조 과정

이제 샴페인이 만들어지는 과정과 샴페인에는 어떤 다양한 맛이 존재하는지 알아보겠습니다.

우선 샴페인의 제조 과정을 살펴보겠습니다. 먼저 껍질이 제거된 붉은 포도(피노 누아와 피노 뫼니에)나 청포도인 샤르도네의 알맹이로 포도즙을 만듭니다. 다음 거대한 스테인리스 스틸 탱크에서 이 포도즙을 발효시킵니다. 물론 전통적인 방식으로 오크통 발효를 할 수도 있습니다. 이렇게 1차 발효가 끝난 포도즙을 '베이스 와인Base Wine'이라고 부릅니다. 샴페인 제조자들은 그해 만들어진 베이스 와인 전량을 다 쓰지는 않습니다. 샴페인의 품질 유지 때문입니다. 프랑스에선 샴페인을 만드는 생산업자들에게 법으로 그해에 만들어진 베이스 와인의 20%를 반드시 따로 보관하도록 정했습니다. 보관되는 이 20%

의 발효 포도즙 원액을 '리저브 와인Reserve Wine'이라 부릅니다. 샴페인 만들기는 혼합의 예술입니다. 베이스 와인과 리저브 와인의 블렌딩을 어떻게 하느냐에 따라 향미가 좌우됩니다.

샴페인은 와이너리마다 특유의 철학과 오랜 경험, 직관 등을 투입해 수십 년 혹은 몇 년 묵은 리저브 와인과 그해 생산된 베이스 와인을 혼합해서 만듭니다. 극상의 향과 맛을 내도록 양조업자마다 독특한 설계를 하는 셈입니다. 베이스 와인과 혼합하는 리저브 와인은 수십 년 묵은 것도 있고 2~3년 숙성한 것도 있습니다.

다음 단계는 기포 만들기입니다. 베이스와 리저브 두 알코올 원액을 혼합한 뒤 병에 집어넣고 본격적으로 기포 제조에 들어갑니다. 모든 발포성 와인의 제조 과정에 반드시 들어가는 성분이 있습니다. 소량의 효모와 효모의 먹이가 되는 당분입니다. 블렌딩한 포도즙에 효모와 당분을 함께 넣고 병을 단단히 밀봉합니다. 그러면 효모는 병 안에서 추가로 넣어준 당분을 먹습니다. 효모가 당분을 먹으면 알코올과 이산화탄소를 만들어냅니다. 밀봉된 병 속에서 이산화탄소는 밖으로 나갈 길이 없는 채로 머물게 됩니다. 이 상태로 지하 저장고에서 최소한 1년, 고급 샴페인은 5년 이상 보관됩니다. 보관할 때는 병 주둥이가 아래로 향하게 설계된 거치대에 꽂습니다. 이 장비를 프랑스어로 '퓌피트르pupitres'라 부르는데 영어로 그냥 '랙rack'이라는 단어로 기억하세요.

주둥이가 아래로 향한 채 보관된 샴페인 병 속에서 효모가 알코올과 이산화탄소를 만들면서 찌꺼기가 생깁니다. 이 찌꺼기들이 병마

포므리 샴페인의 랙 과정

개 쪽으로 내려가 쌓이도록 샴페인 병을 거꾸로 보관합니다. 그리고 이걸 계속 돌려줍니다. 예전엔 손으로 돌렸지만 요즘은 기계식으로 돌립니다. 돌리는 이유는 찌꺼기를 효과적으로 마개 쪽으로 몰려들게 하기 위해서입니다. 이 작업을 '리들링riddling'이라 부르고, 프랑스어로는 '르뮈아주remuage'라고 합니다. 르뮈아주는 적어도 1년 이상, 길게는 5년 동안 계속해줘야 합니다.

르뮈아주가 끝나면 다음 단계는 뭘까요? 병 입구에 쌓인 찌꺼기를 제거하는 일이겠죠. 그런데 찌꺼기만 제거하기는 매우 힘듭니다. 찌꺼기 제거를 위해서는 닫혔던 병뚜껑을 열어야 하는데 그 순간 이산화탄소가 달아날 수 있습니다. 또 병 안에 들어 있던 샴페인의 양이 줄어들 수밖에 없겠지요. 찌꺼기를 제거하는 과정을 '데고르주망dégorgement'이라고 합니다. 찌꺼기를 제거하는 과정에서 잘 숙성된 샴페인 750밀리리터 용량 가운데 일부는 찌꺼기와 함께 감소합니다. 줄어드는 양은 평균 6밀리리터 안팎이라고 합니다. 여기서 샴페인이 혼합의 예술이란 것을 또 한 차례 보여줍니다. 앞서 샴페인 제조 회사마다 그들만의 리저브 와인을 보관한다고 했던 것 기억하시죠. 오래 숙성된 리저브 와인 원액을 찌꺼기 제거 과정에서 손실된 6밀리리터 분량으로 채우는 것입니다. 당도의 보정도 이때 리저브 와인이 해줍니다. 이 작업을 '도자주dosage'라고 부릅니다. 도자주는 영어 단어에서 1회 복용하는 약의 양을 이르는 '도시지dosage'와 같은 단어입니다. 그러니까 영어 dosage와 프랑스어 dosage는 같은 단어인데, 샴페인 제조 공정에서 사용될 때는 '744밀리리터에다 1회 첨가하는 리저브 와인의 용량 6밀리리터'라는 의미로 사용하는 것입니다. 도자주라는 용어 자체는 기억하지 않으셔도 좋습니다. 찌꺼기를 제거하는 과정에서 줄어든 양을 채우되 그 분량으로 마지막으로 당도를 조정한다는 사실만 기억하면 됩니다.

도자주가 끝나면 어떤 과정이 남아 있을까요? 사실상 끝입니다. 도자주 이후 코르크 마개를 씌운 뒤 철사로 봉하면 마침내 한 병의 샴페인이 완성됩니다.

도표를 통해 간단하게 복습하겠습니다.

포므리 와이너리의 샴페인 자동 병입

베이스 + 리저브 → 효모와 당분 넣기 → 르뮈아주(병 돌리기) → 데고르주망(찌꺼기 제거) → 도자주(당도 조절 리저브 소량 혼합) → 코르크 마개 씌우기

샴페인 제조 과정

샴페인은 당도로 분류

한 가지 또 중요한 상식이 존재합니다. 샴페인 병의 라벨에는 '브뤼Brut' 또는 '드미 섹Demi-Sec'과 같은 용어들이 표시돼 있습니다. 당분의 정도를 구분하는 용어입니다. 도자주 작업을 위해 리저브 와인을 6밀리리터 정도 추가한다고 했죠? 바로 이 6밀리리터를 추가할 때 넣는 당분의 정도가 샴페인 맛을 결정합니다. 가당加糖을 많이 하면 샴페인도 훨씬 달게 느껴질 겁니다. 반대로 가당을 적게 하거나 아예 하지 않으면 달콤한 느낌보다는 다소 건조한 느낌으로 다가오겠지요. 가장 건조한 것, 즉 아무런 가당을 하지 않은 리저브 원액만으로 도자주한 것을 '엑스트라 브뤼Extra Brut'라고 부릅니다. 가장 드라이하다는 뜻이겠지요. 반면 가장 달콤한 맛을 내도록 가당을 많이 한 경우에는 샴페인 병 라벨에 '두Doux'라고 당도 레벨을 명기합니다.

엑스트라 브뤼Extra Brut	가장 드라이
브뤼Brut	드라이
엑스트라 드라이Extra Dry	약간 드라이
섹Sec	약간 스위트
드미 섹Demi-Sec	스위트
두Doux	매우 스위트

샴페인 당도 구분표

샴페인은 대개 본 식사를 하기 전 이른바 식전주로 많이 쓰이죠. 물론 결혼식이나 생일 파티, 단체 기념식 등에서 병 속의 이산화탄소가 펑 소리를 내며 터져 나오는 순간, 참석자 모두의 환호와 박수를 이끄는 힘을 가진 음료기도 합니다. 식도락이라는 행복을 여는 포도주인 동시에 축배의 음료가 바로 샴페인입니다.

크레망도 있다

우리가 지금까지 비교적 깊이 탐험한 세계는 샴페인이지만, 프랑스엔 샹파뉴 지방 외에도 전국에서 스파클링 와인을 만듭니다. 앞서 샹파뉴 지방에서 샹파뉴 방식으로 제조한 발포성 와인에 대해서만 샴페인이란 명칭을 붙일 수 있다고 설명했습니다. 그렇다면 샹파뉴 지방이 아닌 곳에서 나오는 스파클링 와인은 어떻게 제조되고, 또 어떤 이름을 붙일까요?

그 해답은 쉽습니다. 샹파뉴 방식으로 만들되 지역이 다른 곳에서 생산되는 스파클링 와인은 통칭해서 '크레망Crémant'이라 부릅니다. 루아르 지방에서 생산되는 샹파뉴 방식 스파클링 와인은 '루아르 크레망Crémant de Loire', 부르고뉴에서 생산된 스파클링 와인은 '부르고뉴 크레망Crémant de Bourgogne'이라 칭합니다.

프랑스 리무에서 생산되는 대표적인 크레망 스파클링 와인

샹파뉴 생산 방식을 따르지 않고도 얼마든지 스파클링 와인을 제조할 수 있습니다. 쉽게 말해 병에서 발효하는 과정이 샹파뉴 방식의 가장 기본이지만, 병이 아닌 대형 탱크에서 발효시키는 등의 다른 방식으로 스파클링 와인을 만들 수도 있습니다. 이렇게 샹파뉴 방식을 따르지 않고 제조된 프랑스 내의 모든 스파클링 와인을 통칭해서 '무쇠 Mousseux'라고 부릅니다. 프랑스 전체 스파클링 와인 생산량에서 차지하는 비중은 극히 소량입니다. 주로 남서부 보르도 동쪽의 가이약 지방에서만 이 방식으로 생산됩니다.

내용을 요약하자면 샹파뉴 지방에서 샹파뉴 방식으로 생산되는 스파클링 와인을 샴페인이라 부르고, 같은 방식이지만 다른 곳에서 생산되는 스파클링 와인은 크레망이라 부른다는 것, 그리고 소수지만 샹파뉴 방식이 아닌 탱크 발효로 만들어진 스파클링 와인을 무쇠라 칭한다는 것까지 기억하면 스파클링 와인 공부는 거의 완성됩니다.

5
귀부 와인

영화 '오션스 13'은 스토리가 다소 황당하지만 와인 애호가들의 눈길을 끄는 장면이 있습니다. 호텔 종업원으로 변신한 맷 데이먼이 초대형 다이아몬드가 보관된 호텔 펜트하우스에서 여성을 유혹하는 대목입니다. 코까지 높게 변장한 젊은 남성 데이먼에게 꽂힌 60대 여성 엘런 바킨은 "무슨 술을 준비할까? 샤토 디켐Château d'Yquem도 있어"라며 분위기를 띄웁니다. 대사에 나오는 '샤토 디켐'이 귀부 와인입니다. 귀부 와인 가운데서도 가장

영화 '오션스13'

값비싼 최고 등급의 화이트 와인입니다.

주변에 와인을 함께 즐기고 싶지만 잘 알지 못해 쉽게 다가오지 못하는 사람이 있다면 달콤한 귀부 와인으로 와인에 도전해보라고 하고 싶습니다. 워낙 향이 좋고 달콤한 맛이 빼어나 누구나 금세 친해질 수 있기 때문입니다. 만찬의 성격에 따라서는 디저트 와인을 식전주인 아페리티프용으로 대신 사용할 수도 있습니다. 아페리티프는 프랑스 말로, 애피타이저appetizer(식욕 촉진제)라는 의미를 갖기 때문에 이 와인으로 식욕을 당기는 것도 방법입니다.

프랑스의 만찬은 식전주를 시작으로 전채 두 가지, 본채 한두 가지, 디저트 한두 가지 등으로 이어지는데 적어도 2시간 30분에서 길게는 4시간 이상 소요됩니다. 전식, 본식, 후식의 각 과정에는 그에 잘 어울리는 맞춤형 와인이 있습니다. 식전주로는 샴페인을 많이 씁니다. 티라미수 같은 케이크나 과일, 치즈 등의 디저트가 나올 때 마시는 술이 디저트 와인, 즉 식후주입니다. 치즈로 그날의 만찬을 마무리할 때는 코냑 등 향이 뛰어난 증류주나 달콤한 주정 강화 와인이 제격입니다. 초콜릿이나 마카롱처럼 달콤한 디저트에는 역시 달콤한 와인이 좋겠지요. 대개 아이스 와인이나 귀부 와인이 좋은 짝이 됩니다.

원조는 헝가리

귀부 와인이 무엇이며 어떻게 만들어지는지 자세히 알아보겠습니다. 한자로는 '귀할 귀貴'와 '썩을 부腐' 자를 씁니다. 한글로 풀면 '귀하게 상한' 와인이란 뜻이지요. 귀부 와인의 원조는 헝가리라는 설이 유력합니다. 유명한 황금색 액체 '토카이Tokaji'가 헝가리에서 시작됐기 때문입니다. 토카이는 부다페스트 동북부에 위치한 와인 생산 지역입니다. 지역 이름이 곧 와인 이름이 된 것입니다.

아수와 푸톤이 표시된
헝가리 토카이 와인의 라벨

정확한 기록은 없지만, 헝가리의 토카이는 16세기에 시작됐다고 합니다. 1737년 헝가리 왕 샤를 3세가 토카이 품질 등급을 처음 정했습니다. 프랑스의 국력이 가장 강했던 시기는 베르사유 궁전을 축성하도록 지시했던 태양왕 루이 14세 시절이죠. 1702년 헝가리 왕이 태양왕에게 맛있는 토카이를 선물로 보냅니다. 이를 마신 루이 14세는 "토카이야말로 왕의 와인이자 와인의 왕이다. 이토록 맛있는 와인이 있다니 놀라울 뿐이다"라고 평했다고 합니다. 토카이는 맛이 빼어나 '와인의 제왕' 대접을 받으면서 동시에 아무나 쉽게 마실 수 없어 '제왕의 와인'이기도 하다는 뜻이지요. 괴테와 볼테르가 토카이에 빠졌고, 슈베르트는 토카이가 있어야 만찬이 완성된다며 늘 아껴 마셨다는 일화로도 잘 알려진 명품입니다.

토카이를 떠올릴 때면 반드시 두 가지 관련 정보를 기억해야 합니다. '아수aszu'라는 용어와 '푸토니오스puttonyos'라는 용어입니다. 아수는 귀하게 껍질이 썩은 포도로 만든 즙을 말하며, 그걸 '아수 베리Aszu

Berry'라고 부릅니다. 그러면 푸토니오스는 무엇일까요? 아수 베리를 얼마나 많이 넣고 발효시키는지를 말해주는 단위입니다. 27리터 분량의 아수 베리를 3통 넣으면 3푸토니오스, 3푸톤이라고 부릅니다. 4통 넣고 숙성시키면 4푸톤, 6통 넣으면 6푸톤이 되는 것이지요. 토카이 와인을 사서 보면 와인 라벨에 이 등급이 표시된 것을 확인할 수 있습니다. 줄여서 3putt, 4putt, 5putt, 6putt 식으로 표시하는데, 토카이 와인 표시에 나오는 putt(푸토니오스) 수가 많을수록 좋은 와인입니다. 최고 당도의 원액만으로 만든 토카이에는 푸토니오스 숫자 대신 '아수 에센시아Aszu Eszencia'라는 칭호가 붙습니다.

헝가리 귀부 와인과 프랑스 귀부 와인은 제조 과정이 비슷하지만, 원료가 되는 포도의 품종이 다릅니다. 헝가리는 푸르민트Furmint와 하슬레베루Harslevelu라는 두 청포도를 섞어서 만듭니다. 반면 프랑스는 세미용Sémillon과 소비뇽 블랑Sauvignon Blanc을 섞어서 만듭니다. 이제 오늘날 세계 귀부 와인 시장의 최정상에 오른 프랑스 귀부 와인에 대해 좀 더 자세히 살펴보겠습니다.

요즘 대세는 프랑스 소테른

보르도 지방의 남쪽엔 소테른 마을이 있습니다. 암기하기엔 어렵지만 '보트리티스 시네레아Botrytis Cinerea'라는 이름의 곰팡이가 귀부 와인 생산에선 빼놓을 수 없는 존재입니다. 소테른 마을은 가론강에 인접해 있지만 바로 상류는 가론강과 시론강이 합류하는 두물머리가 형성

샤토 디켐 와이너리

돼 있습니다. 두 강이 합해지면서 특히 가을의 새벽에 안개가 많이 생깁니다. 잿빛을 띤 곰팡이는 강바람을 타고 물안개에 실려 새벽 시간 소테른의 포도밭으로 날아갑니다. 곰팡이는 세미용이라는 청포도에 내려앉아 포도의 수분을 빨아들입니다. 늦가을까지 잿빛 곰팡이로부터 수분을 빼앗긴 포도는 한낮의 뜨거운 햇빛을 맞으면 껍질이 상하고 쭈글쭈글한 모양을 띱니다. 마치 포도가 상한 것처럼 말이죠. 그게 바로 귀하게 상한, 즉 귀부병에 걸린 세미용 포도의 상태입니다. 곰팡이의 활동으로 쭈글쭈글해진 포도 속엔 고농도의 당분이 축적되고 이것을 소비뇽 블랑 포도와 합쳐 와인을 만들어냅니다. 일반 와인은 제조 과정에서 효모의 발효가 끝나면 대형 통 안에 당분이 거의 남지 않

오래된 샤토 디켐과 최근 병입된 샤토 디켐

습니다. 그러나 귀부 와인은 포도가 당분을 워낙 많이 가지고 있는 바람에 발효가 끝나도 단맛이 남습니다. 단맛이 많이 남은 원액을 오크통에서 따로 2년 이상 숙성한 뒤 병에 담으면 귀부 와인이 완성됩니다.

소테른 귀부 와인 가운데 최고품은 나폴레옹 3세가 별도로 등급을 지정했다는 '샤토 디켐'입니다. 1855년 보르도 지방 레드 와인 등급을 정할 때 메독 지방 레드 와인과는 별도로 소테른의 와인 등급을 매겼는데 샤토 디켐은 유일하게 '특급' 와인으로 지정됐습니다.

샤토 디켐만큼 비싸지는 않지만, 일반적으로 소테른에서 생산된 귀부 와인은 가격대가 높게 형성됩니다. 포도 수확에 들어가는 정성이 남다르기 때문입니다. 귀부병이 어느 날 아침 갑자기 포도원의 모든 포도송이에 동시에 찾아오지는 않습니다. 균이 내려 쭈글쭈글해지는 현상은 몇 주에 걸쳐 계속 이어집니다. 그때마다 농부들이 손으로 가려내서 수확합니다. 따라서 한 포도 농장에서 자란 세미용 포도라 해도 6차례 이상 나눠서 수작업으로 수확하는 노력이 들어갑니다.

프랑스의 사상가이자 철학자인 몽테뉴는 유명한 《수상록》이란 책을 남겼죠. 어떻게 사는 게 행복한 삶인지 사색한 결과를 에세이 형식으로 담은 책입니다. 보르도의 시장을 지낸 몽테뉴는 와인의 향미에 빠진 인물이었죠. 몽테뉴 가문은 대대로 부를 이어왔습니다. 소테른 지방의 최고 귀부 와인인 샤토 디켐 역시 몽테뉴 가문의 영지에서 생산됐습니다. 샤토 디켐의 소유주가 철학자이자 사상가였다는 사실은 자못 흥미롭습니다. 샤토 디켐의 역사는 400년이 넘는 셈입니다. 그 사이 소유주는 몇 차례 바뀌었습니다. 19세기에 뤼 살리스 가문으로 넘어갔던 소유권은 마침내 1998년 12월 프랑스의 명품 브랜드 그룹인 루이뷔통에 팔렸습니다. 루이뷔통 그룹은 이미 샴페인 모엣 샹동과 코냑 헤네시Hennessy, 명품 레드 와인인 생테밀리옹의 슈퍼 1등급 슈발 블랑Cheval Blanc 등을 인수했습니다.

6 아이스 와인

아이스 와인은 귀부 와인과 함께 특별한 대접을 받는 디저트 와인입니다. 언 포도를 수확해 압착한 다음 달콤한 와인으로 발효시켜 만듭니다. 역사는 귀부 와인보다 짧지만, 18세기 후반 독일에서 시작됐다는 게 정설입니다. 정설이라고 말한 까닭은 입증할 구체적 기록이 없기 때문입니다.

샴페인이 수도사 동 페리뇽에 의해 우연한 기회에 인류의 선물로 정착됐듯이 아이스 와인이 탄생하게 된 과정도 아주 흥미롭습니다. 2010년 2월 25일자 〈뉴욕타임스New York Times〉에 'Frozen Vines (and Fingers) Yield a Sweet Reward(언 포도와 손가락이 달콤한 보상을 주다)'라는 제목의 아이스 와인 관련 특집 기사가 실렸습니다. 뉴욕타임스는 캐나다 온타리오주의 아이스 와인 산업을 자세히 소개한 이 기사에서 아이스 와인의 유래를 간략히 소개했습니다. 1794년 독일 프랑켄 지방 포도 농장의 실수로 달콤한 아이스 와인이 탄생하게 됐다는 것입니다. 화이트 와인을 만들기 위해 리슬링Riesling 포도를 재배하던 한 농장 주인이 수확기를 놓치면서 시작됐다고 합니다.

포도를 수확할 시기에 장기간 출장을 가는 바람에 한겨울에 돌아온 포도원 주인은 그해 포도 수확은 포기한 채 이듬해 농사나 잘 지어야겠다는 마음으로 포도밭을 거닐다가 이상한 것을 발견했습니다. 얼어붙은 포도송이에서 고드름이 매달린 포도 한 알을 따 손에 쥐었더니 체온으로 얼음이 녹고 그 안에서 진한 액체가 묻어나왔습니다. 과즙을 입에 넣자 너무나도 달콤했습니다. 포도알 속에 있던 수분은 영하 10도의 추위에 얼었지만, 당도가 높아진 즙이 언 포도 안에 남아 있었던 것입니다. 이를 확인한 포도밭 주인이 언 포도를 따서 고당도 과즙을 압착해 화이트 와인 제조 공법으로 발효시켰더니 믿을 수 없을 정도로 달콤한 와인이 만들어졌습니다. 그때까지 한 번도 맛보지 못한 새로운 와인은 이렇게 세상에 나오게 됐습니다.

얼어붙은 포도에서 나온 과즙 농축액 속에는 당분이 20%나 포함됐습니다. 언 포도 과즙 1리터 속에는 당분이 200그램이나 들어 있습니다. 효모는 당분이 많으면 활동이 더뎌집니다. 술로 발효되는 시간이 그만큼 길어진다는 얘기입니다. 일반 포도주는 단 몇 주면 발효가 끝나지만, 아이스 와인 발효는 3~6개월 정도 걸립니다. 발효가 완료돼도 당분 함유가 워낙 많아서 최종 완성된 아이스 와인의 알코올 농도는 8~12% 수준에 그칩니다. 맥주보다는 진하되 정통 포도주보다 도수가 약하면서도 꿀처럼 달콤한 술이 어디에 쓰이겠습니까? 최고의 디저트 와인이 될 수밖에 없는 조건을 아이스 와인은 갖추고 있었던 것입니다.

고난도 포도 수확

아이스 와인을 만드는 포도의 수확은 매우 힘듭니다. 영하 7~10도 사이 혹한의 기온에서 따야 고당도 포도 농축액을 확보할 수 있습니다. 게다가 수작업이 요구됩니다. 한 송이 한 송이를 일일이 손으로 수확해야만 얼음 속에 든 고당도 포도즙을 온전히 얻을 수 있습니다. 아이스 와인은 수확부터 발효까지의 과정이 다른 어떤 포도주보다 힘들고 긴 까닭에 가격이 비싼 편입니다. 더구나 아이스 와인 한 병을 만드는 데 필요한 포도는 일반 화이트 와인 제조에 들어가는 포도의 6~7배나 됩니다. 한 가지 특이한 점은 포도는 지구상에 수천 종이 있지만, 맛이 빼어난 아이스 와인을 만들기 위해서는 주로 리슬링과 비달Vidal 포도 품종을 씁니다. 대개의 다른 포도 품종은 얼었다 녹는 과정을 반복하면서 썩어버리고 말기 때문입니다.

아이스 와인의 종주국은 독일입니다. 요즘도 독일 라인가우 지방의 명품 아이스 와인은 세계 시장에서 높은 가격을 형성하며 인기리에 판매됩니다. 하지만 지구온난화가 가속화되면서 독일의 겨울이 아이스 와인을 만드는 최적의 기상 조건을 보장할 수 없게 된 것도 사실입니다. 독일어로는 '아이스바인Eiswein'이라 불리는 '얼음 포도주', 즉 아이스 와인은 캐나다로 건너가 활짝 꽃을 피웠습니다. 독일이 원산지지만 요즘 대세는 캐나다입니다. 독일에서 아이스 와인을 만들던 사람들이 캐나다로 이민을 갔고, 1970년대부터 북미에서도 본격적인 아이스 와인 생산이 시작됐습니다. 포도가 잘 자라는 데 필요한 따뜻한 여름과 포도송이가 얼기에 좋은 혹한의 겨울을 가진 캐나다 온타리오는 아이스 와인 생산에 최적의 조건을 갖췄습니다. 일반 와이너리와는 달리 아이스 와인용 포도밭에서는 수확된 포도를 농축했을 때 기준으로 매우 적은 양의 원액을 얻게 됩니다. 1에이커는 대략 평수로 보면 1,220평쯤 됩니다. 1에이커의 비달 포도밭에서 영하 10도 이하의 언 포도를 수확해 압착해도 약 500리터의 농축 원액밖에 건질 수 없다고 합니다.

독일에선 리슬링으로 아이스 와인을 만들었지만 캐나다로 정착해 시도한 품종은 비달입니다. 캐나다의 아이스 와인 최대 생산지는 온타리오주 나이아가라 폭포 인근입니다. 필자는 2017년 여름 나이아가라 폭포를 거쳐 캐나다 동부 퀘벡까지 여행한 적이 있습니다. 그 과정에서 캐나다 쪽 나이아가라 폭포 인근의 '라이프 와이너리Reif Estate Winery'를 방문했습니다. 비달 포도밭 이랑 사이를 걸어보고 와인 시음장에서 5년 된 아이스 와인을 마셔보기도 했습니다. 때마침 오찬 후에 찾은 터라 달콤한 아이스 와인이 입안에 착 달라붙었습니다. 라이프 와이너리는 1977년에 아이스 와인 생산을 시작했으니 이제 43년 나이로 중년의 와인 생산 노하우를 가졌는데 품질은 매우 인상적이었습니다.

달콤하면서도 약간 시큼한 산미酸味는 독일 리슬링 아이스 와인이

한 수 위라고 하지만 캐나다는 냉해에 강한 비달 포도의 경쟁력을 앞세워 세계 최대의 '자연 아이스 와인 생산국'으로 부상했습니다. 자연 아이스 와인이라니 궁금하시죠? 앞에 설명한 방식으로 언 포도를 손으로 따서 긴 발효 과정을 거쳐 완성하는 것이 바로 자연 아이스 와인 방식입니다.

캐나다 라이프 아이스 와인 와이너리

그렇지만 요즘 우리는 빼어난 냉동 기술을 앞세워 캐나다처럼 겨울이 춥지 않아도 아이스 와인을 만들 수 있는 세상에 살고 있습니다. 혹한의 추위라는 자연의 힘에 의한 방식이 아니라면 어떤 게 있을까요? 냉동고 속에서 포도를 얼려 같은 방식으로 제조하는 아이스 와인이 미국이나 호주 등에서 생산됩니다. 이런 아이스 와인을 '아이스박스 와인'이라고 합니다. 따라서 아이스 와인을 살 경우 와인 라벨에 '늦게 수확한late harvest' 것이라는 표시가 있는지 살펴봐야 합니다. 이 표시는 자연적 방법으로 만들어진 아이스 와인임을 증명하는 것입니다. 정말 포도를 얼게 한 다음 영하의 추위 속에서 수확해 만든, 즉 늦게 수확한 포도로 만든 와인이란 뜻이지요.

아이스 와인은 매혹의 디저트 와인입니다. 특히 크렘 브륄레나 화이트 초콜릿 무스, 과일 타르트 등 각종 달콤한 디저트와 최고의 하모니를 이룹니다. 식전주로 시작해서 화이트 와인, 레드 와인을 거쳐 디저트 와인으로 만찬을 마무리하는 프랑스나 이탈리아 정찬에는 코스별로 음식에 어울리는 와인이 필요합니다.

7

태양을 절인 로제

장미와 와인은 연관된 많은 이야기가 있습니다. 파리의 레스토랑 가운데 적지 않은 곳들이 흰색 테이블보 위에 장미 세 송이가 꽂힌 화병을 올려놓고 손님을 맞습니다. 붉은 장미, 백장미, 연분홍빛 장미 세 종류가 함께 꽂혀 있습니다. 손님을 맞는 세 가지 다른 장미 색은 곧 와인의 색입니다. 붉은 장미는 레드 와인을, 흰 장미는 화이트 와인을 상징한다는 것쯤은 쉽게 짐작될 겁니다. 그렇다면 연분홍색 장미는 무엇을 뜻할까요? 바로 로제 와인을 상징합니다.

1962년 나온 흑백영화 '와인과 장미의 나날'은 좋은 영화로 평가받는 올드 무비입니다. 영화는 알코올 중독에 빠지는 부부의 이야기를 다뤘는데, 앤디 윌리엄스가 구성진 저음으로 영화와 같은 제목의 노래를 불러서 더 유명해졌습니다. 후일 패티 페이지도 이 노래를 불러서 많은 이들의 심금을 울렸습니다. 노래 가사의 한 대목을 보면 고개가 끄덕여집니다.

영화 '와인과 장미의 나날'

"The days of wine and roses laugh and run away like a child at play(와인과 장미의 날들은 노는 아이처럼 미소를 띤 채 훌쩍 사라지고 말지요)."

연분홍 장미가 상징하는 로제 와인은 맛이 가볍고 신선해 화이트 와인에 가깝고, 색은 분홍빛으로 화이트 와인과 레드 와인의 중간입니다. 연분홍빛 와인에 프랑스 사람들은 '장미'라는 이름을 붙인 겁니다. 영화 '사운드 오브 뮤직'에서 트랩 대령이 빈에서 백작 부인을 인도해 테라스에서 마시는 와인이 바로 로제 와인입니다.

로제 와인은 어떻게 만들어질까요? 앞서 레드 와인과 화이트 와인이 만들어지는 과정의 차이를 이해했습니다. 레드 와인은 먼저 포도송이 전체를 넣고 전 발효前醱酵를 시킨 뒤 압착해 걸러서 후 발효後醱酵를 하는 순서로 진행된다고 했습니다. 로제 와인은 처음엔 레드 와인 제조 과정과 같게 시작합니다. 수확한 포도의 과육과 껍질을 같이 넣고 6~12시간 정도 발효시키는 것까지는 같습니다. 그러다 붉은색이 우러나오기 시작하면 압착해 껍질을 제거하는 것이 다릅니다. 레드 와인은 좀 더 오랜 시간 전 발효를 시키지만, 로제 와인을 만들 때는 껍질의 붉은 색소가 완전히 물들기 전에 껍질을 분리합니다. 화이

프로방스의 라벤더 화단과 포도밭이 나란히 있는 풍경

트와 레드의 중간 정도인 연한 분홍색으로 물든 상태가 되면 이 과즙으로 그때부터 화이트 와인을 만드는 방식으로 제조하는 것이지요.

프랑스 남부의 프로방스 지방은 기후와 경관이 훌륭한 살기 좋은 곳입니다. 칸, 니스, 아를, 님므 등이 프로방스의 대표적 도시들입니다. 지중해를 앞바다로 안고 뒤로는 엑상프로방스로 연결되는 높은 산이 있으며 한겨울에도 따뜻하고 일조량이 많은 천혜의 땅입니다. 고흐와 세잔이 살았던 곳이기도 하죠. 세잔과 에밀 졸라의 우정에 금이 가는 과정을 그린 '나의 위대한 친구, 세잔'이라는 영화의 무대도 바로 이 지역이었습니다. 고흐는 아를의 농촌을 아름답게 그렸고, 마티스와 샤갈도 이 지역에 아틀리에를 두고 그림을 그리며 생의 한 부분을 채웠습니다.

옛날 프로방스엔 특별한 어부가 살았다는 전설이 전해져 옵니다. 태양을 절여서 와인을 만든 어부 이야기인데요. 그 어부는 태양을 빨아서 헹군 뒤 분홍빛을 얻었는데, 이 분홍빛을 잔 속에 담아 만든 술이 로제 와인이라는 겁니다. 프랑스 와인 이야기꾼들이 지어낸 환상적인 이야기지만, 로제 와인에 '태양을 절여서 만든 와인'이라는 별칭이 붙게 만들었다는 면에서 마케팅 재주가 각별하다는 생각이 듭니다.

로제 와인은 장기 보관에는 부적합합니다. 보졸레 누보Beaujolais Nouveau처럼 그해 나온 로제를 시원한 상태로 보관한 뒤 이듬해 기온이 올라가는 늦봄부터 마시면 충분히 그 가치를 누릴 수 있습니다. 로제 와인의 알코올 비중은 화이트 와인보다 약간 낮은 11% 안팎입니다.

프로방스에서 생산하는 로제 와인은 껍질과 과즙의 접촉 시간을 최소한으로 줄여서 만듭니다. 그래서 색도 연하고 타닌은 당연히 적게 함유됐습니다. 담근 바로 그해 또는 이듬해에 마시는 게 좋습니다. 로제 와인은 생산 후 1~2년 안에 마셔야 하는, 어떤 의미에서 숙성과는 무관한 신선 알코올 음료에 가깝습니다.

물론 숙성 과정을 거친 고급 로제도 있습니다. 화가 세잔이 좋아한 와인은 생빅투아르산 아래 포도밭에서 나오는 그르나슈와 생소Cinsaut, 시라 등으로 만든 로제 와인인데 타닌이 많아 5년 이상 숙성한 뒤에 마셔도 괜찮습니다. 세잔이 좋아했다는 것을 기념해 와인 이름이 '팔레트Palette'라 붙여졌습니다.

프로방스에서는 2017년부터 '핑크 로제 페스티벌'이 열립니다. 그전 가을에 수확한 포도로 만든 신선한 로제 와인과 음식, 음악, 파티로 다채롭게 구성되는 2월의 축제인데요. 여러 가지 다양한 로제를 한꺼번에 맛보고 현장에서 구매 상담도 할 수 있는 축제에 아시아 수

입상들이 대거 찾는다고 합니다.

프랑스 내 또 다른 로제 와인 주산지는 루아르강 유역의 앙주라는 지역입니다. 앙주 로제 와인Rose d'Anjou은 프로방스 제품보다 색이 더욱 연하고 다소 단맛이 있어 여성들에게 인기가 많습니다. 미국에서는 로제 와인의 별칭을 '불그스름한 와인'이란 뜻으로 '블러시 와인'이라고도 부릅니다.

요즘 로제 와인은 세계 여러 나라에서 골고루 생산됩니다. 미국의 진판델Zinfandel 포도로 만든 로제도 인기가 치솟고 있습니다. 유럽 와인 생산국은 로제의 명칭을 저마다 다르게 부릅니다. 스페인에서는 '로사도Rosado', 독일에서는 '바이스헵스트Weissherbst', 오스트리아에서는 '실허Schilcher'라고 부릅니다. 이탈리아에서는 '로사토Rosato', 색깔이 좀더 짙어지면 '키아레토Chiaretto'라는 이름으로 부르기도 합니다.

로제는 화이트 와인처럼 시원하게 보관해서 마시면 됩니다. 앞서 알아본 샴페인 등 스파클링 와인 대신 식전주로 애용되고 있습니다. 특히 무더운 여름날 식사 시작 전에 시원한 로제 와인을 한 잔 먼저 마시면 본식의 구미를 크게 당겨줍니다. 분홍은 예의를 상징합니다. 뜨거운 붉음과 차가운 흰색이 만나서 나오는 분홍은 타협의 미덕을 상징하기도 합니다. 로제 와인은 그래서 대개 모든 음식과 조화를 이룹니다. 우리나라의 삼겹살부터 생선회, 아귀찜, 조개탕, 불고기, 심지어 김치돼지볶음 등과도 잘 어울립니다.

8

강화 와인, 보졸레 누보, 아마로네

앞서 포도주의 종류 대부분을 살펴봤습니다. 포도로 빚어내는 술의 세계는 참 깊고 넓습니다. 기본적인 지식과 정보를 알아두고 넘어가야 할 포도주를 몇 가지 더 간략히 살펴보겠습니다. 강화 와인Fortified Wine과 보졸레 누보, 아마로네Amarone입니다.

와인을 공부하는 과정에서 필수적으로 알아야 할 몇 가지 유럽 역사 이야기는 이 책의 맨 앞부분 '와인의 인문학' 편에서 함께 짚어보고 왔습니다. '아비뇽 유수'와 '백년 전쟁' 이야기도 다뤘습니다.

아비뇽 유수는 1309~1377년까지 7대에 걸쳐 로마 교황청을 남프랑스 론 강변의 도시 아비뇽으로 이전한 사건을 말합니다. 비슷한 시기에 백년 전쟁이 계속됩니다. 영국과 프랑스 사이에 1337~1453년까지 116년 동안 끊어졌다 이어졌다 하면서 패권을 다툰 전쟁입니다. 영국과 프랑스가 지금의 보르도 일대를 포함한 가스코뉴 지방(당시기엔 공국)을 놓고 벌인 전쟁이기도 합니다.

백년 전쟁, 강화 와인을 낳다

백년 전쟁은 세 가지 면에서 큰 전환점을 만들었습니다.

첫째, 근대적 의미의 국가 구분이 확연하게 정해졌습니다. 전쟁을 끝으로 영국은 완전히 섬나라로, 프랑스는 유럽의 중심국으로 위상이 갈라집니다.

둘째, 근대적 국가 체제가 완성됩니다. 프랑스에선 왕권이 강화되고 징세 제도 등이 체계화됩니다.

셋째, 사람 중심의 사고 체계가 서서히 고개를 들기 시작해 결국 르네상스로 이어지는 기초가 마련됐습니다.

영국 입장에선 프랑스 내의 영토를 상실한 것은 큰 손실이지만, 이후 복잡한 유럽 내 영토 분쟁에 휩쓸리지 않고 독자적인 국민국가를 형성할 수 있는 전기를 마련했습니다. 물론 프랑스로 갔던 귀족들이 런던으로 돌아와 왕권을 놓고 갈등하면서 이른바 '장미 전쟁'으로 불리는 '30년 전쟁(1455~1485년)'을 치르게 되지만 이 역시 헨리 7세에 의해 정리되면서 영국은 강력한 중앙집권화의 초석을 마련합니다.

백년 전쟁의 패전으로 영국은 잃은 게 많았습니다. 그 가운데 고품질의 포도주를 즐길 수 없게 된 것은 영국 귀족들에게 큰 고통이었습니다. 보르도의 맛 좋은 와인을 그리워하던 영국인들은 새로운 와인 시장으로 스페인과 포르투갈에 눈을 돌립니다. 그러나 보르도에 비해 포르투갈이나 스페인은 상대적으로 먼 거리에 있었죠. 포도주의 장거리 운송은 필연적으로 맛의 변질을 가져옵니다. 특히 여름철에 와인을 수송해야 하는 경우 고온은 와인의 최대 난적입니다. 고온에 의해 와인이 상하는 것을 막기 위해 알코올 도수가 높은 브랜디Brandy를 와인에 섞는 방법이 나왔습니다.

강화 와인이 생겨난 배경입니다. 브랜디는 코냑 같은 포도주 증류주를 말합니다. 도수가 40~60도로 알코올 함량이 높다보니 이를 와인에 섞으면 장기 보관이 가능했습니다. 강화 와인은 일반 와인에 알코올 원액 또는 오드비Eau de vie(브랜디 원액)를 첨가해 알코올 도수를 18% 이상으로 높인 와인입니다.

여기서 셰리와 포트의 구분이 나옵니다. 스페인에서 만든 강화 와인을 통칭해 '셰리 와인Sherry Wine'이라 부르고 포르투갈의 강화 와인은 '포트 와인Port Wine'이라 부릅니다. 셰리 와인이 발효 후 브랜디를 첨가한 주정 강화 와인이라면, 포트 와인은 발효 중에 브랜디를 첨가하는 것이 차이점입니다. 드라이한 셰리는 주로 식전 와인으로 이용되고 보다 달콤한 포트 와인은 식후주로 많이 쓰입니다.

포트 와인에 단맛이 더 존재하는 이유는 발효 중 브랜디를 첨가하기 때문입니다. 브랜디는 효모를 파괴해 아직 발효되지 않은 포도의 당분을 살아남게 합니다. '라가레스Lagales'라고 불리는 화강암으로 만들어진 통에 포도를 넣고 발로 으깨는 방법이 전통적인 포트 제조법입니다. 오늘날에도 포트 명가에서는 이 방법을 사용해 명주를 생산합니다. 포르투갈양조협회에선 포르투갈 북부 도로강 상류에서 만들어진 고품질 포트 와인을 통칭해 '포르투Porto'라 이름 붙였습니다. 포트의 집산지이자 수출항 이름이 포르투였는데 아예 항구 이름을 브랜드화한 경우입니다.

스페인의 강화 와인인 셰리는 1587년 영국인들이 스페인 카디스Cadiz(스페인 남부 지중해에 면한 지브롤터 해변의 도시)를 침공해 와인 3,000드럼을 탈취해가면서 영국 사회에 알려졌습니다. 맛과 향이 좋아 영국 사회의 반응이 아주 좋았습니다. 심지어 문호 셰익스피어는 《헨리 4세》라는 희곡에서 "셰리 와인은 사람을 명민하게 해주는 술이다. 헨리 4세가 총명한 것은 훌륭한 조상 때문이 아니라 그가 셰리 와인을 즐기기 때문이다"라고 표현했습니다. 그만큼 셰리는 단시간에 영국 사회에 정착한 새로운 포도주였습니다.

보졸레 누보

레드 와인은 기본적으로 포도 껍질째 침용시켜서 전 발효를 거친 뒤 눌러 짠 다음 후 발효의 과정으로 제조됩니다. 후 발효까지 거친 붉은 포도주는 오크통에서 장기 숙성 후 병입돼 또다시 숙성의 긴 터널에 들어갑니다. 그러나 오크통 숙성 기간을 최단 기간에 끝내고 곧바로 출시되는 햇포도주가 있습니다. 바로 '보졸레 누보'입니다.

보졸레 누보는 해마다 9월 초에 수확한 포도를 4~6주간 숙성시킨 뒤 11월 셋째 주 목요일 자정에 출시하는 술입니다. 보졸레 누보가 세상에 널리 알려지게 된 것은 1951년 11월 13일이라고 합니다. 보졸레 지역에선 갓 생산된 햇포도주를 큰 통에 부어서 바로 마시는 전통이 있었는데, 1951년부터 지역 축제로 자리 잡았습니다. 프랑스 정부는 그 전통을 살려 1985년 특별한 규정을 선포합니다. 해마다 보졸레 누보는 11월 셋째 주 목요일 자정을 기해 판매를 개시한다는 규정입니다. 그러자 세계 각국 와인 수입업자들이 보졸레로 몰려들어 그날을 기다리기 시작했습니다. 특파원 시절 11월 셋째 목요일 밤 파리의 식당에서 보졸레 누보를 마시며 노래 부르는 손님들의 모습을 흔하게 볼 수 있었습니다.

타닌과 숙성, 보디감에 대해 아는 사람들은 어떻게 숙성 4~6주 만

뒤편으로 가메 포도밭이 보이는 보졸레 마을

에 맛있는 와인이 나올 수 있는지 의문을 갖게 됩니다. 오랜 숙성을 거친 와인의 맛과는 다른 차원이지만 새로움이 나름대로 의미를 줍니다. 보졸레 누보를 좋게 평가하는 유일한 이유는 신선하기 때문입니다. 보졸레 누보는 '가메Gamay'라는 포도로 만듭니다. 가메는 껍질이 매우 얇고 과육의 당도가 높은 것이 특징입니다. 껍질이 얇은 만큼 타닌이 적어 장기 숙성엔 부적합합니다. 따라서 그해 수확한 가메를 두 차례 발효 후 40일 정도 숙성한 뒤에 마시는 게 보졸레 누보입니다.

보졸레 누보는 일본과 한국이 만든 브랜드라는 말이 프랑스 사회에 존재합니다. 보졸레 와인 업계가 햇포도주를 앞세워 마케팅에 성공한 두 나라가 일본과 한국이란 뜻입니다. 일본은 요즘 보졸레 누보 열기가 다소 식었습니다. 우리나라 역시 선풍적인 인기였던 10년 전에 비해 최근엔 한풀 꺾인 분위기입니다.

보졸레 누보는 장기 보관은 금물입니다. 와인 냉장고 등에 아무리 잘 보관해도 이듬해 부활절을 넘기지는 말아야 합니다. 그해 나온 보졸레 누보는 사실상 2~3주 안에 다 마시는 것을 권장합니다. 과거 파리에 체류하던 시절 마신 보졸레 누보는 이튿날 아침 어김없이 두통을 유발했던 기억도 되살아납니다.

대나무발에 말려서 나오는 아마로네

과일 향이 풍부하고 타닌이 많은 고급 품종의 포도 알맹이를 포도송이째로 잘 건조한 뒤 빼어난 향을 내는 레드 와인으로 만들어내는

베로나 시내 모습

지역이 있습니다. 이탈리아 북동쪽 베네토 지방입니다.

이탈리아는 전역에서 와인이 나옵니다. 토리노 일대 알프스산 아래쪽의 피에몬테 지역과 베네치아와 베로나 등이 있는 베네토 지역, 그리고 키안티 클라시코 등이 나오는 것으로 유명한 토스카나 지역 세 곳은 오랜 역사와 전통을 가진 품질 좋은 와인 생산의 삼국지를 형성하는 지역입니다. 피에몬테와 토스카나 이야기는 포도 품종 편에서 자세히 다룰 예정입니다.

베네토 지방 이야기는 와인 종류를 다루면서 짧게나마 별도의 서술이 필요합니다. '아마로네'라는 와인 때문입니다.

셰익스피어가 쓴 《로미오와 줄리엣》의 무대로 잘 알려진 도시는 베로나입니다. 필자는 파리 특파원 시절 베로나의 콜로세움이라 불리는 아레나에서 열리는 한여름 밤의 오페라 축제를 취재하기 위해 현장을 찾은 적이 있습니다. 베로나에서는 이탈리아의 대표적 와인 박람회인 '비니탈리Vinitaly'가 2년마다 열립니다. 이탈리아 와인의 상징적 도시인 셈이죠.

베로나에서 북쪽으로 좀 더 올라가면 유명한 발폴리첼라Valpolicella 지방이 있습니다. 그곳에서 나오는 일반 레드 와인인 '발폴리첼라'도 나름 훌륭한 맛을 자랑합니다. 그런데 이보다 유명한 술이 있습니다. 바로 아마로네입니다. 아마로네는 '아파시멘토Appassimento'라는 독특한 제조 방식으로 만들어진 술을 말합니다. 황태 덕장에서 명태 말리는 것을 떠올리면 되는데, 맛있는 황태로 변신하기 위해 가을에 잡은 명태를 대관령 덕장에서 겨우내 눈과 바람 속에서 얼렸다 녹이는 과정을 반복합니다. 이와 흡사하게 포도를 대나무 덕장 같은 선반에 말린 뒤 고당도로 정제된 상태에서 레드 와인 만드는 방식으로 제조하는 것을 아파시멘토라 부릅니다.

아마로네는 베네토 지방에서 생산되는 코르비나Corvina, 론디넬라Rondinella, 몰리나라Molinara 세 가지 포도 품종을 주로 사용해서 만듭니다. 아마로네 제조의 첫 작업은 9월에 포도를 수확하면서 시작됩니다. 다른 곳에선 포도 수확 후 곧바로 침용에 들어가지만, 이곳 사람들은 그때부터 다른 어느 지역에서도 하지 않는 긴긴 노력을 기울입니다. 수확 후 최상의 포도송이만을 엄선해 그 알갱이가 반 정도로 줄

토마시 와이너리의 포도 말리는 모습

어들 때까지 3~4개월, 그러니까 1월 중순까지 대나무로 엮은 발 위에서 말립니다. 대나무발 사이로 바람이 드나들면서 곰팡이가 앉는 것을 막아줍니다. 12월 말이나 1월 초가 되면 수분이 40% 줄어들고 당도는 높아집니다. 1월에 줄기를 제거하고 1개월 동안 발효시킨 뒤 오크통에서 다시 24개월을 숙성시킵니다. 시간 계산을 해보면 그해 수확한 포도는 이듬해 2월에 오크통에 넣고 2년을 기다려 병에 담은 뒤 일반 판매가 시작되는 거죠. 아마로네는 최하 2년 반에서 3년은 지난 뒤 세상에 나오는 술인 셈입니다.

아마로네의 값은 당연하게도 비싼 편입니다. 제조에 들어가는 포도의 양이 많은 데다 훨씬 더 많은 정성과 긴 시간이 필요하기 때문이죠. 당도가 아주 높은 말린 포도로 와인을 만들기 때문에 알코올 비중은 평균 14~17%로 높은 편입니다. 아마로네와 잘 맞는 음식은 구운 쇠고기입니다. 제 경험으로는 치즈와도 잘 어울렸습니다.

뱅쇼와 상그리아

스페인 사람들이 즐겨 마신다는 시원한 레드 와인 '상그리아Sangria'와 유럽 사람들의 겨울철 감기 예방 음료로 애용되는 따뜻한 와인 '뱅쇼Vin chaud' 이야기도 가볍게 짚어보겠습니다.

프랑스에 체재하던 시절 크리스마스를 일주일 정도 앞둔 주말에 꼭 찾아가던 곳이 있었습니다. 바로 스트라스부르입니다. 유럽연합의 산실이 된 곳이자 리슬링 포도의 프랑스 쪽 주 재배 지역인 알자스-로렌 지방의 대표 도시입니다. 이곳을 성탄절에 임박해 찾는 까닭은 유럽에서 가장 아름다운 크리스마스 장터가 열리기 때문입니다. 크리스마스 장터가 시작된 유래는 14세기 독일의 전신인 신성로마제국 시절로 거슬러 올라갑니다. 이후 전통이 면면히 이어져왔고 마침내 20세기 들어서서는 유럽 최고의 크리스마스 장터로 발전했습니다.

이 시장이 열리는 공간은 가장 아름다운 대성당 가운데 하나로 꼽히는 스트라스부르 대성당 주변 광장입니다. 상인들은 크리스마스와 관련된 모든 물건을 팝니다. 유럽 사람들에게 크리스마스는 가장 큰 명절이죠. 식구들은 크고 작은 선물로 서로에게 사랑을 전합니다. 없는 게 없을 만큼 다양한 선물 품목을 갖춘 시장이 스트라스부르 성탄절 장터입니다.

알자스-로렌의 겨울은 매우 춥습니다. 밤이 되면 작은 점포마다 불을 밝혀놓고 물건을 파는데, 쇼핑객의 절반은 관광객입니다. 스트라스부르의 명품 마켓에서 무엇을 파는지, 그 장터의 분위기는 어떤지 체험하기 위해 오는 것이죠. 12월 영하의 저녁 쇼핑객들에게 가장 필요한 건 추위를 녹여주는 음식 아닐까요? 우리네 호떡처럼 따뜻한 철판에 금방 구워서 주는 크레페 맛도 참으로 잊을 수 없습니다. 서울에도 요즘 크레페 가게가 많이 생겨났더군요. 사람들이 줄지어 크레페를 사서 호호 불며 맛있게 먹는 모습이 정겨웠습니다.

추위에 또 필요한 건 따뜻한 국물 혹은 뜨거운 음료입니다. 레드 와인을 갖가지 채소와 섞어서 끓여낸 와인 뱅쇼가 그 수요를 충족시킵니다. 마치 한국인들이 추운 겨울날 포장마차의 어묵 국물로 몸에 온기를 불어넣듯 유럽 사람들은 따뜻한 와인으로 체온을 유지합니다.

스트라스부르 크리스마스 장터에서 뱅쇼를 마시는 손님들

뱅쇼의 '쇼chaud'는 '따뜻하다'라는 뜻을 가진 프랑스어 형용사입니다. 독일에서 먼저 시작됐다는 설도 있습니다. 독일에서는 데운 레드 와인을 '글뤼바인Glühwein'이라고 부릅니다. 값이 싼 레드 와인은 요리할 때 쓸 수 있습니다. 특히 신선한 돼지고기에 살짝 재어서 구워 먹으면 육질이 부드럽고 고기가 안팎으로 잘 익습니다. 한때 우리나라 돼지고기 식당에서 '와인 삼겹살'이 유행했던 적도 있었지요. 추운 겨울에 감기를 예방하는 음료로 뱅쇼가 유용하게 쓰입니다.

뱅쇼를 만들려면 레드 와인 2병, 오렌지, 레몬, 사과, 파인애플 등의 비타민 C가 풍부한 과일에 마지막으로 생강과 계피까지 같이 준비합니다. 그러고는 준비한 재료를 한꺼번에 큰 냄비에 넣고 뚜껑을 덮지 않은 상태로 끓입니다. 술을 끓이면 알코올 성분이 많이 날아가기 때문에 남녀노소 누구나 즐길 수 있는 음료가 됩니다. 취향에 따라 술기운을 즐기고 싶다면 끓이는 시간을 20분 이내로 짧게 하면 됩니다. 한국이나 일본에서 추운 겨울에 정종을 데워 마시는 것과 비슷합니다. 하지만 미묘한 차이가 존재합니다. 데운 정종은 술이지만 뱅쇼는 몸에 좋은 음료입니다. 비타민 C가 풍부해 누구나 편하게 감기를 예방하는 특효 음료로 즐겨 마실 수 있습니다. 물론 바깥 날씨가 추운 겨울 체온 유지에도 아주 좋겠지요.

스트라스부르의 크리스마스 장터엔 뱅쇼와 크레페 파는 가게가 몇 곳 있습니다. 뱅쇼를 파는 젊은 주인은 영하 10도의 추운 날씨 속에서도 땀을 흘리며 와인을 끓이고 있었고 관광객과 쇼핑객들은 즐겁게 지켜보며 주문한 뱅쇼가 나오기를 기다립니다.

뱅쇼가 와인을 끓인 것이라면 상그리아는 레드 와인으로 만든 시원한 음료입니다. 상그리아는 스페인과 포르투갈의 전통 음료로 출발했습니다. 스페인어의 '상그레sangre'는 '피血'입니다. 상그리아는 '피를 나눠주다'라는 뜻이 담겨 있는데, 피를 나눌 정도로 친한 사이에서 즐긴다는 의미가 그 안에 녹아 있습니다. 무더운 스페인의 여름날 집으로 초대한 손님에게 시원한 상그리아 한 잔을 내놓는 것은 매우 보편적인 일입니다. 그 손님은 피를 나눌 만큼 가깝게 여긴다는 뜻을 내포하고 있으니 상그리아를 준비한 사람이나 초대받은 사람이나 서로에게 아주 소중한 존재임을 상징해주는 음료가 되는 것입니다.

상그리아를 만드는 방법은 정해진 건 없습니다. 비교적 알코올 도수가 높고 타닌이 강한 레드 와인에다 오렌지, 사과, 레몬을 섞어서 만들면 됩니다. 먼저 과일을 얇게 썰어서 커다란 물병에 담은 뒤 설탕을 살짝 뿌립니다. 이어 탄산수 1컵 정도를 부은 뒤 미리 준비한 레드 와인을 함께 부어 넣습니다. 뚜껑을 닫고 냉장고에 하루 정도 숙성시키면 끝입니다. 하루의 숙성 기간이 지난 다음엔 냉장고에서 꺼내 과일과 와인을 함께 부어서 마시면 됩니다. 탄산수와 설탕을 섞는 것도 귀찮다면 그냥 사이다로 대신해도 됩니다. 이 경우 와인과 사이다의 비율을 2 대 1 정도로 하면 좋습니다. 개인의 취향이나 계절에 따라 참외나 수박, 배, 딸기 같은 과일로 사과와 오렌지 등을 대신할 수도 있지만, 필자의 경험으로 사과는 반드시 들어가는 게 좋습니다.

상그리아는 13~15% 알코올 함량을 가진 레드 와인을 넣은 지 하루 만에 즐기는 것입니다. 따라서 술이 아니라고 생각하면 오산입니다. 한 번 만든 상그리아는 반드시 2~3일 안에 다 마셔야 합니다. 그 시간이 지나면 와인 특유의 향과 과일의 상큼한 맛이 사라지기 때문입니다.

9

깊은 풍미의 주인공 코냑

성경에는 '생명의 물' 또는 '생명수'가 등장합니다. "또 그가 수정같이 맑은 생명수의 강을 내게 보이니 하나님과 및 어린 양의 보좌로부터 나와서"(요한계시록 22:1)라는 구절이 있습니다. 예수가 성도를 생명수의 샘으로 인도하는 내용이죠. 오늘날 우리의 언어 체계에서 종교와 무관하게 '생명수'는 다양한 의미로 사용됩니다. 건강을 지켜주는 물 또는 무병장수하게 해주는 것을 상징하는 물질이란 의미로 말입니다. 그런데 이 '생명의 물'이라는 표현은 긴 역사를 가집니다. 고대 연금술사鍊金術師, alchemist들은 다른 물질로 금을 만드는 기술로 세상에 놀라움을 주려 했던 사람들이죠. 연금술사 이야기가 모두 헛된 것은 결코 아닙니다. 술을 증류하는 기술은 이미 2,000여 년 전 고대 그리스에서 연금술을 연구하는 과정 가운데 나왔습니다. 증류 기술로 술을 만드는 것도 연금술사들의 업적입니다.

증류주가 처음 등장한 시절엔 증류주에 불이 붙으면 화염으로 이어진다는 사실이 놀랍게 받아들여졌습니다. 그래서 처음엔 증류주를 '아쿠아 아르덴스aqua ardens', 즉 '불타는 물'로 불렀다고 합니다. 그뿐 아니라 증류주에 음식물 변질을 막는 효과가 있다는 게 확인되면서 사람의 수명도 연장할 수 있을 것이라는 생각이 퍼져나갔습니다. 그러다가 마침내 13세기 스페인의 연금술사이자 의사인 아르날두스 데 빌라누에바라는 사람이 포도주를 증류해 술을 만들기 시작했습니다. 이때부터 포도주 증류주를 '생명의 물', 즉 '아쿠아 비테aqua vitae'라는 기억하기 쉬운 이름으로 불렀습니다.

이후 유럽 인구의 3분의 1이 페스트로 목숨을 잃을 때 포도주를 증류한 브랜디는 만병통치약으로 각광받았지만 결국 페스트의 무서운 파괴력엔 속수무책이었다고 합니다. 어쨌든 중세 시절부터 사람들에게 생명수로 불린 술이 바로 증류주인 거죠.

필자는 프랑스 특파원으로 재임하던 시절 유럽의 장수마을로 유명한 지중해의 이탈리아 섬 사르데냐를 방문한 적이 있습니다. 그곳에서 저를 맞아준 할머니는 당시 102세였습니다. 그녀는 동양에서 온 낯선 손님에게 직접 사과를 깎아서 대접할 정도로 정정했습니다. 건강 비결을 묻자 그곳에서 나오는 돼지고기, 감자, 양파 등을 맛있게 먹는 것이라고 답했습니다. 겸연쩍게 웃으며 한마디 덧붙인 말은 오드비, 즉 포도주 증류주를 매일 점심과 저녁 식사 때마다 한 잔씩 반주로 마신다는 것이었습니다. 알코올 도수가 50도에 이르는 독한 술을 매일 마시는 게 무병장수의 비결이라니 참으로 충격이었습니다.

그녀의 아들은 82세였는데 매일 양들과 어울려 들판을 누비며 여유로운 삶을 누리고 있었습니다.

'생명의 물'은 프랑스어로는 '오드비'로 불립니다. 별로 맛과 향이 빼어나지 않은 화이트 와인이 아주 매혹적인 술인 브랜디로 탄생했는데, 그 출발 지역이 바로 술 이름 '코냑'의 탄생지인 프랑스 코냑 지방입니다. 브랜디는 화이트 와인을 증류해서 만든 술이라는 뜻의 보통명사로, '과실을 발효한 술을 증류해서 만드는 증류주'로 정의됩니다. 알코올 도수는 35~60도로 비교적 독한 술이며 유럽에선 주로 식후주로 널리 사용됩니다. 브랜디의 어원은 네덜란드어 '브란데웨인Brandewijn'에서 나왔는데 '불에 태운 와인'이란 뜻입니다.

손수 사과를 깎아주시던 사르데냐의 102세 할머니

사르데냐 장수촌의 82세 양치기

우리가 아는 가장 대표적인 브랜디는 코냑과 아르마냑Armagnac입니다. 프랑스 사람들은 술 이름 짓기의 특권이 있는 셈입니다. 그들의 작명은 대개 지방 이름에 근거합니다. 샴페인은 샹파뉴 지방 이름에서 유래했고, 코냑이라는 이름도 코냑 지방에서 나왔습니다. 아르마냑이라는 브랜디 역시 아르마냑 지방의 이름에서 시작된 거죠. 또 있습니다. 사과를 증류한 술 칼바도스도 대서양에 면한 칼바도스라는 곳에서

헤네시 코냑 증류 시설

나오는데 이 또한 지역 이름이 술 이름이 된 사례입니다.

코냑은 위니블랑Ugni Blanc이나 콜롱바르Colombard 같은 청포도로 만든 다소 거친 화이트 와인을 증류해서 만든 것인데요. 프랑스에는 수많은 포도 재배 지역이 있는데 왜 유독 코냑 지방 브랜디가 세계 제일의 브랜디로 자리 잡을 수 있었을까요? 그것은 지역이 가진 장점 때문입니다. 코냑 지방의 토양은 푸석푸석한 백악질白堊質 흰색 흙으로 미네랄을 많이 함유하고 땅의 배수도 잘되는 편입니다. 또 위니블랑이나 콜롱바르로 빚은 화이트 와인은 두 번의 증류만 거치면 순도 높고 향기 좋은 코냑으로 변신합니다. 이런 이유로 코냑 지방이 최고 품질의 코냑을 생산하는 최적지로 꼽힙니다.

코냑의 제조 과정을 간략히 정리하면 다음과 같습니다. 먼저 포도를 수확해 화이트 와인을 만듭니다. 그해 가을 만든 와인을 그 겨울에 증류하기 시작해 2~3개월 후 봄이 되면 증류를 마무리해서 생명수라 불리는 오드비를 얻습니다. 이후 오크통에서 숙성시킵니다.

면세점 등에서 코냑 같은 브랜디를 사려고 보면 다양한 숙성 연도를 의미하는 표기가 존재합니다.

코냑이나 아르마냑을 접할 때 VS, VSOP, XO로 표기된 것은 등급을 의미한다는 사실을 기억하면 됩니다. 여기서 한 가지 '나폴레옹

VSVery Special	2년 이상 숙성. 콩트 2로도 표기
VSOPVery Special Old Pale	4년 이상 숙성. 리저브, 콩트 4로도 표기
XOExtra Old	6년 이상 숙성. 나폴레옹 또는 오르다주로 표기

코냑 숙성 기간별 명칭

Napoleon'은 XO의 또 다른 표현입니다. 따라서 '나폴레옹 코냑'이라고 하면 대개 최상급이라고 여기면 됩니다. 같은 고급 증류주인 아르마냑의 경우 '오르다주Hors d'Age'는 10년 이상 숙성한 브랜디에만 붙이는 게 코냑과는 다른 점입니다.

흔히 5대 코냑으로 불리는 게 있죠. 코냑을 만드는 양조사 이름인데요. 헤네시, 쿠르부아제Courvoisier, 마르텔Martell, 카뮈Camus, 레미 마르탱Rémy Martin입니다. 이 코냑의 병 라벨에 XO 표기가 붙은 건 가격도 비싸지만 향이 참으로 오묘합니다.

아르마냑은 코냑의 빛에 가려져 브랜디 세계의 2위에 머물지만, 실은 아르마냑 브랜디의 역사가 코냑보다 150년 정도 앞선다고 합니다. 그러나 양조 산업의 치밀한 마케팅 물결에 동승하지 못해 코냑에 1위 자리를 내줬습니다. 프랑스 서남부의 맨 아래쪽에 보르도가 있습니다. 보르도를 중심으로 중부 프랑스 쪽으로 북쪽에 코냑 지방이, 남동쪽에 아르마냑이 있습니다. 아르마냑은 보르도 남동쪽 스페인과의 경계인 피레네산맥 북쪽에 위치합니다. 아르마냑에서 나오는 브랜디의 대표적인 라벨로 샤보Chabot가 있습니다. 샤보 나폴레옹은 최상급 브랜디로 꼽힙니다.

2부

붉은 포도에 얽힌 풍성한 이야기

지구상에는 3,000여 종이 넘는 먹을 수 있는 포도가 존재합니다. 그중 대다수는 과일의 역할을 하는 식용 포도입니다. 포도주를 담그는 데 적합한 포도의 종류는 약 50~70여 종에 이릅니다. 식용 포도와 양조용 포도의 가장 뚜렷한 차이는 포도의 특징에 있습니다. 식용 포도는 껍질이 얇고 과육이 상대적으로 큽니다. 반면 포도주용 포도는 포도 자체가 작고 껍질은 두꺼우며 과육에서 씨앗을 발라내기도 힘듭니다. 양조용 포도라 해서 못 먹는 건 아니지만 먹기 힘들고 먹을 것이 적은 게 흠입니다. 무엇보다 식용 포도와 달리 입으로 바로 먹기에는 맛이 떨어지고 먹는 과정도 불편합니다.

와인용 포도 모두를 다 공부할 수도 없거니와 그럴 필요는 더더욱 없습니다. 애호가들이 즐겨 마시는 와인의 재료가 되는 주요 품종들의 특징적 차이만 이해하기에도 벅차기 때문입니다.

지금부터는 주요 와인용 품종을 집중적으로 다루고자 합니다. 각 포도 품종의 역사부터 재배 지역, 필자와의 개인적 인연이나 경험담 등을 중심으로 풀어나갈 것입니다. 포도 품종을 탐험하는 이 장거리 여행은 한편으로 세계 일주 여행이기도 합니다. 유럽에서 출발해 남아공, 호주, 북미, 남미 대륙까지를 두루 섭렵할 것이기 때문입니다.

필자가 다룰 포도 품종은 주로 많이 소비되는 레드 와인용 포도 11종과 화이트 와인용 포도 5~6종입니다. 각 품종을 자세히 살펴보는 정거장마다 포도의 역사와 재미있는 스토리를 접하게 될 것입니다. 그러다보면 어느덧 와인에 대한 이해와 눈높이가 알게 모르게 성장해 있음을 느낄 것이라 기대합니다.

1

카베르네 소비뇽 일가一家

붉은 포도를 특징적으로 구분하는 기준 두 가지가 있습니다. 타닌과 산도, 즉 신맛입니다. 타닌이 많은 포도 품종으로는 카베르네 소비뇽Cabernet Sauvignon을 비롯해 네비올로Nebbiolo, 시라(혹은 시라즈Shiraz) 등이 있죠. 이들 포도 품종의 공통적인 특징은 껍질이 상대적으로 두껍다는 점입니다. '보디감과 타닌' 이야기를 할 때 좀 더 자세히 설명하겠습니다.

이제 오늘의 주제인 품종 여행의 첫 번째 주인공 카베르네 소비뇽, 줄여서 '카소'라고들 많이 부르는 품종을 알아보겠습니다. 미국에선 흔히 '캡Cab'이라고 부르기도 합니다. 발음하기 어려운데도 불구하고 와인을 좀 아시는 분들이라면 누구나 이 품종은 잘 기억하고 있습니다. 흔히 붉은 포도 품종의 '황제'로 통하는 이 포도는 아무 곳에서나 잘 자랍니다. 서늘하거나 더운 날씨를 가리지 않으면서 여러 토질에 잘 적응하죠. 그러나 유독 우리나라만은 카베르네 소비뇽이 제대로 자랄 수 없는 토양을 갖고 있습니다. 카베르네 소비뇽의 가장 중요한 특징은 포도알이 일반 레드 와인 품종의 3분의 1 또는 4분의 1 크기로 작다는 점입니다. 마치 블랙베리나 블루베리처럼 말이죠. 알이 작다는 건 무엇을 의미할까요? 포도알 하나를 기준으로 보았을 때 다른 품종에 비해 과육이 작은 대신 껍질이 두껍고 씨가 크다는 것을 말합니다.

당연히 다른 포도 품종에 비해 타닌이 많겠지요. 산도 또한 센 편이고 병충해에 강합니다. 타닌이 많다는 건 오랜 시간 숙성이 필요하다는 말과 같습니다. 카베르네 소비용으로 만든 와인은 진정한 맛의 가치를 알기 위해서 적어도 8년에서 길게는 15년 정도는 지나야 합니다. 세상에 존재하는 품종 가운데는 오랫동안 숙성하고 보관할 힘은 없지만, 과육의 향이 워낙 빼어난 것들도 있습니다. 그런 경우 카베르네 소비뇽과 섞어서 포도주를 만들면 당연히 장기 숙성과 장기 보관이 가능하겠지요. 보르도의 명품 와인들은 이런 이유 때문에 대부분 카베르네 소비뇽과 메를로Merlot라는 포도를 혼합해서 만듭니다.

흔히 알려진 이름인 마고, 라투르Latour, 무통 로칠드 같은 슈퍼 1등급 와인은 물론이고 한국인들에게 잘 알려진 딸보Talbot 같은 와인도 대부분 적게는 60%, 많게는 70~80%까지 카베르네 소비뇽을 주재료로 해서 만들어진 포도주입니다.

모차르트가 작곡한 불후의 오페라 작품 가운데 '피가로의 결혼' 이야기를 아마도 잘 아실 겁니다. 착한 세빌리아의 이발사 피가로의 연인이자 백작 부인의 하녀인 수잔나에게 치근대는 남자, 바로 알마비바 백작입니다. 이 유명한 오페라 주인공의 이름을 딴 명품 와인이 칠레 최고 와인 가운데 하나로 꼽히는 '알마비바Almaviva'입니다. 1997년 칠레 최대의 와인 회사인 콘차 이 토로Concha y Toro와 프랑스의 전통 있는 바롱 필립 드 로칠드Baron Philippe de Rothschild사가 합작해 만들었습니다. 알마비바는 카베르네 소비뇽 90%, 카르메네르Carménère 7%, 카베르네 프랑Cabernet Franc 3%를 혼합해 만든 와인으로, 프랑스의 등급 와인에 준하는 수준의 풍미를 보여줍니다.

미국 나파에서 나오는 명품 '오퍼스 원Opus One'도 프랑스 무통 로칠드와 로버트 몬다비Robert Mondavi사가 함께 만든 명작입니다. 이 역시 카베르네 소비뇽 87%, 나머지는 메를로, 말벡Malbec, 카베르네 프랑 등을 섞어서 만듭니다.

카베르네 프랑과 소비뇽 블랑이 부모

카베르네 소비뇽의 중요한 포인트는 베리처럼 작은 포도알에서 엄청난 힘과 향이 나오는 품종이라는 점입니다. 이 품종의 역사는 얼마나 될까요? 오늘날 전 세계로 재배지가 넓게 퍼졌지만 아이러니하게도 역사는 길지 않습니다. 프랑스 파리에서 보르도로 내려가다보면 루아르 지방이 나옵니다. 샹보르성, 시농성 등의 아름다운 고성과 강변의 경치가 멋진 지역인데요. 그곳에서 예부터 잘 자라던 청포도가 있었으니 바로 소비뇽 블랑입니다.

이 품종은 화이트 와인 제조에 아주 필수적인 포도입니다. 알맹이가 작지만 과육의 향이 풍부하죠. 보르도에서 주로 재배되던 카베르네 프랑이라는 이름의 붉은 포도는 향은 좋지만 오래 보관하기에 취약했습니다. 그러던 중 프랑스 보르도 와인 연구가들이 18세기 중반에 카베르네 프랑과 소비뇽 블랑을 교배시켜 새로운 품종을 만들어냈습니다. 그렇게 탄생한 것이 바로 카베르네 소비뇽입니다. 카베르네 소비뇽의 아버지는 카베르네 프랑, 어머니는 소비뇽 블랑인 셈입니다.

카베르네 소비뇽

카베르네 프랑은 아들인 카베르네 소비뇽보다 껍질이 얇고 산도도 낮습니다. 타닌이 적고 당도가 좋은 편이죠. 흔히 보르도의 메독 지방에서 나오는 레드 와인은 카베르네 소비뇽과 메를로를 와이너리의 전통에 따라 섞어서 만드는데, 두 품종의 다리 역할을 하는 포도가 카베르네 프랑입니다. 카베르네 프랑은 오늘날 세계 레드 와인을 평정한 품종인 자식 카베르네 소비뇽에게 사랑을 베풀고 있는 거죠. 카베르네 소비뇽의 풍부한 타닌의 힘을 아름다운 향을 지닌 메를로 같은 멋진 파트너를 만나 오래오래 유지하도록 만드는 촉매이자 가교 역할을 하는 것으로 말입니다. 물론 카베르네 프랑 자체도 저력이 있습니다. 고품격, 고가의 멋진 와인이 많이 있습니다. 대표적으로 보르도의 오른쪽 생테밀리옹에서 나오는 최고급 명품 와인 '슈발 블랑'은 이 카베르네 프랑을 60% 재료로 사용한 와인입니다. 보르도 레드 와인의 가교 품종 때 상술하겠습니다.

2

우정의 포도 메를로

포도 품종의 첫 편은 '카베르네 소비뇽 일가'가 주인공이었죠. 두 번째 품종은 바로 부드럽고 온화해 마시는 사람의 마음을 훈훈하게 덥혀주는 포도 메를로입니다. 미국에선 영어식 발음으로 '멀롯'이라 부르기도 하고 '멜로'라고도 발음합니다. 메를로는 포도알이 카베르네 소비뇽보다 통통하고 동그랗게 생겼죠. 크기도 더 굵습니다. 대신 껍질이 얇고 당분이 많습니다. 앞서 설명했듯 타닌은 주로 껍질과 씨앗에 많이 함유돼 있습니다. 따라서 카베르네 소비뇽보다 타닌은 적고 당도가 높다보니 과일 향이 풍부하고 마시는 느낌도 훨씬 부드럽습니다. 달다는 건 당분이 알코올로 변할 경우 알코올 도수가 높아짐을 의미합니다. 타닌이 적고 당도가 높은 메를로로 만든 와인은 4~5년 후면 충분히 숙성돼 절정의 맛을 낼 수 있습니다.

숙성 기간이 짧다는 것은 오랜 숙성 시간을 요구하는 포도와 어울릴 때 서로의 단점을 보완하는 관계를 이룰 수 있다는 뜻도 됩니다. 10년 이상 오래 숙성시켜야 하는 카베르네 소비뇽으로 빚은 와인에 메를로가 중요한 짝이 될 수 있다는 뜻입니다. 그래서 카베르네 소비뇽과 메를로는 서로를 보완해주는 좋은 파트너가 됩니다. 샤토 마고, 무통 로칠드, 샤토 오브리옹 등 대부분의 보르도 특급 와인이 환상의 짝꿍 둘을 혼합해서 만드는 이유도 거기에 있습니다.

메를로

카베르네 소비뇽을 레드 와인 포도 품종의 황제라고 칭한다면 메를로는 황후에 해당한다고 보셔도 좋습니다. 메를로라는 이름은 티티새 또는 지빠귀를 뜻하는 프랑스어 '메를merle'에서 나왔다고 하죠. 유난히 과즙이 많고 달아서 종달새들이 즐겨 먹은 것에서 유래했다는 말입니다.

작별주 페트뤼스 2000

여기서 필자가 직접 겪은 메를로와 연관된 이야기를 하나 소개합니다. 2006년 8월 12일 늦은 오후 파리 에펠탑 인근 그르넬 다리 광장에 세 사람이 모였습니다. 재불 화가인 조택호 화백, 외환은행 파리 지사의 유재후 지점장, 그리고 저까지 셋이었습니다. 사흘 뒤면 3년의 유럽 특파원 생활을 끝내고 서울로 귀임하는 저를 보내는 송별 만찬을 함께하기로 한 날이었습니다. 서로 호형호제 하며 친하게 지내는 사이로, 두 분은 저보다 세 살 위였습니다. 조택호 화백 손에 들린 종이에 싼 와인 한 병이 눈에 들어왔습니다.

"형, 그 손에 든 게 뭐예요?"

"어, 이거. 그냥 술 한 병 들고 왔어."

순간 예사롭지 않은 술이라는 직감이 들었습니다. 봉지를 펼쳐봤더니 그 안에는 놀랍게도 '페트뤼스 2000Château Pétrus 2000'이 들어 있었습니다. 페트뤼스는 보르도 포므롤 지역에서 나오는 최고급 레드 와인입니다. 포도 작황이 좋은 해에 나온 것은 돈이 있어도 사기 힘든 진귀한 와인입니다. 특히 당시 기준 20년 내 최고의 빈티지로 평가된 2000년산 페트뤼스는 값을 따질 수 없을 정도의 예외적 가치를 인정받은 와인이었습니다.

"형, 이 비싼 술을 어떻게 구했어요? 설마 이걸 오늘 작별 만찬주로 갖고 나온 건 아니겠지?"

"아니, 자네랑 마시려고 가져왔어."

더 이상 말을 이을 수 없었습니다. 그랬습니다. 택호 형은 저와의 작별을 위해 특별한 포도주를 준비했습니다. 문득 그로부터 2개월 전 파리에서

조택호 화백과 함께 낭트를 여행하며

북서쪽으로 떨어진 루앙 인근의 골프 파르크라는 경치 좋은 골프장을 둘이 한 차로 가면서 나눴던 대화가 기억났습니다. 그는 혹시 페트뤼스 2000년 밀레짐millésime(빈티지)을 알고 있는지 물었고, 저는 당연히 알지만 한 번도 마셔본 적은 없다고 답했습니다.

조택호 형은 프랑스의 유력지 〈르몽드Le Monde〉에 작품 세계 해설 기사가 실릴 정도로 평단의 주목을 받는 화가였지만, 필자와 자주 만나던 시간엔 불면증 등으로 건강이 좋지 않아 작품 활동이 다소 부진했습니다. 그래도 그의 작품에 대한 프랑스 미술계의 관심은 이어지고 있었습니다. 결론부터 말하자면 작품 한 점이 파리 베르사유 인근에 사는 사람에게 팔렸는데 조 화백은 그림 값을 돈으로 받지 않았습니다. 바로 그날 그의 손에 든 와인이 그림 값이었던 겁니다.

우리 세 사람이 함께 간 식당은 방돔 광장의 리츠호텔 1층에 위치한 미슐랭 별 1개(요즘은 2개로 승급) 등급 레스토랑인 '레스파동L'Espadon'이었습니다. 위치가 좋은 이 식당은 천장에 그려진 프레스코 그림으로 유명했습니다. 자리에 앉자 수석 소믈리에가 테이블로 왔습니다. 우리가 가져간 와인을 보고 입을 벌리더군요. 그러더니 이내 곤혹스러운 표정을 지었습니다. 무엇이 문제냐고 물었더니 레스파동 식당의 코르키

미슐랭 별 2개 등급의 레스파동 식당

지corkage, 즉 손님이 가져간 와인에 대해 지불해야 하는 비용 때문이라고 답했습니다.

"도대체 코르키지 비용이 얼마나 되는데 그러십니까?"

"저희 식당의 기본 정책이 있습니다. 아주 특별한 경우 와인 반입을 허용하는데 코르키지 비용은 기본적으로 저희가 파는 그 와인 가격의 20~30% 정도를 청구합니다. 그런데 선생님들이 가져오신 페트뤼스 2000년산은 지금 이 식당에도 재고가 없어 값을 매길 수가 없을 정도입니다. 페트뤼스의 다른 빈티지는 대략 2,000유로(당시 환율로 약 250만 원) 안팎입니다. 아마도 우리가 보유한 2000년산을 손님에게 판다면 4,000~5,000유로는 족히 받을 것입니다."

"세상에, 아니 그러면 1,500유로를 내라는 겁니까?"

"우리도 그렇게 요구하진 않겠습니다. 대신 두 가지 조건이 있습니다. 저도 소믈리에 입장에서 이 와인을 한 잔 즐길 수 있는 기회를 주셔야 합니다. 코르키지는 500유로는 내셔야 합니다."

순간 우리는 한 잔 나눠주는 건 즐거움을 나누는 것이니 문제가 없지만 500유로, 70만 원 넘는 거액을 코르키지로 내기는 너무 아깝다는 생각이 들었습니다. 그래서 제가 기지를 발휘해 타협안을 제시했습니다.

"소믈리에 루에 선생은 전 세계 와인 업계의 알아주는 전문가이십니다. 세 사람의 이별을 위한 만찬 기회를 주신 것만으로도 우리는 선생을 잊지 않을 것입니다. 선생이 제안하신 500유로의 코르키지를 내는 대신, 저희가 그만한 가치의 와인 한 병을 식당 와인 리스트 가운데 골라 사서 마시는 것으로 대신하면 어떨까요?"

그는 넥타이를 잠시 고쳐 매더니 웃으며 답했습니다.

"좋습니다. 세상에 태어나 한 번 맛보기도 어려운 값진 와인으로 헤어짐을 아쉬워하는 한국 선생님들의 우정에 탄복했습니다. 마침 500유로에 파는 보르도 1등급 와인 한 병을 준비하겠습니다."

우리들은 결국 코르키지 한 푼 내지 않고 최고의 와인 두 병을 마실 수 있었습니다. 후일 장 클로드 루에Jean Claude Ruet에 대해 알아봤더니 프랑스에서도 손꼽히는 소믈리에였습니다. 그는 오스트리아 비엔나의 미슐랭 별 2개 등급의 '피라미드 레스토랑La Pyramide'에서 17년 동안 소믈리에로 일했습니다. 특히 1990년과 1992년 유럽 최고의 소믈리에를 가려내는 블라인드 테이스팅 대회에서 영예의 우승을 차지해 유럽 최고 소믈리에로 선정된 이력이 있었습니다. 영웅은 보석을 알아본 셈입니다. 그림은 화가에게 자식이나 같은 귀한 존재입니다. 작품을 판 돈으로 이별주를 준비한 택호 형의 마음 씀씀이에 거듭 고마움을 느낀 저녁이었습니다.

유재후 형과 저는 조택호 화백에게 이 귀한 와인을 어떻게 구했느냐고 물었습니다. 택호 형은 지난 몇 달간 진행된 페트뤼스 구하기 작전 과정을 설명해줬습니다.

"하루는 파리 남쪽 베르사유 인근 부지발 마을에 있는 내 아틀리에로 한 노신사가 찾아왔어. 그게 6월 초였지. 그림을 보더니 마음에 드는 것 하나를 고르고는 그 자리에서 그림 값을 수표로 내려고 했어. 그래서 내가 제안을 했지. 혹시 작품 값 대신 포도주 한 병으로 받을 수 있는지 물었더니 어떤 와인을 말하는 거냐고 반문하더군. 내가 페트뤼스 2000이라고 답했더니 그는 바로 그 자리에서 그건 불가능하다며 수표를 끊으려 했어."

"아니, 형! 요즘 형편도 넉넉지 않은데 값 많이 쳐줄 때 받지 왜 포도주로 달라고 했어?"

"너 때문이야, 이 친구야. 지난 3년 정도 많이 들고 좋은 시간을 같이 보내며 큰 기쁨을 준 친구가 떠나는데 어떻게 그냥 보내겠니? 작품 파는 일이야 다음에도 가능하지만 자네는 떠나고 나면 이제 다시 보기 힘들잖아. 특별한 술 한 병 함께 나누면 그 기억은 영원한 것 아니겠어?"

필자는 그만 가슴이 먹먹해 오면서 눈가에 이슬이 맺혔습니다. 유재후 지점장도 감동해서 한동안 말을 잇지 못했습니다. 재후 형이 다시 대화를 이어갔습니다.

"결국 그 노신사가 와인을 구한 것이구나. 그러니까 오늘 우리의 이 특별한 만찬이 성사된 것 아닌가?"

"맞아. 프랑스 와인 산업계에서 영향력이 큰 사람인데, 두 달 정도 수소문한 끝에 결국 한 병을 찾아내 그길로 내 아틀리에로 한걸음에 달려오셨지 뭐야. 참 고마운 분이지."

조택호 화백은 처음부터 필자와의 헤어짐을 염두에 두고 페트뤼스를 찾고 있었습니다. 저는 와인 강의를 할 때 가끔 택호 형과 함께한 페트뤼스 이야기를 예를 들어 설명합니다. 와인은 바로 스토리이기 때문입니다. 각자가 겪은 작은 스토리 하나하나가 쌓여 그 사람의 '와인 즐기기'의 내공이자 역사로 다져집니다. 콧수염이 있는, 충청도 서산이 고향인 그 멋진 형에 대한 그리움을 저는 가끔 맛있는 보르도 와인으로 달래곤 합니다.

우리는 그날의 감동을 기억하기 위해 와인 라벨에 각자의 느낌을 적었습니다.

"2006년 8월 12일 인생 최고의 순간을 보내며." (황헌)

"(너무 감동해) 아무 할 말이 없다." (유재후)

"Quel bon vin avec de si bons gens!(이 좋은 와인을 이 좋은 사람들과!)" (조택호)

제 인생의 와인 스토리 가운데 손꼽는 이야기입니다.

페트뤼스 병 라벨에
기록한 세 사람의 소회

페트뤼스 와이너리

최고의 명품 페트뤼스

페트뤼스는 다른 어떤 표현으로도 담을 수 없을 정도의 기품 높은 최고급 와인입니다. 원래 로마가 골 지방(갈리아, 지금의 프랑스 일대)을 지배하던 시절 총독의 이름이 페트뤼스였는데, 거기서 이 와인을 생산하는 동네 이름이 기원했다고 합니다. 페트뤼스는 본래 예수의 열두 제자 가운데 첫 제자인 베드로를 뜻하는 라틴어입니다. 지금도 페트뤼스 와이너리 초입엔 베드로 석상이 손님을 맞고 있습니다. 1878년 파리 만국박람회에서 세계 최고 와인으로 뽑힌 것을 필두로 거의 모든 빈티지가 극상의 평가를 받아왔습니다. 페트뤼스는 한 해에 평균 3만 병 정도만 생산합니다. 2년의 숙성을 거쳐 출시되는 페트뤼스의 40%는 프랑스 내의 고급 식당이나 호텔에서 계약 매입하고 나머지 대부분은 뉴욕, 런던, 홍콩, 도쿄 등 세계 최고급 식당이나 와인 마니아들에 의해 사실상 입도선매立稻先賣 식으로 팔립니다. 그래서 개인이 오래된 빈티지의 특별한 명주를 사 마신다는 건 매우 어려운 게 현실입니다.

우정의 포도 메를로는 제게 각별한 와인 스토리로 남아, 한 편의 단편소설처럼 가슴에 갈무리돼 있습니다. 저는 와인 강의를 할 때마다 "와인은 스토리입니다"라고 강조합니다. 가격이나 품질의 고하를 막론하고 모든 와인은 어떤 곳에서 누구와 함께 무슨 계기로 마셨는지, 그리고 그 향에 대한 소회를 기억하는 것으로 스토리 하나씩을 만들어가면 됩니다.

페트뤼스 포도밭과 입구의 상징
알파벳 P가 있는 깃대

보르도 레드 와인의 가교

카베르네 소비뇽과 메를로는 특징이 뚜렷한 품종입니다. 전자는 껍질이 두껍고 과육이 작은 전형적인 장기 숙성 와인용 포도 품종입니다. 후자는 껍질이 얇은 대신 과일 향이 매우 강한 품종으로 오래 숙성하지 않아도 좋은 향을 냅니다.

그런데 레드 와인의 경우 '보르도 스타일' 제조 방식이 존재합니다. 특징이 뚜렷하게 대조되는 품종인 카베르네 소비뇽과 메를로를 혼합해서 만드는 방식입니다. 보르도의 유명한 와이너리들 대다수는 보르도 스타일로 붉은 포도주를 만듭니다. 특징이 완전히 상극인 카베르네 소비뇽과 메를로를 섞어 와인을 만들기 위해서는 혼합의 가치를 극대화하는 매개체 혹은 가교가 있어야 합니다.

카베르네 프랑이 보르도의 다리 역할을 하는 품종입니다. 앞서 '카베르네 소비뇽 일가' 편에서 카베르네 프랑과 소비뇽 블랑이 카베르네 소비뇽의 부모 역할을 했다고 설명했습니다. 그 유전자가 살아남아서겠지만 카베르네 소비뇽은 아버지 격인 카베르네 프랑이 다리를 놔주면 메를로와의 결합 효과를 최고로 만들 수 있습니다.

그 이유는 카베르네 프랑의 특징에서 찾을 수 있습니다. 세계적으로 널리 재배되는 포도 품종이지만, 보르도 스타일 혼합이 이뤄질 경우 카베르네 프랑은 카베르네 소비뇽보다 묽은 편입니다. 따라서 카베르네 소비뇽 같은 진한 포도와 혼합하면 포도주를 더 밝게 만들어줍니다. 또 메를로처럼 과일 향이 강한 포도를 만나면 훨씬 복잡하고 강한 향을 만드는 역할을 합니다. 카베르네 프랑이 가교가 되는 순간 카베르네 소비뇽과 메를로를 블렌딩한 적포도주에서 주로 후추 향이 강해집니다. 또 담배, 라즈베리, 피망, 블랙커런트, 제비꽃 향이 더해질 가능성도 그만큼 커집니다.

보르도 지역의 카베르네 프랑 기록은 18세기 말부터 시작되며 그 이전까지는 루아르 지역에서 주로 재배됐습니다.

보르도의 가교 역할을 하는 품종이 한 가지 더 있습니다. 프랑스어로 '작은 초록색'이란 뜻을 가진 '프티 베르도Petit Verdot' 품종입니다. 오늘날에도 이 품종은 주로 프랑스 보르도 일대에서 많이 재배됩니다. 보르도 스타일은 카베르네 소비뇽과 메를로의 혼합 방식으로 레드 와인을 제조하는 방식입니다. 그 사이를 잇는 카베르네 프랑과 프티 베르도는 각각 독자적인 가치가 있습니다. 카베르네 프랑은 와인을 밝게 해주며 향도 훨씬 강력하게 만들어주는 역할을 하고, 프티 베르도는 포도주의 골격을 잡아주는 역할을 합니다.

골격을 잡아준다는 것은 향과 숙성의 뼈대를 갖춘다는 의미입니다. 원 품종 자체만으로 향이 충분히 발산될 수 없을 때 다른 품종을 만나면 전혀 색다른 향을 내거나 보다 강해질 수 있습니다.

프랑스 마고의 3대 샤토 가운데 하나로, 1855년 정해진 보르도 메독 지방 와인 등급 분류로 3등급에 오른 샤토 팔머Château Palmer는 매력적인 와인입니다. 만화 《신의 물방울》에서 제2사도로 선정됐던 와인입니다. 카베르네 소비뇽 47%, 메를로 47%, 프티 베르도 6%를 혼합해서 만듭니다.

보르도 스타일로 와인을 만드는 데 가교 역할을 해주는 두 품종 카베르네 프랑과 프티 베르도는 때론 함께 혼합되기도 합니다. 샤토 무통 로칠드 이야기입니다. 무통 로칠드는 워낙 유명한 이야기를 많이 가진 명문 와이너리입니다. 1855년 최초 등급 선정 당시엔 2등급이었는데 끈질긴 노력 끝에 1973년 1등급으로 승급한 이야기부터 해마다 저명한 화가의 그림을 와인 병 라벨에 쓰는 것 또한 널리 알려져 있죠. 또한 무통 로칠드는 보르도 스타일의 가장 상징적인 와인으로도 유명합니다. 대개의 보르도 스타일 와인은 카베르네 소비뇽 50~70%, 메를로 30~50%, 나머지로 카베르네 프랑 혹은 프티 베르도 중 하나를 같이 섞어서 만들지만 무통은 다릅니다. 카베르네 소비뇽과 메를로를 기본으로 혼합하고 블렌딩 효과의 극대화를 위해 카베르네 프랑과 프티 베르도 두 품종을 모두 같이 혼합합니다.

2007년 3월 필자는 1945년산 무통 로칠드를 마실 천금의 기회를 가졌습니다. 취재원과 기자 사이로 만나 가깝게 지내오던 우리들병

원 이상호 회장의 배려로 주어진 기회였습니다. 당시 이상호 회장은 뉴욕 크리스티 경매를 통해 1945년산 무통 로칠드 2병을 구입했다고 합니다. 좋은 포도주는 혼자 마셔서는 그 가치를 온전히 누릴 수 없습니다. 고가의 와인 2병을 맛볼 기회를 10여 명의 가깝게 지내던 지인들과 공유하기로 한 것입니다.

그날 만찬에 초대된 이들은 자발적으로 돈을 냈습니다. 와인은 이상호 회장이 쏜 것이지만 그냥 즐기기엔 너무나도 귀한 가치를 가진 것인 만큼 참석자들은 돈을 모아 사랑을 실천했습니다.

모인 돈은 서울의 모 복지센터로 보냈습니다. 고귀한 와인을 준비해서 대접하는 행복은 이상호 회장의 몫이었습니다. 초대된 사람들은 생애 두 번 다시 맛기 힘든 무통 로칠드 1945년산 향기를 맛보는 즐거움을 누렸습니다. 1945년산 무통 로칠드와의 인연은 두고두고 깊이 새겨졌습니다.

1945년산 무통 로칠드 라벨

무통 로칠드를 만드는 데 쓰이는 포도 카베르네 프랑과 프티 베르도를 필자는 '보르도의 다리'라 칭합니다.

4

전설의 포도 피노 누아

피노 누아는 '검정 소나무'라는 뜻입니다. 다 익은 포도송이의 모습이 검은 솔방울 모양이라 붙여진 이름이라고 합니다. 피노 누아의 역사는 로마 시대인 AD 1세기경 부르고뉴에서 시작됩니다. 이 포도는 재배하기가 무척 까다롭습니다. 기후에 몹시 민감해 상대적으로 서늘한 곳에서 재배되는 성품 까다로운 공주 같은 스타일의 품종이죠. 껍질이 매우 얇아서 수확할 때 자칫 주의를 놓치면 손상되기 쉽습니다.

피노 누아

피노 누아는 지금은 전 세계 많은 곳에서 제각기 조금씩 다른 특유의 맛을 내며 멋진 포도주의 재료로 재배되고

있습니다. 하지만 2,000년 재배의 역사를 가진 땅은 프랑스 우측 중남부의 부르고뉴 일대입니다. 물론 앞서 샴페인 제조 과정에서도 피노 누아가 들어간다고 설명했듯 샹파뉴 지방에서도 많이 재배됩니다. 그러니까 이 품종은 레드 와인은 물론 화이트 와인, 샴페인 등의 재료로 다양하게 활용되는 셈입니다.

피노 누아는 참 까다로운 종자입니다. 우선 포도를 잘 가꿔 수확하는 과정부터 신경을 집중해야 합니다. 한여름의 적당한 일조량이 필요하지만 그렇다고 너무 더운 건 용납하지 않습니다. 서늘한 기후를 좋아하는데, 고온의 열기가 며칠간 계속되면 포도 알맹이가 화상을 입어 타버립니다. 껍질이 아주 얇기 때문입니다. 오크통 보관에도 섬세한 주의가 요구됩니다. 병입 후 관리 역시 세심한 배려가 있어야 합니다. 서늘한 와인 냉장고가 아닌 곳에 뒀다가는 오래지 않아 맛이 변질될 수 있습니다. 어디 그뿐인가요? 마실 때도 그 깊은 세계를 음미할 줄 아는 예술적인 혀, '심미설審味舌'을 요구합니다. 심미설이란 말은 음식과 와인의 맛을 설명할 때 사용하는 저만의 용어입니다. 물론 국어사전엔 없는 어휘입니다.

피노 누아는 재배지에 따라 미묘한 맛의 차이가 납니다. 오리지널 지역은 버건디, 즉 부르고뉴입니다. 5~8년 정도 숙성한 부르고뉴의 코트도르에서 생산된 피노 누아 레드를 열어서 30분쯤 공기와 접촉한 다음 잔에 따르고 향을 코로 맡아보면 '아! 이 맛에 와인에 빠지는 게 아닐까?'란 생각이 저절로 듭니다. 블랙체리나 버섯 향으로 시작해 시간이 지나면 딸기 한 움큼을 잔 안에 넣은 게 아닌가 싶을 정도로 진한 향내가 몰려 올라옵니다. 박하와 토마토, 옅은 초콜릿 냄새도 납니다. 이 오묘한 향을 더욱 돋보이게 하는 건 색상입니다. 피노 누아로 빚은 레드 와인이 담긴 잔을 흰색 테이블 위에 기울이면 진한 분홍의 환상적 컬러가 절묘하게 투영되는 것을 느낄 수 있습니다. 프랑스 식당이 대개 식탁 위에 흰색 테이블보를 덮는 이유가 바로 여기에 있습니다. 와인은 눈과 코와 입, 삼위일체로 느껴야 하기 때문입니다. 흰색 테이블보가 없는 경우엔 낮엔 햇빛을 통해, 저녁엔 천장에 매달린 등불을 통해 와인의 색을 확인하기도 합니다. 한 모금의 피노 누아 레드를 마시는 순간 봄의 들녘에서 산들바람이 볼을 스치듯 부드러운 터치감을 느낄 겁니다.

피노 누아로 만들어지는 레드 와인 가운데는 정말 다양한 역사를 가진 명품들이 즐비합니다. 그중에서도 반드시 한 번쯤은 역사와 흥미진진한 스토리를 음미하고 넘어가야 할 걸작이 있는데 으뜸가는 것이 바로 '로마네 콩티Romanée-Conti' 입니다.

1945년산 로마네 콩티

2018년 10월 뉴욕 소더비 경매에서 와인 1병이 우리 돈 6억 원에 팔렸습니다. 1945년산 로마네 콩티의 최종 낙찰가였습니다. 도대체 어떤 와인이길래 이런 가격이 형성될까요? 그리고 그렇게 비싼 값을 주고 산 와인을 마시는 행위의 값어치는 과연 있는 걸까요?

결론부터 말하자면 그러한 고가가 책정되는 이유는 최고 품질의 포도주가 해마다 소량만 생산되기 때문입니다. 세상 사람들이 접할 확률이 매우 낮아서 높은 가격과 예외적 가치가 형성된 겁니다. 약 1.63헥타르, 대략 축구장 하나 넓이의 작은 피노 누아 포도밭에서 1년에 평균 5,500병 정도를 생산하는 게 전부입니다. 출시 순간부터 아무나 살 수 없는 것도 높은 가격을 유지하는 이유입니다. 일반인들은 와인 상점에서는 물론이고 직접 DRC^Domaine de la Romanée-Conti, 즉 로마네 콩티 와이너리를 방문해도 와인을 살 수 없습니다. 사전에 예약한 도소매 와인 거래 업체들만 매입 기회를 가질 수 있습니다. 그들은 로마네 콩티가 1병 포함된 12병 한 박스를 통째로 사야 합니다. 요즘엔 사려는 사람은 워낙 많은데 공급량은 달리다보니 아예 24병을 통째로 사야만 로마네 콩티 1병을 확보할 수 있다는 이야기가 나올 정도입니다.

본 로마네Vosne-Romanée는 부르고뉴의 유명한 와인 산지입니다. 부르고뉴를 대표하는 위대한 6대 그랑 크뤼Grand Cru 밭이 여기에 있고, 그에 못지않은 15개의 프리미에 크뤼Premiérs Crus 밭도 함께 있습니다.

6대 그랑 크뤼 밭은 로마네 콩티(1.63헥타르), 라 로마네La Romanée(0.85헥타르), 라 타슈La Tâche(5.03헥타르), 리셰부르Les Richebourgs(7.4헥타르), 로마네 생비방Romanée-Saint-Vivant(9.3헥타르), 라 그랑드 뤼La Grande Rue(1.65헥타르)입니다. 6대 그랑 크뤼 와인 모두 각각의 고유한 전통과 각별한 맛 때문에 값이 무척 비싸지만 돈이 있다고 해

본 마을이 보이는 로마네 콩티 포도밭

도 그냥 살 수는 없습니다. 앞서 설명해드린 것처럼 12병 혹은 24병을 상자 단위로 사야만 하니까요. 그런데 수요는 넘치고 공급은 달리니 6대 그랑 크뤼 맛보기는 갈수록 어려워지고 있습니다.

세계 유수의 내로라하는 최고급 레스토랑들도 로마네 콩티를 살 기회를 가질 수 있습니다. 물론 오래전부터 장기 매입 계약을 해두고 식당에서 팔릴 한 해 평균 수량 정도를 확보하는 방법입니다. 그러나 맛이 없다면 이런 소량 생산 전략만으로 명맥을 이어갈 수는 없을 겁니다. 프랑스혁명(1789년) 이후 혁명 정부가 "로마네 콩티야말로 세계 최고의 와인"이라 극찬한 뒤, 단 한 차례도 최고가의 지위를 내놓은 적이 없을 정도입니다.

포도주 관광 프로그램으로 로마네 콩티를 다녀오신 분들은 소박한 와이너리의 모습에 놀랐을 겁니다. 부르고뉴에서 '황금의 지역'이란 뜻을 지닌 코트도르에 있는 본 로마네 마을 안쪽으로 돌아가는 길모퉁이에, 화려한 간판도 없이 자리한 평범한 1층 건물이 세계에서 가장 비싼 와인을 만드는 곳입니다. 포도밭 구릉 끝에는 흰색 십자가가 커다랗게 세워져 있습니다. "사진은 찍어도 좋지만, 포도밭을 훼손하는 행동은 절대 금합니다"라고 적힌 표지도 있습니다. 로마네 콩티의 역사 또한 파란만장합니다.

13세기부터 17세기까지 본에 있던 생비방 수도원의 소유지였다가 1625년 수도원이 폐지됐습니다. 1760년경 루이 15세의 사촌동생인 콩티 공이 주변 포도밭보다 엄청나게 비싼 가격으로 이 포도밭을 사들입니다. 프랑스혁명까지는 여기서 나오는 포도주가 일반 상품화되

가을의 로마네 콩티 포도밭

지 않았습니다. 오직 콩티 공의 식탁에만 올랐던 것입니다. 그러다가 혁명 이후 귀족의 재산을 몰수하고 이를 민간에 다시 매각했는데, 그때부터 로마네 콩티라는 이름이 붙었습니다. 1942년 르루아 가문과 드 빌렌 가문이 절반씩 투자해 부르고뉴의 보석이자 세계 와인의 다이아몬드인 로마네 콩티의 전통을 완성했습니다. 그 이후 DRC가 로마네 콩티를 생산하는 와이너리의 이름으로 단일화됩니다.

19세기 후반 악명 높은 해충 필록세라Phylloxera Vastarix가 유럽 전역의 포도밭을 괴멸시킨 사건이 있었습니다. 그때도 로마네 콩티는 살아남아서 명품 포도주를 계속 만들어냈습니다. 물론 2차 세계대전을 거치는 과정에서 나치 정권도 명품 와인을 생산하는 이 DRC를 훼손하지 않았습니다. DRC가 생산하는 그랑 크뤼 와인은 로마네 콩티를 필두로 라 타슈, 로마네 생비방, 리셰부르, 그랑 에세조Grands Échezeaux, 에

세조Échezeaux 등이 있습니다.

같은 부르고뉴지만 코트 드 뉘 지역의 대표 마을인 주브레 샹베르탱Gevrey-Chambertin도 있습니다. 본래 이 마을의 이름은 주브레였습니다. 그런데 마을의 포도밭 가운데서도 특히 샹베르탱이 워낙 유명해졌습니다. 부르고뉴에는 최고 등급 그랑 크뤼 포도밭 33곳이 있는데 그중 9개가 주브레 샹베르탱 마을에 있습니다. 샹베르탱은 부르고뉴 와인들 가운데서도 제일 힘이 좋고 남성적인 와인으로 꼽힙니다.

코르시카 출신인 나폴레옹은 수많은 레드 와인 가운데 유독 샹베르탱을 사랑했습니다. 워털루 전투에서 패전한 나폴레옹은 엘바섬으로 유배를 가게 됐습니다. 나폴레옹의 패전 이유를 와인과 연결한 스토리는 두 가지가 있습니다. 샹베르탱 와인에 대한 사랑이 워낙 각별했던 나폴레옹이 워털루 전투 전날 작전 회의를 하면서 와인을 마시지 못해 판단력이 흐려졌다는 설이 하나 있습니다. 다른 하나는 전투가 장기화되면서 좋아하는 주브레 샹베르탱 보급이 끊어져서 그 울화 때문에 지휘에 실패했다는 설도 있습니다. 1815년 6월의 일입니다. 앞서 '와인의 인문학' 편에서 언급했듯이 두 가지 설은 모두 이야기꾼들에 의해 과장되게 전해진 것일 가능성이 큽니다. 패전의 진짜 이유는 영국군을 지휘한 웰링턴의 지혜에 있었습니다. 프로이센군 수만 명이 거짓으로 퇴각하는 것처럼 보이게 했다가 기습 반격을 가해서 주 전력을 상실한 나폴레옹이 무력하게 무너졌던 것입니다. 어쨌든 샹베르탱은 나폴레옹이 사랑한 와인으로 아주 유명해졌고 오늘날에도 품격 높은 만찬의 동반자로 자주 오릅니다.

부르고뉴가 원산지라 할 수 있는 피노 누아가 출가해서 더 멋진 명품으로 거듭난 경우가 참 많습니다. 호주, 뉴질랜드, 미국, 칠레, 아르헨티나, 남아공에서 각지의 특색을 지닌 명품이 연이어 나오면서 세계 와인 애호가들의 사랑을 받고 있습니다. 그중에서도 호주와 미국의 피노 누아 이야기는 꼭 짚을 만한 가치가 있습니다.

먼저 호주 피노 누아 이야기입니다. 1병에 50만~60만 원이면 거의 프랑스 보르도 5대 1등급 와인과 몸값이 비슷한 최고가 포도주인데요. 2016년산 호주 '바스 필립Bass Phillip Crown Prince Pinot Noir'이 바로 그 값에 출하돼 화제에 오른 적이 있습니다. 부르고뉴의 최고 도멘 밀집 지역인 뉘 생 조르주Nuits-Saint-Georges의 맛을 재현한다는 꿈으로 출발한 호주 남부의 피노 누아 와이너리가 만든 작품인데 맛이 프랑스 부르고뉴 것보다 더 탁월하다는 평을 받았습니다. 죽기 전에 마셔봐야 할 세계 1001대 와인에도 당당히 올랐습니다. 호주 최남단 태즈메이니아섬 맞은편의 서늘한 깁슬랜드 지역이 피노 누아 고급 포도주를 배출한 땅입니다.

다음은 미국 오리건 지역입니다. 미국 캘리포니아 북부는 이미 세계 6대 포도주 생산 허브로 부상했습니다. 주로 샌프란시스코 인근의 나파 밸리와 소노마 밸리가 그 중심에 있습니다. 하지만 나파와 소노마 지역은 피노 누아 생산엔 다소 부적합합니다. 물론 소노마에서 생산되는 피노 누아도 있지만 품질이 그다지 좋지는 않습니다. 서늘한 기후를 선호하는 까다로운 피노 누아 품종의 특성 때문입니다. 그런데 오리건의 북쪽 워싱턴주와의 경계 지역에 피노 누아가 자라기에 최적인 땅이 있습니다. 포틀랜드에서 동쪽으로 90킬로미터 정도 떨어진 후드강 지역입니다.

부르고뉴 피노 누아의 맛을 원하는 미국 와인 소비자들의 요구가 높아지면서 1960년에 시험 재배가 시작됐고, 몇 년 지나지 않아 향이 뛰어난 피노 누아 포도주들이 하나씩 세상에 모습을 드러냈습니다. 지금은 이 일대 피노 누아 와이너리만 150여 곳이 넘습니다. 그중에서도 펠프스 크릭Phelps Creek은 오리건 피노 누아의 대표 격으로 자리 잡았습니다.

5

친구를 만들어준 포도 피노타지

전편에서 '전설의 포도'라고 지칭한 피노 누아의 세계를 함께 여행했습니다. 이제 이탈리아 품종인 네비올로와 산지오베제Sangiovese 역으로 떠나기 전 피노 누아와 연관된 품종을 하나 더 익히고 가겠습니다. 피노 누아의 아들이라 할 수 있는 피노타지Pinotage입니다.

여러분에게 아프리카는 어떤 이미지입니까? 저는 아프리카의 최고 관광지 빅토리아 폭포, 킬리만자로, 세렝게티 같은 곳을 가보진 못했습니다. 그곳은 버킷 리스트로 남아 있습니다. 대신 아프리카 북부와 최남단은 가보았습니다. 1997년 1월 룩소르를 기점으로 나일강을 거슬러 올라가는 나일 크루즈 여행을 했고 그 길에 이집트 문명이 살아 숨 쉬는 박물관 카이로를 훑기도 했습니다. 스페인을 자동차로 일주하면서 지브롤터 해협 건너 모로코 탕헤르도 들렀지요. 그리고 파리 특파원으로 일하던 시절 요하네스버그와 케이프타운으로 출장 갈 기회가 있었습니다. 이번 포도주 이야기가 시작된 계기가 바로 그 출장이었습니다.

2006년 2월 말 취재진은 파리를 출발, 요하네스버그에 도착했습니다. 나흘 동안 요하네스버그의 빛과 그림자를 취재했습니다. 아파르트헤이트Apartheid는 과거 남아공 백인 정권에 의해 1948년 법률로 공식화한 인종 분리 정책을 말합니다. 합법적으로 유색인종을 차별하는 정책이었지요. 수많은 남아공 원주민 흑인들이 흘린 피를 제물로 결국 1994년에 폐지됩니다. 인도를 영국으로부터 독립시킨 아버지 마하트마 간디는 늘 무저항 비폭력을 외쳤습니다. 간디의 정신이 자라게 된 배경엔 남아공이 있었습니다. 간디가 젊은 시절 공부하면서 백인 정권에 대한 항거의 정신을 키운 장소가 바로 남아공입니다. 넬슨 만델라는 흑인 지도자로 살인이나 폭력은 또 다른 살인과 폭력을 낳는다는 것을 경고하면서 "당신들의 무기를 바다로 던져라"라는 유명한 연설로 흑인들에게 비폭력 정신을 일깨웠습니다. 만델라 역시 간디의 정신을 실천에 옮긴 셈입니다.

필자가 남아공을 찾은 까닭은 4년 뒤 열릴 FIFA 월드컵 개최지가 바로 그 나라였기 때문입니다. 월드컵을 유치한 나라, 소수 백인 정권을 내쫓고 흑인 정권을 찾은 나라의 현주소를 스케치하고 싶었습니다. 파리에서 접하는 소식은 여전히 곳곳에서 테러와 폭력이 이어지고 백인에 대한 약탈이 자행되고 있다는 뉴스가 많았기 때문입니다.

나흘 동안 둘러본 죠버그Johannesburg(현지에선 요하네스버그를 줄여 이렇게 발음함)는 혼란과 부조리, 극심한 빈부격차 등으로 얼룩진 모습이었습니다. 물론 요즘은 많이 달라졌습니다. 당시 백인들은 그들만의 영역에 울타리를 치고 살았고, 도심의 기존 번화가 건물은 곳곳에 전기조차 들어오지 않은 상태에서 흑인들이 점거하는 무정부 상태나 다름없었습니다. 테러의 대상이 되는 게 두려웠던 백인들은 대낮에도 구 중심가 출입을 꺼렸습니다. 빈민가는 사람이 기거할 수 없을 정도로 시설과 위생 조건이 열악했습니다. 그런 현주소를 있는 그대로 연신 카메라에 담고 사람들의 목소리를 인터뷰로 녹취해 서울로 송고하며 마음이 무거웠습니다. 과연 이런 나라가 4년 뒤 월드컵 축구대회를 무사히 개최할 수 있을지 의문이었습니다. 그러나 결론부터 말씀드리자면 이는 기우였습니다. 남아공 흑인 정권은 월드컵 축구라는 지구촌 최대의 축제를 성공적으로 치러냈습니다.

나흘간의 무거웠던 일정 이후 다음 여행지는 케이프타운이였습니다. 진작부터 가보고 싶었던 도시로 '남아프리카의 보석' 또는 '아프리카의 지중해'라 불리는 곳이었습니다. 케이프타운 공항에서 만난 취재 코디네이터가 바로 오늘 '피노타지 간이역' 이야기를 쓰게 만든 김은영 선생입니다. 케이프타운에 머물던 닷새 동안 우리는 평생 다시 오기 힘든 곳이라는 생각으로 잠시도 쉴 틈 없이 이동하며 카메라로 영상을 담고 사람들에게 마이크를 들이댔습니다. 그렇게 분주한 일정으로 취재한 주제만 해도 테이블 마운틴의 비경, 물개섬, 세계 최대의 식물원인 커스텐보스Kirstenbosch, 펭귄 서식지, 신발을 맡기고 마시는 맥줏집, 케이프타운~빅토리아 폭포 특급열차 여행 등 일일이 꼽을 수 없을 정도로 많았습니다. 함께 간 촬영 기자에게 미안할 정도로 촘촘한 일정이었습니다.

그렇다고 일만 하진 않았습니다. 와이너리 방문도 했으니까요. 코디네이터 김은영은 순박한 사람이었습니다. 인상도 촌스러웠고 구수한 호남 사투리가 정겨운 인물이었습니다. 그에게 와이너리 한 곳을 꼭 가보고 싶다고 했습니다. 모든 취재 일정을 마무리하고 하루 남은 날 스텔렌보스Stellenbosch 지역의 와이너리를 찾았습니다.

케이프타운의 벗 김은영

김은영 선생의 스리쿼터를 타고 케이프타운 북쪽 들녘을 달렸습니다. 밥 딜런의 노래가 바람 소리와 함께 흘러나왔고 저는 손바닥으로 무릎을 두드리며 장단을 맞췄습니다. 운전하는 김 선생은 영혼이 순수한 낭만적 남자였습니다. 공교롭게 우리는 같은 해에 태어났습니다. 와이너리 투어를 함께 다녀오면서 이심전심으로 친구 사이가 돼가는 것을 그와 저는 직감하고 있었는지도 모릅니다.

그가 우리를 데려간 곳은 남아공 와인의 수도로 불리는 스텔렌보스의 니슬링쇼프Neethlingshof 와이너리였습니다. 케이프타운에서 내륙 쪽으로 50킬로미터 떨어진 곳입니다. 와이너리는 입구부터 방문객의 탄성을 빚어냈습니다. 키 큰 소나무 수백 그루가 와이너리로 들어가는 진입로 양쪽에서 손님을 맞았습니다. 분명 소나무인데 자작나무인 듯 줄기는 흰색이었습니다.

니슬링쇼프 와이너리 진입로의
소나무 길

위그노가 전파한 와인 양조 기술

남아프리카 포도주를 이해하기 위해서는 역사적 배경을 먼저 짚어 보는 게 도움이 될 것입니다.

남아공 와인 역사의 출발은 17세기 중반입니다. 네덜란드가 영국보다 먼저 남아공을 지배하고 있었던 시절입니다. 네덜란드는 동인도회사를 앞세워 아프리카와 아시아 경영에 나섰습니다. 동인도회사의 두 번째 총독인 사이먼스 반 데르 스텔Simons Van der Stel은 포도 농사와 와인에 남다른 지식과 열정을 갖고 있었습니다. 그는 포도 재배의 최적지를 찾아냈는데, 바로 케이프타운 부근 해발 200~400미터 조건을 갖춘 천혜의 땅이었습니다. 이 지역의 명칭에 자신의 이름을 붙여 '스텔의 숲'이라는 뜻으로 '스텔렌보스'라 지었습니다. 그때 스텔 총독에게 반가운 손님이 찾아왔습니다. 프랑스에서 종교 박해를 피해 이주해온 위그노 종교 난민들이 그곳으로 하나둘 스며들어와 정착했던 것입니다. 위그노 난민들은 그냥 몸만 오지 않았습니다. 포도 재배와 포도주 양조 기술까지 가져온 덕분에 케이프타운 지역 포도주 양조 수준은 단숨에 프랑스에 필적할 정도로 성장했습니다. 위그노 전쟁은 1562년부터 1598년까지 프랑스 내의 구교와 신교 간 갈등에서 비롯된 종교 전쟁입니다. 로마 가톨릭에 저항하는 프랑스 남부의 신교도들이 위그노인데요. 1598년 신교를 인정해주는 '낭트칙령Edict of Nantes'을 끝으로 전쟁도 끝났습니다. 하지만 그 뒤로도 신교도에 대한 박해가 계속되면서, 위그노 가운데 프랑스 남부 보르도 일대에서 포도 농사와 양조 기술을 가진 다수가 남아공으로 옮겨왔습니다.

이후 스텔렌보스는 남아공 포도주의 성지가 됐습니다. 340년의 긴 역사를 자랑하는 이 지역엔 200개가 넘는 포도원이 있고 지금도 전통과 기품이 있는 뛰어난 맛의 포도주를 많이 생산하고 있습니다. 이곳을 기점으로 남아공의 와인 루트는 무려 800킬로미터 거리로 뻗어나갔습니다. 남아공 와인의 장점은 맛이 빼어난데도 가격이 싸다는 점입니다. 최고의 재배 환경 아래 잘 자란 포도나무에서 난 포도로 구대륙 전통, 즉 프랑스 보르도의 전통으로 와인을 빚어내는 곳이 남아공입니다. 포도주는 그 원료인 포도가 자라는 자연과 닮는다고 하죠. 남아공의 오래된 토양, 경사진 골짜기, 대서양과 인도양에서 불어오는 해풍이 어우러져 매우 독특한 맛을 만들어냈습니다. 특히 케이프타운이 속한 웨스턴케이프주에는 무려 1만 종 가까운 야생화가 자랍니다. 가장 청정한 환경을 자랑하는 땅임을 말해주는 대목입니다.

스텔렌보스 와이너리의 아름다운 풍광

니슬링쇼프가 양조한 피노타지 와인

다시 니슬링쇼프 와이너리 이야기로 복귀하겠습니다. 필자는 소나무 숲길을 지나 와이너리에 도착한 뒤 곧바로 건물로 들어가지 않고 주변 포도밭으로 달려갔습니다. 흙을 만져 보고 포도알을 까서 먹어보는 게 저만의 와이너리 투어 방식이기 때문입니다. 알맹이는 작고 껍질은 두꺼운 포도, 과육은 설탕 덩어리처럼 단 그 품종은 과연 무엇이었을까요? 바로 '피노타지'라는 품종입니다. 단단한 껍질 속 작은 과육은 뜻밖에도 쫄깃하고 달았습니다. 마치 카베르네 소비뇽 껍질에 메를로 과육으로 완성된 포도 같았습니다. 보르도는 카베르네 소비뇽과 메를로를 혼합해 레드 와인을 만들지만, 이 피노타지는 그럴 필요가 없다는 느낌이 직감적으로 들었습니다. '와인 셀러'라는 간판이 있는 건물 안으로 들어서자 시음이 준비돼 있었습니다. 첫 모금을 마셔보니 입안에서 마치 시라즈 같은 강하고 묵직한 향이 느껴졌습니다. 하지만 잠시 후 코로 맡은 향은 자두와 딸기처럼 강렬했습니다.

김은영 선생은 와인에 대한 필자의 소회가 궁금했는지 물어왔습니다. 정확히 기억은 나지 않지만 마치 프랑스 보르도 생테밀리옹이나 이탈리아 북부 피에몬테의 고급 포도주를 연상시킨다는 느낌을 전했던 것 같습니다. 필자는 '우아함과 발랄함이 공존하는 와인'이라 평했다고 김 선생은 기억했습니다.

우리는 니슬링쇼프 와이너리 투어를 끝으로 다음 날이면 헤어져야 하는 운명이었습니다. 그날 저녁 정통 남아공 식당에서 여러 가지 진귀한 음식과 피노타지 와인으로 밤이 늦도록 우정을 나눴습니다. 가장 기억나는 건 코스 가운데 악어 스테이크가 포함돼 있었다는 점입니다. 처음 시도하는 것이었지만 맛이 너무나도 고소해서 먹는 데 아무런 거부감이 없었습니다. 김은영 선생 설명에 따르면 남아공에서만 나오는 피노타지 와인과 악어 고기는 최상의 궁합이라는 전문가들의 평이 있었다고 합니다. 또 한 가지 남아공 원주민 흑인 종업원들의 순수한 눈망울과 친절한 대접도 각별한 기억으로 남았습니다.

여설사심주로 명명하다

짧은 사귐을 끝으로 우리는 헤어졌습니다. 파리로 복귀하고도 필자와 김은영 선생은 메일을 주고받으며 우정을 이어갔습니다. 그러던 어느 날 그로부터 피노타지에 대한 작자 미상의 글 하나를 소개받았습니다. "피노타지는 여인의 혀와 사자의 심장에서 뽑아낸 술이다. 이 와인을 마시면 누구나 쉴 새 없이 이야기할 수 있고 악마와도 대적할 수 있다"는 문장이었습니다. '여인의 혀'는 누구에게나 편하게 말문을 열어주어서 편안히 말하는 힘을, '사자의 심장'은 남자의 담력을 상징하는 표현일 겁니다. 사랑을 고백하고 싶어도 용기가 없어 헤매는 남자와 남자만 만나면 수줍음에 어눌해지고 마는 여자가 마주 앉아 이 피노타지 한 잔만 함께 마시면 쉽게 사랑 고백을 하게 돼 사랑이 이뤄진다는 이야기도 뒤따랐습니다. 이 설명을 담은 메일을 받고는 직관적으로 이런 이름이 떠오르더군요. '여자의 혀女舌'와 '사자의 심장獅子心臟'을 상징하는 술이라는 뜻으로 '여설사심주女舌獅心酒'란 이름을 붙이면 어떨까 하는 생각이 들었습니다. 필자는 이런 편지를 보냈습니다.

"은영, 우리가 같은 해에 태어나 서로 다른 일을 하다가 케이프타운이라는 각별한 장소에서 만나 며칠을 함께 보냈네. 그 뒤로도 계속 편지를 주고받으며 인연을 이어가고 있는데, 오늘 '여설사심주'라는 술 이름 작명을 계기로 지금부터 서로 말 트고 편한 친구로 지내세."

그는 기다렸다는 듯 그렇게 하자며 화답해왔고 우리는 지금 14년 넘게 여설사심주가 맺어준 인연을 이어가고 있습니다. 그때 주고받았던 편지 내용 가운데는 이런 것도 있었습니다.

우리가 함께 희망곶을 지나 희망봉 정상에 올랐을 때 그곳을 찾은 관광객들은 저마다 자기가 떠나온 나라의 방향과 거리를 표시한 기호와 글자를 확인하고 감상에 젖었습니다. 물론 서울을 향한 화살표와 한글도 있었지요. 저는 그걸 상기하면서 '마음의 달이 서로를 비추는 것'이란 의미로 우정을 이어가자고 했습니다. 마음의 달이란 케이프타운에 있든 서울에 있든 우리가 함께 볼 수 있는 대상인 달을 마음의 정거장으로 해서, 늘 서로를 비추며 우정을 이어가자는 뜻을 함축한 표현이었습니다.

그러면 피노타지 포도를 왜 '피노 누아의 아들'이라 표현할까요?

김은영 친구로부터 전해 들은 피노타지의 탄생 이야기도 자못 흥미롭습니다. 한마디로 피노타지는 피노 누아와 생소라는 포도의 교배로 만들어진 품종입니다. 이 품종을 교배할 당시 남아공 현지에서는 생소를 '허미티지Hermitage'라 불렀는데, 이것이 프랑스 발음으로는 '에르미타주'입니다. 에르미타주는 생소라는 포도가 많이 재배되던 북부론 계곡의 수준 높은 와인 생산 지역 이름입니다.

교배 실험을 시작한 것은 1925년 스텔렌보스대학교 포도재배학 교수인 아브라함 아이작 페롤드Abraham Izak Perold 박사였습니다. 남아공 정부의 공식 연구원 지위에 오른 그는 프랑스와 독일, 이탈리아 등 유럽의 와인 산지를 직접 탐방했습니다. 그리고 피노 누아의 깊은 향을 남아공에서도 재현하고자 했습니다. 초기엔 성품이 까다로운 피노 누아가 잘 자라지 못했습니다. 그래서 피노 누아와 생소를 교배했습니다. 피노 누아는 어머니, 생소는 아버지인 셈입니다. 교배로 태어난 품종엔 피노타지라는 명칭이 붙었습니다. 생소는 본래 프랑스 남부 랑그도크 루시옹 지방에서 태어난 붉은 포도 품종으로 프랑스 남부의 뜨거운 태양에서도 잘 자랐습니다. 론강 지역 에르미타주에서도 많이 재배됐습니다.

1941년 페롤드 교수는 세상을 떠났지만, 피노타지는 이후 비약적인 발전을 거듭합니다. 마침내 1950년대 말부터는 남아공 와인 쇼에 출품돼 연달아 챔피언에 오를 정도로 맛과 향을 인정받았습니다. 1990년대엔 런던에서 개최된 세계 와인 대회에서 '로버트 몬다비 최우수 레드 와인상'을 수상하기도 했습니다.

여설사심주의 우정은 현재진행형입니다. 김은영 친구는 케이프타운에서 해마다 우정의 와인 여설사심주를 보내옵니다. 때론 자연 재료로 만든 화장품부터 여름에 골프 칠 때 쓰라고 멋진 모자를 보내오기도 합니다.

피노타지 와인은 100% 남아공에서 생산됩니다. 요즘은 국내 와인 마켓에서도 케이프타운에서 만들어진 피노타지 와인을 찾는 것이 그리 어렵지 않습니다. 캐논콥Kanonkop이나 엘더링Aaldering, 베이어스클루프Beyerskloof 등의 와이너리 이름을 기억했다가 기회가 닿으면 한번 시음해보길 권합니다. 소중한 벗을 만들어준 고마운 포도 피노타지 이야기였습니다.

6

피에몬테의 황제 네비올로

이번 품종은 '네비올로'입니다. 네비올로의 주 재배 지역은 이탈리아 북부 피에몬테입니다. 알프스는 유럽 중심 국가들의 역사와 매우 밀접한 관계를 맺어왔습니다. 유럽인들에게 알프스는 '산'의 상징이기도 합니다. 코끼리 부대를 앞세운 카르타고의 영웅 한니발이 로마를 침공하기 위해 선택한 코스도 알프스였습니다. 1796년 나폴레옹이 1차로 북부 이탈리아를 정복했지만 파리로 돌아가고 난 뒤 오스트리아와 러시아가 그 땅을 다시 점령합니다. 이후 나폴레옹이 6만 병사를 이끌고 1800년 밀라노까지 정복의 깃발을 꽂는 과정에서 선택한 코스 역시 알프스였습니다. 북부 이탈리아는 알프스산맥의 기슭을 병풍처럼 둘러싸고 있습니다. 알프스산맥 아래 북부 이탈리아의 큰 주州 이름은 피에몬테입니다. 피에몬테는 '발'이란 뜻의 '피에데piede'와 '산'이란 뜻의 '몬테monte'가 합쳐져 만들어진 이름입니다. 그러니까 산의 발, 즉 산의 아래 지역을 의미하겠지요. 이 피에몬테주의 주도는 동계올림픽 개최지로 유명한 토리노입니다.

저는 파리 특파원으로 지내던 시절 여름휴가로 이탈리아 전역을 자동차로 다녀온 적이 있습니다. 그때 파리에서 오전 8시에 출발해 오후 4시경 밀라노에 도착했지요. 중간에 프랑스 디종을 거쳐 토리노로 가기 위해서는 나폴레옹이 말을 타고 넘은 산의 밑을 관통하는 14킬로미터 길이의 프레쥐스 터널을 통과해야 했습니다. 터널에 진입하기 전 마지막 휴게소에 차를 세우고는 라면을 끓여 13박 긴 여행의 첫 점심을 해결한 기억이 아직도 생생합니다.

2014년 피에몬테의 와인 산지가 유네스코 자연문화유산에 등재됐습니다. 포도주 관련 지역으로는 샹파뉴와 부르고뉴가 등재된 이후 첫 선정이었습니다. 로마 시절부터 와인을 만들어온 피에몬테의 전통

피에몬테의 포도밭

을 유네스코가 높이 평가한 것입니다. 피에몬테에서 주로 재배되는 전통 포도 품종은 이 편의 주제인 네비올로입니다. 네비올로 재배가 요즘엔 호주나 칠레 등지로 확대됐지만 그 원산지는 피에몬테입니다.

19세기 초 이탈리아는 사르데냐 왕국, 나폴리 왕국, 시칠리아 왕국, 그리고 나폴레옹이 세운 이탈리아 왕국이 공존했습니다. 1789년 프랑스혁명 이후 등장한 나폴레옹 황제는 1804년부터 1815년까지 유럽을 지배합니다. 이후 그가 몰락하고 혁명 이전 체제로 회귀하려는 뜻으로 채택된 빈 회의(1815년)를 계기로 이탈리아 북부로 돌아온 오스트리아와 헝가리가 주인 행세를 하기 시작합니다. 나폴레옹에 의해 쫓겨났다가 나폴레옹이 패망하자 다시 이탈리아 북부의 패권을 노린 것입니다. 이탈리아 민족주의자들은 이를 그냥 두고 볼 수는 없었습니다. '빈 체제'에 대한 저항은 40년 넘는 세월 동안 이어졌고, 마침내 1861년 이탈리아 최초의 통일 왕국이 탄생합니다. 수도는 토리노였습니다.

그 과정에서 가장 큰 역할을 한 주체가 사르데냐 왕국입니다. 사르데냐 왕국은 지금의 피에몬테주를 비롯해 남프랑스의 니스 지역과 지중해의 사르데냐섬까지 아우르는 큰 왕국이었습니다. 사르데냐섬은 지중해에 있는 땅콩처럼 생긴 두 섬 가운데 남쪽 섬입니다. 북쪽 섬은 나폴레옹이 태어난 코르시카입니다. 저는 2005년 여름휴가로 코르시카를 다녀왔는데 나폴레옹이 태어난 아작시오 해변에 아이들을 데리고 갔다가 남녀가 모두 나체로 일광욕을 즐기는 모습을 보고 깜짝 놀라 황급히 자리를 피했던 기억이 있습니다.

사르데냐는 유럽에서도 알아주는 장수 지역입니다. 앞서 와인 증류주 오드비를 설명할 때 언급한 102세 할머니가 살던 곳도 사르데냐입니다. 사르데냐는 빈 체제를 청산하기 위해 중요한 외교적 협상을 연달아 해내야 했고 그럴 때마다 향이 매우 좋은 고급 와인이 필요했습니다. 이때 등장한 와인이 바롤로Barolo에서 나온 네비올로 레드 와인이었습니다.

1800년대 초까지만 해도 바롤로 마을은 평범한 농촌이었습니다. 네비올로 포도는 워낙 성미가 까다로워서 재배하기가 몹시 힘들었습니다. 농업 기술이 발전하기 전엔 포도주의 원료로 네비올로를 제대로 키워내는 게 여의치 않았습니다.

네비올로는 새봄 싹이 일찍 트는 것에 반해 과육으로 익어가는 속도는 엄청나게 느립니다. 중간에 과육 숙성이 완성되기 전 심한 가뭄이나 폭우가 이어지면 그해 농사는 망칠 수밖에 없습니다. 이탈리아어로 '안개'를 뜻하는 단어는 '네비아nebbia'입니다. 안개가 짙게 낀 가을철 수확하는 품종이라는 뜻에서 네비올로라는 명칭이 붙었다는 설이 있습니다. 네비올로는 재배부터 수확까지의 과정도 까다롭지만, 잘 수확한다 해도 좋은 포도주로 가는 길은 험난합니다.

네비올로

네비올로의 본거지 바롤로와 바르바레스코

네비올로는 껍질이 두꺼워 카베르네 소비뇽이나 시라처럼 타닌이 많습니다. 껍질 색깔이 희뿌옇기 때문에 짙은 자주색의 고운 레드 와인 특유의 색을 빚어내기가 어렵습니다. 색을 내려면 침용을 오래 해야 하는데 그러자니 타닌이 과하게 나와 떫어서 못 마시는 포도주가 됩니다. 또한 피에몬테는 겨울이 일찍 찾아옵니다. 기온이 떨어지면 알코올 발효도 속도가 느려집니다. 이래저래 피에몬테 사람들에게 네비올로로 고급 포도주 만드는 일은 '재수에 맡기는 작업'일 수밖에 없었던 겁니다(〈와인 21닷컴〉 기사 인용).

앞서 포도의 명칭이 안개에서 비롯됐을 가능성을 언급했지만, 기록으로는 1300년대에 '네비올로Nebiolo' 혹은 '누비올로Nubiolo'로 불리다가 15세기부터 '네비올로Nebbiolo'라는 정식 명칭이 붙었다는 게 이탈리아 와인 학계의 설명입니다. 어쨌든 네비올로로 포도주 담그는 일은 2,000년 이상의 오랜 역사를 가진 셈입니다. 하지만 최고급 품격으로 데뷔한 건 200년 안쪽입니다. 명성이 탄생하게 된 배경에는 피에몬테의 포도주 대표 산지 두 곳이 있습니다. 바롤로와 바르바레스코Barbaresco가 그 주인공입니다. 이탈리아에서는 바롤로를 일컬어 '와인의 왕', 바르바레스코를 '와인의 여왕'이라 부릅니다. 그 이유는 무엇일까요? 지금부터 두 마을로 떠나보시죠.

"만약 최후의 만찬 테이블 위에 포도주 바롤로가 있었더라면 유다는 예수를 배반하지 않았을 것이다."

작고한 이탈리아의 명문 포도주 생산자 알도 콘테르노Aldo Conterno가 남긴 유명한 말입니다. 바롤로의 빼어난 맛과 향에 빠져 유다가 예수를 배반할 생각조차 못 했을 정도의 맛이란 도대체 어떤 경지일까요? 잘 숙성된 바롤로는 혀에 닿는 순간 신맛과 떫은맛이 살짝 첫인상을 던져주지만 이내 입안에 향미가 가득 퍼집니다. 장미, 딸기, 송로버섯, 허브, 감초, 담배, 가죽의 향까지 다양한 향내를 선사합니다.

바롤로는 이탈리아 피에몬테 지역의 북서쪽 랑게라는 곳에 자리한 마을입니다. 이 마을엔 11개의 유명한 와이너리가 있습니다. 그중에서도 바롤로, 라 모라La Morra, 세라룽가 달바Serralunga d'Alba, 몬포르테 달바Monforte d'Alba, 카스틸리오네 팔레토Castiglione Falletto 등 다섯 양조장이 유명합니다. 바롤로 와인을 사거나 식당에서 마실 경우, 바롤로라는 마을 표시에 이 다섯 와이너리 이름이 붙어 있는 포도주라면 무조건 품질은 보장됩니다. 바롤로는 반드시 오크통에서 18개월, 병 속에서 20개월 이상 숙성된 뒤 세상에 나옵니다. 총 38개월 동안 숙성의 시간을 거치는 거죠. 38개월만으로도 충분한데 바롤로 마을 양조업자들은 여기에 한술 더 떠 오크통에서 3년, 병 속에서 2년까지 합해서 5년의 숙성 기간을 거쳐 시판되는 포도주에 한해 '리세르바Riserva'라는 라벨을 붙이도록 허용하고 있습니다. 바롤로 와인인데 리세르바가 붙었다면, 아주 빼어난 와인임을 보증한다는 얘기겠지요.

바롤로는 '이탈리아 와인의 왕'이라 불리는 만큼, 이탈리아 와인 등급 가운데서도 최고며 병당 평균 가격에서도 이탈리아 와인 치고는 제일 비싼 편입니다. 2010년엔 출시 기준을 더 까다롭게 만들었습니

랑게의 바롤로 마을 포도밭

다. 이탈리아 와인 제조 관련 법규에 바롤로는 출시 전 3년의 숙성을 거쳐야 시장에 낼 수 있으며, 그중 2년은 반드시 오크 등 나무통 숙성을 할 것을 의무화했습니다.

바롤로가 명문 와인 생산지로 우뚝 서게 된 과정엔 1800년대 초 프랑스 양조학자 루이 우다르Louis Oudart의 자문이 큰 역할을 했다고 합니다. 그는 네비올로를 발효시키는 기술이 부족했던 바롤로 농민들에게 양조 기술을 전수해줬습니다. 우다르의 자문으로 탄생한 고급 와인을 마셔본 사르데냐 왕국 귀족과 사보이 왕가 사람들이 '와인의 왕'이라 평가했고 오늘날 같은 이름의 영예로운 별명이 붙게 됐습니다. 잘 맞는 음식은 소의 안심이나 등심입니다. 바롤로를 한 모금 마신 뒤 부드럽게 구운 등심을 입안에 넣어 씹으면 '환상의 짝꿍이 바로 이런 것이

구나' 하고 실감하실 겁니다.

이번엔 바르바레스코 마을로 찾아갑니다. 바롤로에서 동북쪽으로 20킬로미터 떨어진 명품 와인 생산 마을로, 자동차로 20분 정도 걸리는 거리죠. 그런데 바롤로와 바르바레스코산 포도주를 한자리에서 비교해가며 마셔본 분들이라면 이런 의문을 가질 수 있습니다. 같은 피에몬테 지역에서 같은 네비올로로 빚어낸 레드 와인인데, 어쩌면 이렇게 맛이 묘하게 다를 수 있을까 하는 궁금증입니다. 바르바레스코 역시 네비올로로 만드는 레드 와인인데 향이 강하고 숙성의 힘이 매우 좋습니다. 대신 보디감이 가볍고 향미가 부드러운 우아함을 보여줍니다. 두 마을의 와인 맛이 다른 이유는 토양과 제조 기법의 차이 때문입니다. 두 지역의 거리가 가깝다 해도 차이는 존재하는 만큼 맛에서도 미세하지만 절묘한 차이를 드러냅니다. 같은 바롤로 마을 안에서도 포도원에 따라 석회질 함유량에 차이가 날 정도로 토양은 와이너리마다 고유한 특징을 갖고 있습니다.

그러나 무엇보다 큰 차이는 와인 생산 과정과 출하 조건에 있습니

바르바레스코 와이너리

다. 바롤로는 의무적으로 3년 이상 숙성시킨 뒤 알코올 농도도 13% 이상 발효되도록 하지만, 바르바레스코는 12.5%면 출고가 가능하게 했습니다. 오크통 숙성 의무 기간도 바롤로보다는 짧게 한 것 역시 차이점입니다. 그렇다고 바롤로가 더 좋고 바르바레스코 와인이 열위에 있다는 뜻은 아닙니다. 바르바레스코는 바롤로와는 달리 최소 2년 이상만 숙성하면 됩니다. 그 2년 가운데 오크통에 머무르는 기간은 9개월 이상이면 통과입니다. 바롤로가 오크통에서 최소 18개월부터 길게는 3년을 숙성해야 등급을 받는 것에 비해, 바르바레스코는 숙성 기간이 상대적으로 짧습니다. 프랑스 보르도의 명품 와인 제조 과정의 숙성 기간과 비슷합니다.

바르바레스코 마을에서도 특히 바르바레스코, 트레이소Treiso, 네이베Neive 세 양조장이 유명합니다. 바르바레스코에서도 리세르바가 나옵니다. 바롤로가 5년 숙성된 것에 한해 리세르바를 붙인다면, 바르바레스코에선 4년 숙성을 거치면 리세르바 표시를 붙일 수 있습니다. 이런 차이점이 쌓여서 바롤로는 강한 향과 남성적 향미를 뽐내는 이탈리아 와인의 대표 주자가 됐고, 바르바레스코는 부드럽되 향미가 빼어난 여성적 특징을 가진 주자로 자리하며 '와인의 여왕'이란 평을 받게 됐습니다. 한 가지 분명한 것은 바롤로와 바르바레스코 두 지역 양조장 모두 까다로운 네비올로 포도를 정성껏 재배해서 상태 좋은 포도만으로 와인을 담그며 적어도 3년 이상의 숙성 기간을 거친다는 사실입니다. 숙성 기간이 길고 와인을 만드는 데 땀방울이 많이 투입된다는 점에서 가격은 비싼 편입니다.

피에몬테의 와인 제조 과정

이탈리아 와인 이야기를 하면서 '가야Gaja'를 빼놓고 갈 수는 없습니다. '와인의 왕'이란 그늘에 가려져 상대적으로 평범한 귀족 수준에 머물던 바르바레스코를 '여왕의 와인' 신분으로 승격시킨 주인공이 있습니다. 안젤로 가야Angelo Gaja입니다. 세계적 와인 평론가인 로버트 파커Robert M. Parker는 "안젤로 가야 덕분에 이탈리아 와인의 혁명이 시작됐다"고 선언했습니다. 전 세계 와인 전문가들 100명 가운데 99명은 현존하는 이탈리아 최고의 와인 생산자를 꼽으라면 안젤로 가야라고 답할 것입니다.

1940년생인 안젤로 가야는 대학에서 양조학과 경제학을 복수 전공했습니다. 그리고 1961년 아버지인 조반니 가야가 할아버지로부터 물려받아 경영하던 와인 사업에 동참합니다. 1978년 안젤로는 아

이탈리아 피에몬테의 명품 와인 가야 본사

버지 모르게 포도밭 한쪽 구석에 카베르네 소비뇽 포도나무를 심었습니다. 네비올로만 고집한 가문의 전통을 아들이 깬 것에 너무나도 놀란 나머지 아버지는 "나폴레옹이 다시 침공해도 이처럼 놀랍지는 않을 거야"라며 충격과 실망을 토로했다고 합니다. 안젤로는 와인을 만드는 방법론을 두고 실험에 실험을 거듭했습니다. 품질 좋은 와인의 제조를 위해 포도 수확량부터 줄였습니다. 그리고 마침내 1981년엔 바르바레스코에 있던 자신의 포도 농장 가운데서도 네비올로 재배에 최적의 조건을 갖춘 땅을 따로 구분해서 양질의 포도를 재배해내고 맙니다. 거기서 생산되는 포도로 만든 와인에 '소리 산 로렌초Sori San Lorenzo'와 '소리 틸딘Sori Tildin'이라는 이름을 붙였습니다. '소리Sori'는 이탈리아어로 '언덕'이란 뜻입니다. 틸딘은 안젤로의 할머니 이름입니다. 요즘 이 포도주는 보르도 1등급 보다 비쌉니다. 대개 출시된 지 얼마 지나지 않은 아직 젊은 가야 와인도 병당 100만 원 넘게 줘야 살 수 있습니다.

2019년 세계 최고의 와인 메이커상을 수상한 안젤로 가야

필자의 포도 품종 이야기는 반드시 지역 중심은 아닙니다. 그래도 품종을 국제 품종과 토착 품종으로 구분하는 기준으로 볼 때 토착 품종은 해당 국가 위주로 설명하는 게 합당하다고 판단했습니다. 국제 품종은 카베르네 소비뇽을 비롯해 메를로, 피노 누아, 시라즈, 샤르도네, 소비뇽 블랑처럼 지구 곳곳의 많은 지역에서 재배되는 품종을 말합니다. 반면에 이탈리아나 스페인처럼 해당 국가나 지역에서만 재배되는 고유의 특징이 있는 품종을 토착 품종 혹은 로컬 품종이라고 부릅니다. 토착 품종은 그 품종만의 특별한 역사를 갖고 있습니다.

해당 지역에서 토착 품종만 키우는 것은 물론 아닙니다. 같은 맥락에서 피에몬테엔 네비올로 말고 다른 품종은 재배되지 않느냐는 질문을 할 수도 있습니다. 당연히 다른 품종도 재배됩니다. 피에몬테 전체 포도 생산량 가운데 네비올로는 오히려 소수에 속합니다. 피에몬테에선 바르베라Barbera를 가장 많이 재배합니다.

아로마가 강한 화이트 와인 품종인 모스카토Moscato도 바로 이 지역의 특산 포도입니다. 모스카토로는 달고 향이 강한 발포성 와인인 스푸만테를 만듭니다.

2018년 12월 필자는 호주 애들레이드에서 생산되는 포도주를 시음할 기회를 서울에서 가졌습니다. 해발 700미터에 위치한 호주 남부 포도 생산의 최적지 애들레이드에서 저력 있는 레드 와인을 생산하는 '롱뷰Long View' 와이너리의 서울 론칭 시음 행사였습니다. 롱뷰도 네비올로로 멋진 와인을 만들었습니다.

마셔보니 향과 보디감이 훌륭했습니다. 그 와인을 마시면서 다시 한 번 느꼈습니다. 천지인, 즉 태양과 비 등의 기후 조건과 포도나무가 자라나는 땅의 환경, 그리고 양질의 포도주를 빚어내려는 인간의 정성이 제대로 어우러질 때 사람들에게 행복을 주는 와인이 탄생한다는 것을 말입니다. 피에몬테에서 주로 재배되는 네비올로를 호주 남부에서도 잘 키워서 차별화된 맛을 지닌 멋진 와인으로 만들어낼 수 있다는 사실을 확인했습니다.

호주 애들레이드 롱뷰 와이너리의 가을

7

토스카나의 붉은 피
산지오베제

출퇴근 또는 주말에 교외로 오가는 동안 저는 30분이 됐든, 1시간 또는 그 이상이 됐든 그 시간에 맞는 앨범 하나씩을 듣는 습관이 있습니다. 호젓하게 온전히 몰입해서 음악을 들을 수 있는 시간이라 참 좋습니다. 최근 비틀스의 음반을 구워 넣은 USB로 레넌과 매카트니의 목소리를 집중해서 들은 적이 있습니다. 그중 한 곡의 제목은 'When I'm sixty-four'입니다. 비틀스의 다른 히트곡에 비해 많이 알려진 노래는 아니지만, 저는 가끔씩 즐겨 듣습니다. 나이 먹는 것의 의미를 생각하면서 입가에 슬그머니 미소를 짓게 하는 곡입니다. 노랫말은 이렇게 시작합니다.

"When I get older, losing my hair, many years from now, will you still be sending me a Valentine Birthday greetings, bottle of wine? If I'd been out till quarter to three, would you lock the door? Will you still need me, will you still feed me, when I'm sixty-four?(세월 지나 내 나이 들어 머리숱이 줄어도 당신은 내게 밸런타인데이 카드와 와인 한 병을 줄 건가요? 내가 새벽 2시 45분이 되도록 귀가하지 않으면 현관문을 잠글 건가요? 내가 64세가 돼도 여전히 당신에게 내가 필요할까요? 당신은 내게 밥을 줄 건가요?)"

젊은 남편은 아내의 변함없는 사랑을 확인하고 싶었던 게지요. 만약 요즘 우리나라 젊은 부부 사이에서 이런 질문이 나온다면, 아내는 아마도 웃으며 "그건 당신 하기 나름이죠" 정도로 답할 공산이 큽니다. 우리는 누구나 나이를 먹고 누구나 60대를 맞게 되겠지요. 그런데 가사에서 주목할 부분이 있습니다. 와인이 사랑을 상징하는 선물이라는 점입니다. 적어도 1960년대 영국에선 말이죠. 제과 회사의 상술에 넘어가 밸런타인데이를 초콜릿 선물하는 날로 생각하는 문화와는 사뭇 다르다는 것을 알 수 있습니다.

결혼 생활이 '검은 머리 파뿌리 될 때까지 사랑하는 사이로 가는 것'만은 아님을 수많은 소설과 영화가 빗대어 보여줍니다. 64세가 될 때도 자신이 아내에게 필요한지를 지레 확인하려는 마음엔 미래에 대한 불안이 도사리고 있음을 읽게 됩니다. 결혼 생활을 끝내는 인생의 위기를 계기로 새 삶을 찾아가는 사람의 이야기도 참 많습니다. 이번 편의 주인공인 산지오베제가 주로 생산되는 지역을 무대로 만들어진 한 편의 영화도 이혼 이후 새로운 삶을 찾아가는 이야기를 그렸습니다. 미국에서 잘나가던 베스트셀러 작가인 프란시스는 한순간에 남편으로부터 이혼당하고 집까지 빼앗깁니다. 절망에 빠진 그녀에게 친구는 이탈리아 여행 티켓을 건네줍니다. 무작정 미국을 떠난 프란시스는 이탈리아 투스카니에서 삶의 새로운 가치를 찾아갑니다. 영화 '투스카니의 태양'입니다. 이 영화를 본 사람도 많을 겁니다. 필자는 스토리의 잔잔함도 좋았지만, 무엇보다 이탈리아 중부 토스카나의 풍광을 아름다운 영상으로 감상할 수 있어 더 각별했습니다.

풍광 빼어난 토스카나

토스카나 지방은 서쪽으로는 사탑斜塔으로 유명한 피사를 시작으로 북쪽 피렌체, 동남부의 아레초, 남부의 시에나까지 경치도 좋고 볼 것도 많은 곳입니다. 필자는 그 도시들을 때론 여행으로, 때론 일로 여러 차례 방문했습니다. 피렌체나 피사만큼 잘 알려지진 않았지만, 토스카나 지역 가운데는 가슴에 보석 같은 마을로 각인된 장소가 있습니다. 바로 산상 도시 코르토나입니다. 필자는 이 작은 동네를 돌아보고는 '토스카나의 별'이라고 혼자 명명했습니다. '투스카니의 태양' 제작진도 영화의 많은 부분을 이 아름다운 산상 마을에서 촬영했습니다.

영화 '투스카니의 태양' 포스터

필자는 '클래식의 전도사' 또는 '바이올린을 켜는 멜 깁슨'이란 별명을 가진 남자 앙드레 류를 만나기 위해 마을을 찾았습니다. 2004년 여름이 끝나갈 무렵이었습니다. 산상 마을 정상에 자리한 산타 마르게리타 교회 앞마당이 무대였습니다. 연간 300일 이상 세계를 누비며 빡빡한 공연 일정을 소화해야 하는 앙드레 류는 코르토나 사람들과 맺은 약속을 지키기 위해 해마다 오케스트라를 이끌고 이곳을 찾아옵니다. 그가 이끄는 악단 이름은 '요한 슈트라우스 오케스트라'입니다. 1978년에 시작한 이 작업의 핵심은 클래식 전도입니다. "클래식 음악도 청바지를 입고 편한 자세로 신명 나는 음률에 맞춰 박수와 춤을 곁들이며 흥겹게 즐겨야 한다"는 게 클래식에 대한 그의 철학입니다. 해마다 늦여름이면 꼭 찾아와 멋진 음악을 선보이겠다고 한 약속을 지켜온 것입니다.

청중은 코르토나 주민이 절반, 관광객이 절반이었습니다. 워낙 재미있고 흥겨운 무대로 잘 알려진 탓에 독일, 프랑스 등 유럽은 물론이고 일본과 미국에서도 찾아와 함께 그 시간을 누리는 모습이 참으로 각별하게 다가왔습니다. 분위기가 무르익자 청중들은 대부분 자리에서 일어나 왈츠에 맞춰 거대한 즉흥 무도회를 연출했습니다.

코르토나 공연 후 감사의 화환을 받고 웃는 앙드레 류

다음 날 아침 호텔에서 함께 조찬을 한 뒤 가진 인터뷰에서 앙드레 류는 이렇게 말했습니다. "클래식이라는 캔버스 위에 앙드레 류만의 편하고 쉬운 그림을 그리는 게 제 일이죠. 누구든 이 그림을 보고 클래식의 장벽을 넘어 행복의 세계로 들어오게 하는 것이 꿈입니다." 그의 꿈처럼 청중들도, 연주하는 오케스트라 단원들도 모두 행복에 빠져들었습니다.

코르토나 기념품 상점들은 벌써 이듬해 달력을 사가라고 입구에 내걸고 있었습니다. 토스카나의 아름다운 풍광이 담긴 달력은 그 자체로 기념품이 되기에 충분했습니다. 골목마다 와인 파는 집, 그릇 파는 집, 식당, 커피숍 등이 아기자기하게 자리한 모습은 마치 골목이 곧 하늘로 이어지는 듯한 느낌이었습니다.

다시 영화 속 절경으로 돌아갑니다. '투스카니의 태양'엔 유명한 사이프러스 들길이 나옵니다. 밀밭이 펼쳐진 들녘 사이로 드문드문 농가가 자리하고, 농지 사이로 난 작은 길가엔 사이프러스 나무들이 그림처럼 펼쳐집니다. 멀리서 보기엔 아름다워도 정작 농사를 짓는 농민은 늘 고달픈 게 농촌의 현실이겠지만, 영화는 그렇지 않다는 것을 자주 강조해서 보여줍니다.

산상 마을 코르토나에서 내려다본 토스카나 지역 마을 전경

여기까지가 본격적인 산지오베제 이야기를 위해 전개한 서론이었습니다. 이제 산지오베제 포도와 그 품종이 만들어내는 명품 포도주 이야기를 시작해보겠습니다.

산지오베제

로마 시대부터 시작된 제우스의 피

산지오베제의 역사는 로마 시대로 거슬러 올라갑니다. 토스카나에 살던 에트루리아인들이 재배한 포도에서 시작됐을 것으로 추정됩니다. 산지오베제라는 이름은 '주피터', 즉 '제우스의 피'라는 뜻을 가진 라틴어 'Sanguis Jovis'에서 유래했다고 합니다. 밝고 강렬한 루비 색상을 띤 와인을 만드는 포도로, 진한 색과 강한 향이 그리스 신화의 출발점인 제우스의 피를 연상시킨다 해서 수도승들이 이름 지었습니다.

포도의 특징을 살펴보겠습니다. 비옥하지 않은 점토와 석회토, 자갈이 많은 구릉 지대가 최적의 재배 조건입니다. 가뭄과 바람에는 강하지만 일찍 싹트는 관계로 봄에 꽃샘추위로 서리를 맞으면 작황이 크게 떨어지는 단점도 있습니다. 산지오베제 단일 품종으로 빚어낸 포도주는 선홍색을 띠며 풍부한 과일 향을 자랑합니다. 특히 검은딸기와 체리 향이 강합니다.

토스카나 지역의 북쪽 끝인 피렌체와 남쪽 끝인 시에나 사이의 키안티Chianti는 산지오베제의 대표 생산 지역으로, 이탈리아 전역에서 재배되는 산지오베제 포도의 65%를 생산합니다. 그러나 키안티와 키안티 클라시코Chianti Classico는 다릅니다. 이탈리아 와인에 정통하지 않은 분들은 그게 무슨 차이일까 궁금할 것입니다. 키안티는 피렌체에서 남쪽 시에나에 이르는 광대한 7만 헥타르에 달하는 지역 전체를 통칭하는 말입니다. 연간 와인 생산량이 1억 리터에 이르는 이탈리아 최대 와인 산지입니다. 그런데 키안티라는 명칭을 쓰던 지역은 본래 아주 작은 마을이었습니다.

1930년대 토스카나 포도 재배 농가들이 오리지널 키안티를 중심으로 현재 키안티 지역이라 불리는 광범위한 지역에 모두 키안티라는 명칭을 붙였던 겁니다. 그래서 1963년에 이탈리아 정부는 범위가 넓어진 키안티 지역과는 다르게 본래의 키안티 마을에 독자적인 이름을 따로 붙여주고 와인 제조 규정도 까다롭게 차별화했습니다. 오리지널 키안티 마을이라는 뜻에서 '키안티 클라시코'라는 이름을 붙이도록 한 것입니다. 일반 키안티 지역과는 달리 키안티 클라시코에서는 1헥타르당 7,500킬로그램 이상의 포도를 수확하지 못하게 했습니다. 알코올 함량 최저 기준도 일반 키안티 지역이 11.5%인 반면, 키안티 클라시코는 12%로 높게 했습니다.

키안티 와인의 오늘이 오기까지 중요한 히스토리가 있습니다. 피렌체는 신 중심 사고에서 인간 중심 사고로 전환한 르네상스를 이끈 이탈리아의 중심 도시였습니다. 거기에 메디치 가문이 있었습니다. 14세기 말~15세기 초 금융업을 통해 피렌체 경제를 거머쥔 메디치 가문은 마침내 로렌초 데메디치에 이르러 패권을 장악합니다. 그는 레

키안티 클라시코 와이너리

오나르도 다빈치, 산드로 보티첼리, 라파엘로 등 당대 최고의 미술가, 건축가들을 피렌체로 불렀습니다. 피렌체가 15세기 이탈리아 르네상스 운동의 중심지가 되는 결정적 역할을 로렌초 데메디치가 맡게 된 것입니다. 그러나 교황이라는 막강한 존재와의 공존도 중요했습니다. 그래서 두 아들을 추기경으로 만들고 마침내 차남인 조반니 데메디치가 아버지 로렌초의 작고 후 레오 10세 교황에 오릅니다.

로렌초는 바티칸으로 선물을 자주 보내 환심을 샀는데 그때 단골로 보낸 선물이 바로 키안티 와인이었습니다. 지금의 '키안티 클라시코'의 원조 격인 좋은 와인을 자주 보냈던 겁니다. 워낙 와인의 향이 빼어나 교황이 무척 좋아했다고 합니다. 메디치 가문이 로마 바티칸으로 보낸 키안티 와인은 '피아스코Fiasco'라는 바닥이 둥글어 그냥 세워둘 수 없는 와인 병에 담아서 보냈습니다. 본래 피아스코는 '실패한 계획'을 뜻하는 말입니다. 유리공예 장인들이 아름다운 병을 만들려다 실패해 나온 불량품을 피아스코라 불렀는데, 메디치 가문은 그 병에 고운 볏짚을 감싸서 정성껏 보냈습니다.

피아스코 와인 병

검은 수탉, 키안티를 피렌체 품으로

요즘 키안티 클라시코를 우리나라 와인 애호가들이 '닭표 와인'이라는 별명으로 부르는 경우가 많습니다. 라벨에 '1716년 이후'라는 글과 함께 검은 수탉 그림이 들어가 붙여진 별명입니다. 여기엔 흥미 넘치는 스토리가 있습니다. 13세기 두 도시국가인 토스카나 북부 피렌체 공국과 남부 시에나 공국 사이의 영토 싸움에 관한 이야기입니다. 매번 으르렁거리며 땅 넓히기 경쟁을 하던 두 도시 사이에서 재미있는 방식으로 영토의 경계를 결정하자는 제안이 나왔습니다. 새벽에 수탉이 울면 말을 달려 상대 도시를 향해 나아가다가 양측이 서로 만나는 지점을 두 공국 간의 경계로 하자는 것이었습니다.

시에나에선 흰 수탉에게 며칠 동안 맛있는 모이를 잔뜩 먹여서 잘 먹고 새벽에 힘차게 울어주기를 기대했습니다. 피렌체는 반대로 검은 수탉을 쫄쫄 굶겼습니다. 독자 여러분은 어느 닭이 먼저 새벽 첫울음을 울었을 것으로 생각하십니까? 피렌체의 계산이 옳았습니다. 기대대로 검은 수탉이 약속한 날 새벽 일찍 울었습니다. 배고픔을 못 견뎌 모이를 달라고 외친 거죠. 반면 배부른 시에나의 흰 수탉은 아마도 그 시각에 단잠을 자고 있었을 겁니다. 검은 수탉의 울음소리를 들은 피렌체에선 즉각 말을 달려 시에나 쪽으로 키안티 영토의 남쪽 3분의 2 지점까지 도달했습니다. 그렇게 키안티는 피렌체의 땅이 됐습니다. 키안티 클라시코의 라벨에 검은 수탉이 들어가게 된 배경이죠. '1716년 이후'라는 표현은 1716년 메디치 가문의 공작이 처음으로 오늘날의 키안티 클라시코 와인의 원조를 탄생시킨 해라는 뜻을 내포합니다. 포도주 라벨에 재미와 낭만이 넘치는 유래가 숨어 있었던 겁니다.

키안티 클라시코를 상징하는 수탉

8

토스카나의 또 다른 별들

토스카나엔 키안티만 있을까요? 물론 그렇지 않습니다. 이탈리아는 북부 피에몬테에서 최남단 시칠리아에 이르기까지 전 지역에서 와인이 생산됩니다. 토스카나에서도 키안티는 최대의 와인 생산지고 그중에서도 키안티 클라시코는 명품 와인을 많이 만들어내는 곳이지만, 둘째라면 불만을 가질 최고 품질의 와인을 만들어내는 곳은 얼마든지 더 있습니다. 키안티 클라시코와 함께 토스카나의 삼총사로 불리는 곳이 있습니다. 몬탈치노Montalcino와 몬테풀치아노Montepulciano입니다.

몬탈치노는 앞서 키안티를 피렌체에 빼앗긴 시에나 남쪽 해발 500미터에 조성된 언덕 마을입니다. 산지오베제는 알이 굵은 산지오베제 그로소Sangiovese Grosso와 상대적으로 작은 산지오베제 피콜로Sangiovese Piccolo 두 종으로 구분됩니다. 피콜로는 로마냐, 움브리아, 아브루초, 라치오 등의 토스카나 이외 지방에서 주로 재배되는 품종입니다. 반면 그로소는 키안티와 몬탈치노 등에서 고급 포도주를 만드는 품종입니다. 과일 향이 빼어난 데다 시간이 갈수록 깊은 숙성의 맛을 자랑하는 포도입니다. 그런데 같은 산지오베제 그로소도 시에나 남쪽 몬탈치노 마을의 언덕에서 생산되는 것은 색감과 향미가 더 진하고 깊은 편입니다. 그래서 그곳 와이너리 사람들은 산지오베제라 부르지 않고 마을 이름을 살려 '브루넬로 몬탈치노Brunello Montalcino'라 칭합니다. '몬탈치노 마을에서 생산되는 브루넬로'라는 뜻이죠. '브루넬로'는 산지오베제 그로소를 지역의 독특함을 자랑하기 위해 붙인 또 다른 이름입니다.

1969년 영국 런던 주재 이탈리아 대사관에서 엘리자베스 여왕을 초대한 만찬이 열렸습니다. 그날 테이블 위에는 '브루넬로 디 몬탈치

몬탈치노 마을

노 리세르바Brunello di Montalcino Riserva'가 올랐습니다. 여왕은 깊은 향에 흠뻑 빠져 극찬을 아끼지 않았습니다. 그로부터 브루넬로 디 몬탈치노 와인은 세계 포도주 사회에서 스타로 떠올랐습니다. 1999년 와인 전문 저널인 〈와인스펙테이터Wine Spectator〉가 선정한 '20세기를 대표하는 와인' 열두 가지에 당당히 포함된 것입니다.

브루넬로 디 몬탈치노 와인 가운데는 국내에도 많이 수입돼 익숙한 브랜드가 있습니다. 바로 '반피Banfi'라는 와인인데 의외로 역사는 아주 짧습니다. 중세 시대 아름다운 성을 가진 반피 와이너리는 해마다 6만여 명의 관광객이 찾는 토스카나의 명소입니다. 성은 오랜 역사를 가졌지만 와인 산업의 역사는 짧습니다. 반피 와이너리의 설립자는 조반니 마리아니 경으로, 테오도리나 반피의 조카입니다. 이모인 테오도리나 반피는 교황청이 있는 바티칸 내부에 거주한 최초의 여성으로 알려져 있으며 교황의 와인과 음식을 담당했습니다. 1919년에 와인 생산을 시작한 이후 좋은 포도주를 만들려는 각고의 노력 끝에 1978년 '카스텔로 반피Castello Banfi'라는 브랜드를 세상에 내놓았습니다. 반피는 브루넬로 디 몬탈치노를 대표하는 또 하나의 명품으로 자리 잡았습니다.

몬탈치노 바로 옆 마을에 위치한 몬테풀치아노는 유서가 더욱 깊은 곳입니다. 프랑스의 사상가이자 작가인 볼테르는 《캉디드》란 명저에서 이 몬테풀치나오 와인을 '모든 와인의 왕'이라고 극찬했습니다. 《캉디드》는 볼테르가 1759년에 쓴 철학적인 풍자 소설이죠. 당시 지배계급이었던 로마 가톨릭교회 예수회와 종교재판소 등을 비판한 작품입니다. 특히 성직자들의 부패상을 묘사해서 큰 파문을 일으켰습니다. 몬테풀치아노는 그만큼 오랜 역사를 자랑하는 와인 마을임을 말해줍니다. 현재 몬테풀치아노를 대표하는 와인은 '몬테풀치아노의 귀족 포도주'란 뜻을 가진 '비노 노빌레 디 몬테풀치아노Vino Nobile di Montepulciano'입니다.

토스카나의 와인숍

슈퍼 토스카나의 신선한 매력

토스카나만 해도 익혀야 할 정보가 많은데 종종 '슈퍼 토스카나Super Toscana'라는 이름 때문에 헷갈릴 수도 있습니다. 이건 또 무슨 이야기일까요? 산지오베제와 토스카나를 공부하면서 슈퍼 토스카나를 지나칠 수는 없는 노릇입니다. 슈퍼 토스카나는 피렌체를 중심으로 자유롭고 실험정신이 강한 토스카나 지방 와인 제조업자들이 1960년대 후반부터 이탈리아 와인 제조의 전통을 과감히 던져버리고 새로운 기법으로 만들어낸 결과물입니다. 산지오베제 품종과 카베르네 소비뇽, 메를로, 시라 등의 프랑스 포도 품종을 섞어서 만들거나 심지어 산지오베제를 완전히 배제하고 만들어진 최고급 와인에 붙여진 이름입니다. 발상의 전환이 빚어낸 산물입니다. 앞서 익힌 네비올로 포도 편에서 보았듯 리세르바의 규정은 매우 엄격합니다.

품종 관련 규정의 측면에서도 이탈리아는 오랜 세월 근엄함으로 일관했습니다. 근엄함은 한마디로 이탈리아 포도가 아닌 다른 나라 포도로 술 만드는 일 자체를 이단으로 치부하는 분위기로 요약됩니다. 외국에서 새 품종을 가져와 혼합해서 와인을 만드는 일은 당연히 금기시됐습니다. 그러나 그 불문율, 즉 경직된 근엄함은 슈퍼 토스카나의 등장과 함께 힘을 잃었습니다.

안젤로 가야가 피에몬테에서 혁명을 일으켰듯, 1960년대 말이 되면서 토스카나 지방 와인 제조업자들도 규제를 과감히 벗어던지고 혁명적 실험을 시작했습니다. 바로 토종 산지오베제와 프랑스 포도 품종의 블렌딩을 시도한 겁니다. 아이러니하게도 그렇게 해서 태어난 좋은 포도주들이 지금은 이탈리아 최고급 와인의 대표 반열에 올랐습니다. 사시카이아Sassicaia, 티냐넬로Tignanello, 솔라이아Solaia, 오르넬라이아Ornellaia 등이 이른바 4대 슈퍼 토스카나 명품 와인입니다.

사시카이아는 2015년 〈와인스펙테이터〉가 '올해의 와인' 1위로 선정했을 정도로 품질을 인증받았습니다. 사시카이아는 이탈리아 토스카나 말로 '돌이 많은 땅'이란 뜻입니다. 사시카이아를 알기 위해서는 '볼게리Bolgheri'라는 동네의 위치부터 기억하는 게 좋습니다. 시오노 나나미의 《로마인 이야기》를 읽은 분들은 '아피아 가도Via Appia'가 무엇인지 생각날 겁니다. 이탈리아 반도를 종단하는 로마 시대부터 있던 중심 도로입니다. 아피아 가도는 이탈리아 역사의 수많은 이야기를 담고 있는 역사박물관 같은 도로입니다. 그런데 아피아 가도만큼이나 중요한 도로가 또 하나 있습니다. 지금의 이탈리아 서해안을 따라 펼쳐진 도로망입니다. 북쪽 제노아에서 시작해 피사를 거쳐 남쪽 로마까지 이어지는 '아우렐리아 가도Via Aurelia'입니다. 1차 포에니 전쟁 직후인 BC 241년에 착공된 이탈리아 1번 국도입니다. 사탑으로 유명한 피사에서 아우렐리아 가도를 따라 남쪽으로 내려가다가 중간에 내륙으로 꺾으면 만날 수 있는 곳이 볼게리입니다.

볼게리에서 '산 귀도San Guido'라는 와이너리를 갖고 있던 마리오 델라 로케타 후작이 사고를 쳤습니다. 그는 프랑스 보르도의 와인 맛을 벤치마킹하고 싶어 했습니다. 결국 보르도 그라브 지방의 자갈 많은 땅이 자신의 포도밭과 비슷하다는 것에서 착안해 산지오베제는 한 알도 넣지 않고 보르도 방식으로 카베르네 소비뇽 85%, 카베르네 프랑 15%로 사시카이아라는 라벨의 와인을 만들기 시작했습니다. 1967년의 일입니다. 초창기엔 이탈리아 와인 업계의 비난이 이어졌지만, 그는 아랑곳하지 않고 실험에 실험을 거듭했습니다. 마침내 사시카이아 1985년 빈티지가 미국의 와인 평론가 로버트 파커로부터 100점 만점을 받는 쾌거를 이룹니다. 프랑스 보르도 와인 기법을 이탈리아 볼게리에 이식해 최고 명품 와인을 만들어낸 것입니다. 사시카이아는 매우 고가의 와인입니다.

다음 슈퍼 토스카나는 티냐넬로와 솔라이아입니다. 먼저 티냐넬로는 국내 와인 업계에서 '이건희 와인'으로 더 잘 알려진 제품입니다. 이건희 회장이 가장 즐겨 마시던 와인이라 붙여진 별칭입니다. 티냐넬로는 안티노리라는 사람과 연결 지어 기억하는 게 좋습니다. 키안티 클라시코에서 자동차로 10분 정도 가면 안티노리 가문의 와이너리 '테누타 티냐넬로Tenuta Tignanello'가 나옵니다. 이 와이너리에서 티냐넬로와 솔라이아라는 최고급 슈퍼 토스카나 와인 두 작품이 생산됩니다. 안티노리는 키안티 지역에 있으면서도 실험을 마다하지 않았습니다. 그는 토스카나의 토착 품종 산지오베제를 기본으로(80%) 하되 카베르네 소비뇽(15%)과 카베르네 프랑(5%)을 혼합해 보르도식으로 레드 와인을 빚어냈습니다. 그게 바로 티냐넬로입니다. 1971년에 처음 출시된 티냐넬로는 나오자마자 독특한 맛 덕분에 곧바로 와인 콘테스트에서 잇따라 수상하는 영예를 얻으며 단숨에 국제 와인계의 스타로 발돋움했습니다.

반대로 솔라이아는 안티노리가 카베르네 소비뇽을 기본으로(80%) 하고 오히려 산지오베제를 보조 품종(20%)으로 사용해 빚어낸 포도주입니다. 1978년 출시했고 1997년 빈티지는 이탈리아 와인 사상 최초로 〈와인스펙테이터〉가 선정한 '세계 100대 와인' 가운데 영예의 1위에 올라 큰 화제가 됐습니다.

마지막으로 오르넬라이아는 앞서 설명한 사시카이아가 생산되는 피사 남쪽 볼게리 지역의 명품 와이너리입니다. 1981년 로도비코 안티노리 후작에 의해 설립됐는데 이곳 또한 사시카이아처럼 산지오베제는 배제하고 카베르네 소비뇽, 메를로, 카베르네 프랑, 프티 베르도를 섞어 명품을 만들어내는 데 성공했습니다. 〈와인스펙테이터〉가 선정한 2001년 '올해의 와인' 1위에 등극하는 저력을 보여줬습니다.

'슈퍼 토스카나'라는 말은 미국의 와인 저널리스트들이 붙인 별칭으로, 이탈리아 정부에서는 이탈리아 전통을 깼다는 이유로 눈 밖에 밀려났던 술입니다. 그러나 포도주는 결국 맛과 향이 말해준다는 진리를 슈퍼 토스카나 와인들이 잘 보여줍니다. 요즘엔 이탈리아 고급 파티의 필수품으로 종종 4대 슈퍼 영웅들이 들어간다고 합니다.

슈퍼 토스카나 와인

9

역사의 포도
시라

이번 포도 품종 여행은 2개의 이름이 부착된 역에 내려 재미있는 탐험을 하게 됩니다. '시라'라는 이름과 '시라즈'라는 이름이 나란히 붙어 있습니다. 포도 품종 이름이 지역에 따라 다르게 불리는 일은 익히 들은 바 있을 겁니다. 카베르네 소비뇽을 러시아에서는 '라피트 Lafite'라 부릅니다. 메를로를 '붉은 세미용'이란 뜻으로 '세미용 루주 Sémillon Rouge'라 부르기도 하죠. 피노 누아 역시 '피노 네로Pinot Nero' 또는 '피노 틴토'라고 칭하기도 합니다. 그러니 '시라'를 '시라즈'로 부를 수도 있겠지요. 그런데 다른 품종들은 어떤 명칭이 주된 것인지 분간이 가기 때문에 혼란이 없지만 시라와 시라즈는 그렇지 않습니다.

2017년 2월 영국 BBC는 '시라즈 와인은 이란에서 온 것인가?Does Shiraz wine come from Iran?'라는 제목의 다큐멘터리를 방송했습니다. BBC는 오랜 세월 논란이 돼온 시라 포도와 이란의 오래된 도시 시라즈 사

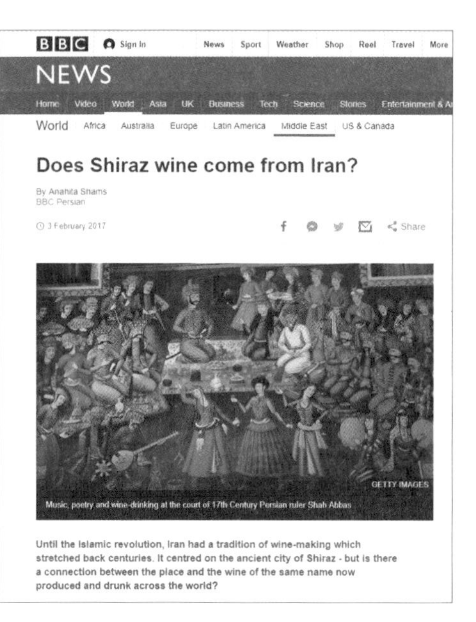
BBC NEWS

Home Video World Asia UK Business Tech Science Stories Entertainment & Arts

World Africa Australia Europe Latin America Middle East US & Canada

Does Shiraz wine come from Iran?

By Anahita Shams
BBC Persian

3 February 2017

Music, poetry and wine-drinking at the court of 17th Century Persian ruler Shah Abbas

Until the Islamic revolution, Iran had a tradition of wine-making which stretched back centuries. It centred on the ancient city of Shiraz - but is there a connection between the place and the wine of the same name now produced and drunk across the world?

BBC 다큐멘터리 타이틀이 실린 홈페이지

이의 연관성을 규명하고자 이 다큐멘터리를 제작했습니다.

BBC는 이란 사람들에게 성인처럼 추앙받는 14세기 시인 하피즈의 이야기를 먼저 꺼냅니다. 하피즈를 통해 수천 년의 역사를 가진 고도古都 시라즈의 역사를 먼저 탐구한 것입니다. 시라즈는 이란 남서부에 있는 수많은 역사 유적을 가진 유서 깊은 도시입니다. 이란 남부 파르스주의 주도이기도 합니다. 이란에는 28개의 주가 있는데 페르시아 제국이 탄생한 곳이 바로 파르스주입니다. 40년 전까지만 해도 와인과 관련된 많은 유산을 가진 도시였지만, 1979년 이란 팔레비 왕조가 무너지고 호메이니가 주도한 이슬람혁명이 완성되면서 상황은 급변합니다. 새로운 이슬람 지도부는 술을 추방했습니다. 모든 와이너리를 폐쇄하고 상업적인 목적의 포도 경작을 금지했습니다. 수천 년의 이란 포도주 역사가 종지부를 찍은 것입니다.

미국 필라델피아 소재 펜실베이니아대학교 박물관은 아주 특별한 항아리를 소장하고 있습니다. 지금으로부터 무려 7,000년 전 것으로 추정되는 귀한 유물입니다. 1968년 미국 고고학자들이 북부 이란 자

그로스산맥 일대에서 발굴한 인류 역사의 상징적인 유산입니다. 화학적 분석 결과 항아리 바닥 부분에서 포도주의 잔흔 관련 성분이 나왔습니다. 이를 통해 이란의 포도주 역사는 7,000년 전부터 시작됐다는 게 학계의 결론이라고 BBC는 소개했습니다.

시라즈는 오랜 포도주 문화를 간직한 곳입니다. 특히 7세기경부터 도시가 본격적으로 발전했고, 11세기에는 아바스 왕조의 수도인 바그다드와 맞먹는 대도시로 발돋움합니다. 14세기 시라즈의 시인 하피즈는 당시 자신이 즐겨 마시던 시라즈에서 나온 와인을 두고 "사향 내음 진한 검붉은 포도주"라고 묘사했습니다. 하피즈는 '신비의 혀'라는 별명을 가진 시인이었다고 합니다. 하피즈가 와인을 예찬한 많은 글들 가운데 압권은 "포도주는 신의 이슬"이라 예찬한 대목입니다. 하피즈가 남긴 〈와인의 강〉이라는 시에서 와인을 사향에 빗댄 시어는 이렇게 표현됐습니다.

오 사랑하는 이여
와인의 강에 배처럼 생긴 잔을 띄우세요
내게 사향 내음 진한 검붉은 포도주 한 잔을 주구려
돈과 욕망의 냄새 나는 비싼 와인은 필요 없다오
내 비록 취해 쓸모없어 보인다 해도
내게 친절을 베풀어주오
당신의 미소가 내 어두운 가슴을 밝히니까요
(이스탄불에서 발행되는 〈하퍼스 매거진Harper's Magazine〉)

시라 포도가 유럽 땅에 뿌리내린 건 13세기입니다. BBC는 십자군 전쟁 과정에서 가스파르 드 스테림베르그라는 기사가 페르시아의 와인을 프랑스 남부 론 지방으로 전파했다는 이야기가 론에 전설처럼 전해져 내려온다고 소개했습니다. 그러나 페르시아, 즉 오늘날 이란에서 론 지방으로 와인이 유입됐다고 해서, 현재의 시라 포도 품종의 원조가 이란인지는 의문이라고 BBC는 지적했습니다. 시라와 시라즈 두 이름의 유사성으로 인해 생긴 오해와 논란을 BBC는 해결한 셈입니다.

BBC는 다큐멘터리 후반부에서 관련 논란을 명쾌하게 잠재울 수 있는 유전자 검사 결과를 소개했습니다. 시라 포도가 이란의 시라즈 지방과 관련이 있는지, 아니면 시칠리아 시러큐스 지역 포도와 관련이 있는지 알아보기 위한 분석이었습니다. 1998년 실시된 유전자 검사 결과 남프랑스의 시라 품종은 이란이나 이탈리아와 유전적으로 아무런 연관성이 없는 프랑스 현지 토종 품종이라는 결론이 나왔습니다. BBC는 "이름이 어디서 유래했든 시라 포도와 시라즈라는 도시는 유전적 관련성이 전혀 없다"고 결론 내렸습니다.

그렇다면 프랑스에서 시라로 불리는 포도가 왜 오스트레일리아로 넘어가면 시라즈로 바뀌어 불리게 된 걸까요? 그 해답은 19세기 프랑스 에르미타주에서 시라 포도나무를 호주로 옮겨 심어 호주 와인 산업의 서막을 연 주인공인 스코틀랜드인 제임스 버스비에게서 찾을 수 있습니다. 제임스 버스비는 호주에 시라 포도나무를 성공적으로 이식한 뒤 맨 처음엔 시라 품종의 이름을 '시라스Scyras'로 잘못 옮겨 포도주 병 라벨에 표기했습니다. 한동안 '시라스'라 표기되던 이름이 오늘날의 시라즈로 변경되는 계기가 생겼습니다. 버스비는 중세 십자군 전쟁 이후 페르시아에서 론 지방으로 와인이 유입됐다는 전설을 기억해냈습니다. 그러고는 시라와 발음이 비슷한 이란의 고도 시라즈로 이름을 붙였습니다. 그것이 바로 오늘날 시라즈라는 포도 품종이 세계적으로 널리 알려지는 계기가 됐다고 BBC는 설명했습니다.

결국 시라와 시라즈는 한 몸, 즉 같은 포도 품종이라는 얘기입니다. 프랑스와 미국 나파 밸리, 칠레 등에서는 시라로 부르고, 호주와 남아공에서는 시라즈로 이름 붙여진 것입니다. 이제 시라와 시라즈라는 이름이 왜 혼재하는지, 두 품종이 같은 것인지 다른 것인지 등 여러 궁금함이 다 풀렸을 것입니다.

필자는 표현의 통일을 위해 지금부터는 그냥 시라로 부르겠습니다. 물론 호주 와인 이야기를 전개할 때는 시라즈로 표현하겠습니다. 와인 제조업자의 고유한 가치를 인정해주는 게 옳다는 판단 때문입니다. 자! 시라는 어떤 포도일까요? 한마디로 가장 타닌이 강하면서도 향이 진한 포도입니다. 시라는 서리와 추위에 강하고 척박한 토양에서도 비교적 잘 자랍니다. 그래서 양조용 포도 재배가 가능한 모든 나라로 빠르게 확산되고 있습니다. 시라는 향이 정말 매혹적입니다. 블랙베리와 후추, 숯, 바닐라, 버섯, 초콜릿

시라 vs 시라즈

냄새까지 다양한 향을 지닌 포도입니다.

500년 넘는 역사를 자랑하는 프랑스 남부 론 지방의 시라 와인의 힘은 오늘날에도 이어지고 있습니다. 요즘 프랑스에선 시라 재배가 줄어든 대신 신대륙 시라즈가 대세라는 이야기가 있는데, 사실은 이와 다릅니다. 론 지방은 프랑스 남부 론강을 따라 맨 위 코트 로티Cote-Rôtie를 시작으로 코트 드 론Cote de Rhone, 가장 아래의 유명한 아비뇽 가까운 샤토 뇌프 뒤 파프에 이르기까지 최고급 와인을 생산하는 지역이 줄을 잇습니다. 그중에서도 에르미타주지역은 지금도 100% 시라 포도만으로 고급 레드 와인을 빚어냅니다.

앞서 아비뇽 유수 이야기는 '와인의 인문학' 편에서 자세히 다뤘습니다. 당시 론강 언덕에 면한 자갈 많은 척박한 땅에서 시라와 그르나슈라는 포도로 향이 몹시 빼어난 수준 높은 와인을 만들기 시작했습니다. 아비뇽 교황청에서 론강 유역 북쪽으로 조금만 올라가면 교황의 여름 별장이 있었던 곳이 나옵니다. 그 이름을 따서 '교황의 새로운 성'이라는 뜻을 가진 '샤토 뇌프 뒤 파프'라는 와인이 탄생한 겁니다. 이 명칭은 지금 마을 이름이자 와인의 브랜드이기도 합니다. 양조회사에 따라 다소 차이가 있긴 하지만 13종의 포도를 혼합해서 맛좋은 포도주를 만드는 것으로 유명합니다. 대부분 시라를 주재료로 사용하지만 어떤 와이너리의 경우 그르나슈만으로 명품을 만들기도 합니다.

호주에서 나오는 시라즈로 빚은 레드 와인 가운데도 훌륭한 작품이 적지 않습니다. 앞서 피에몬테의 네비올로 이야기를 하면서 호주 애들레이드의 롱뷰 와인도 언급했습니다. 그곳에서 나오는 시라즈 포도주는 균형과 깊이가 참 각별했던 기억이 있습니다. 해발 700미터 산에서 계곡으로 펼쳐진 65헥타르 넓이의 포도밭 이야기였습니다. 와이너리를 만든 사람은 피터와 마크 두 형제로, 뉴욕에서의 화려한 삶을 정리하고 태어나 자란 곳으로 돌아와 포도주 생산에 몰두했습니다. 형제는 부모님께 적은 양을 만들더라도 최고의 포도주를 빚어내겠다고 약속했다고 합니다. 필자가 맛본 것 가운데 압권은 '롱뷰 더 피스 시라즈Long View The Piece Shiraz'였습니다. 불과 3년밖에 숙성되지 않았지만 특유의 아로마가 돋보였습니다. 프랑스 보르도의 1등급 와인인 무통 로칠드는 해마다 유명 화가의 그림을 라벨로 사용하는데요. 롱뷰 와이너리도 그걸 모방했습니다. 남반구의 1월은 한여름이죠. 그 1월에 화가들을 불러 그해 생산되는 '더 피스' 와인 라벨 그림을 그리게 하는 '피스 프로젝트' 행사를 엽니다. 1등에 선정된 작품이 그해의 라벨 그림으로 장식됩니다. 2015년 라벨엔 몽환적인 눈빛을 띤 여인

호주 애들레이드의 롱뷰 와이너리

의 얼굴이 당선작으로 채택됐습니다.

필자는 2019년 2월 세 번째 시드니 여행길에 올랐습니다. 이번엔 나흘 내내 식도락 위주로 저녁 여정을 짰고 당연히 중간에 와이너리 두 군데를 들러보는 일정도 넣었습니다. 헌터 밸리Hunter Valley는 호주 와인 산업의 성지나 다름없습니다. 초창기 호주 와인 생산이 시작된 곳이기 때문입니다. 먼저 '허미티지 로드 셀러Hermitage Road Cellars'를 갔다가 두 번째로 명문 '맥기건McGuigan' 와이너리를 들렀습니다. 허미티지에서 와인 시음 과정을 설명해주던 대니 마게티니라는 직원과는 와인 이야기로 긴 대화를 나누기도 했습니다. 그가 뛰어난 품질의 와인을 싸게 제시해 2병을 샀습니다. 그런데 세상에 이런 일이 있다니! 관광객에게 선물을 주는 게 아니겠습니까? 대니는 "이 와인을 마셔보면 시라즈의 또 다른 세계를 느낄 겁니다"라면서 선물로 주는 것이니 가져가라고 했습니다. 맛은 차치하고라도 상업적인 와이너리에서 관광객에게 선물을 주는 것 자체가 매우 신기했습니다. 서울로 가져와 등

심에 곁들여 마셔보니 정말 그 친구가 왜 그렇게 큰소리를 쳤는지 수긍이 됐습니다.

맥기건에서는 우리 돈으로 7만 원 수준의 고급 시라즈 와인 2병을 샀는데 아직 열 때가 아니라서 와인 냉장고에 넣어두고 숙성을 기다리는 중입니다.

허미티지 빌리지 와인 시음장의 대니 마게티니

10

필록세라, 템프라뇨, 그리고 스페인

우리의 와인 열차가 이번에 정차한 역은 템프라뇨Tempranillo입니다. 템프라뇨 역사驛舍를 빠져나오면 넓고 깊은 스페인 와인 역사歷史를 마주하게 됩니다. 템프라뇨 포도를 접하려면 반드시 스페인 와인의 어제와 오늘을 함께 만날 수 있기 때문입니다.

스페인 와인의 역사는 곧 스페인의 역사와 상당 부분 궤를 같이합니다. 스페인 와인의 출발은 BC 1100년 안달루시아(세비야, 그라나다, 말라가 등이 포함된 스페인 남부) 지방에 거주하던 페니키아인에 의해 이뤄집니다. 스페인에 온 페니키아인은 지금의 시리아, 레바논에 있던 고대 왕국의 상인들이 대다수였습니다. 옛 중동의 포도주 생산 지식이 최초로 이베리아반도로 이식된 것입니다. 이어 북아프리카의 카르타고 사람들도 가까운 지브롤터 해협을 건너 와인 만드는 기술을 갖고 스페인으로 넘어왔습니다. 그러다 BC 200년 로마인들이 스페인을 다스립니다. 그리스의 포도주 생산 지식을 가진 로마인들은 포도나무가 자라기에 최적인 이베리아반도 전역에 포도 농사를 장려했고, 생산된 포도주는 이탈리아로 대거 보내졌습니다.

이후 8세기 무어인Moor(이베리아반도에 정착한 무슬림)들이 스페인을 침략했습니다. 그들은 이슬람 율법에 따라 이슬람 음식 문화를 강요하면서 술은 철저하게 금지했습니다. 그때부터 스페인의 포도주 역사는 정지합니다.

1492년은 스페인 역사에서 아주 중요한 연도입니다. 먼저 스페인의 마지막 이슬람 왕조인 그라나다 왕국이 함락된 해입니다. 이슬람 세력이 스페인을 지배한 역사는 상당히 오래 지속됩니다. 기독교 세력의 투쟁은 AD 718년부터 1492년까지 계속됐습니다. 기독교 국가의 영토 확장을 '레콩키스타Reconquista'라고 합니다. 1492년은 레콩키스타가 완성된 해입니다. 그리고 카스티야 왕국과 아라곤 왕국이 연합해 스페인 왕국이 최초로 건립된 해이기도 합니다. 레콩키스타가 완성되기 이전 수백 년 동안 이미 가톨릭 세력권에 들어간 스페인 북부에선 포도주 생산이 빠르게 회복, 발전됐습니다. 그라나다 왕국이 멸망하기 전인 1300년대엔 '셰리'라는 주정 강화 와인이 멋진 전통의 막을 열었습니다. 셰리를 스페인어로는 '헤레스Jerez'라고 부릅니다. 1492년은 세계사에서 또 하나의 획을 그은 연도이기도 합니다. 스페인 왕국의 공식 허락을 받은 39세의 콜럼버스가 아메리카로 첫 항해를 한 해이기 때문입니다.

오늘날 유럽, 호주, 미국과 함께 세계 4대 생산 지역이 된 남미의 포도주 산업은 콜럼버스의 신대륙 항해 이후 빠르게 성장합니다. 칠레, 아르헨티나, 멕시코 등 스페인 식민지 곳곳에 프랑스와 스페인의 좋은 포도나무를 가져가 심었고 남아메리카의 포도주 역사도 함께 발전했습니다.

1588년 영국 엘리자베스 1세 시절 무적을 자랑하던 스페인 함대가 패배한 이후 스페인 국력은 급격히 저하됩니다. '해가 지지 않는 나라 잉글랜드'의 위세는 이때부터 빠르게 부상해 세계를 지배하지만, 스페인은 사양길로 접어들었습니다. 와인 산업도 내리막길에 들어서면서, 스페인은 그때부터 칠레, 아르헨티나로부터 포도주를 대량 수입하기 시작합니다.

와인 역사와 같이 간 스페인 역사

17세기 중반부터 스페인 경제는 잦은 전쟁으로 급격한 내리막길을 걷습니다. 왕위 계승 내전도 겪었습니다. 이어 독일 합스부르크 왕가가 호시탐탐 스페인을 노리다 프랑스 부르봉 왕가에 밀려났습니다. 결국 17세기 말 프랑스의 태양왕 루이 14세 때 스페인 왕권은 프랑스 부르봉 왕가의 손에 넘어갔습니다. 이후 스페인은 독립 왕권과 국가 체제를 강화하던 과정에서 1789년 프랑스 대혁명 이후 나폴레옹 전쟁에서 대패합니다. 설상가상으로 19세기 멕시코 독립 전쟁을 기점으로 남미의 식민지들도 하나둘 독립하기 시작합니다. 미국과의 전쟁에서 패배한 스페인은 쿠바와 필리핀마저 미국에 할양해야 했습니다.

요약하자면 스페인은 1600년대부터 1800년대 후반까지 잦은 내전과 외침, 외부와의 전쟁 등으로 국력이 급속도로 쇠약해졌습니다.

스페인의 포도주 역사도 비슷한 길을 걸었습니다. 15세기 말 콜럼버스의 아메리카 발견은 세계 와인 역사에서 중요한 변곡점이 됐습니다. 스페인과 포르투갈이 중남미를 식민화했고, 유럽의 포도나무가 그곳으로 이식된 계기가 된 것도 세계 포도주 역사에서 중요한 의미를 지닙니다. 그런데 결정적인 사변, 참사 또는 난으로 불릴 만한 중요한 사건이 신대륙 발견을 계기로 발생합니다. 이른바 '필록세라의 난'이 그것입니다.

콜럼버스의 아메리카 발견 이후 유럽인들이 앞다퉈 정착한 곳은 미국 동부였습니다. 그곳엔 다양한 품종의 포도나무가 자생하고 있었습니다. 아메리카의 자생 포도는 과육이 달고 맛도 좋았지만 와인으로 만들기엔 부적합했습니다. 그래서 유럽의 포도나무를 미국 동부로 가져와 심어봤지만 실패했습니다. 추운 겨울, 습하고 무더운 여름을 가진 미국 동부의 토양엔 유럽에서 잘 자라는 양조용 포도는 식생 조건이 맞지 않았습니다. 이 과정에서 미국 동부 포도나무와 유럽 포도나무 묘목이 서로 오가는 일이 자주 일어났습니다.

자연스럽게 미국 포도나무 뿌리에 기생하는 벌레가 유럽으로 가게 됐습니다. 미국 포도는 오랜 시간 벌레와 공존하며 저항력을 키워서 포도 열매를 잘 맺어왔지만, 유럽 포도는 달랐습니다. 순식간에 벌레가 유럽 포도밭 전역에 가공할 속도로 퍼졌습니다. 필록세라라고 불리는 이 해충은 진딧물의 일종입니다. 짙은 노란색을 띠고 몸길이가

1밀리미터도 안 되는 알처럼 생겼는데 날개를 가진 것도 있습니다. 크기가 매우 작은 데다가 주로 뿌리에서 자라기 때문에 눈에 띄지도 않습니다. 유충과 성충이 포도나무의 뿌리와 잎에 붙어 수액을 빨아먹습니다. 필록세라가 포식자가 돼 유럽의 포도밭을 초토화한 겁니다.

Le Journal illustré

La Commission officielle visitant les vignobles suspects de phylloxera

1878년 9월28일자 〈르 주르날 일뤼스트레〉 신문에 실린, 필록세라로 죽은 포도나무의 뿌리를 뽑는 프랑스 포도원의 모습을 그린 보도

1860년경 시작돼 1900년대 초반까지 이어진 유럽 와인의 잔혹사입니다. 프랑스에서만 전국의 포도나무 64%가 괴사했습니다. 유럽 각국에서는 필록세라를 퇴치하기 위해 현상금을 내걸었습니다. 농약 살포 등 수백 가지 박멸 아이디어가 나왔지만, 어떤 방법으로도 없애지 못했습니다.

그대로 가다가는 모든 포도나무가 생존할 수 없는 상황에 직면한 시점, 프랑스에서 돌파구가 나왔습니다. 마침내 찾아낸 해결책은 바로 교배였습니다. 이미 수천 년간 필록세라에 대한 면역력을 가진 미국 포도나무의 뿌리와 프랑스의 포도나무 줄기를 교배하는 방식이었습니다. 비록 유럽의 포도밭이 크게 훼손된 이후였지만 제대로 된 처방을 찾아낸 겁니다. 필록세라는 교배 이후 자취를 감췄습니다. 프랑스의 보르도나 부르고뉴 지방 등 전국의 모든 포도나무는 기존 프랑스 포도의 특징은 유지한 채 하체인 뿌리 부분은 미국에서 가져다 한 몸을 만드는 식으로 새로 식재된 것입니다. 프랑스의 필록세라 퇴치법은 이탈리아 등 유럽 내 다른 피해 지역에도 적용돼 큰 효과를 봤습니다.

필록세라의 난은 세계 술 문화에 많은 변화를 가져왔습니다. 첫째, 원산지 명칭 제도AOC가 생기게 됩니다. 필록세라로 인해 가장 큰 피해를 본 국가는 프랑스입니다. 질 좋은 프랑스 포도주의 품귀 현상이 생기면서 원산지나 양조자를 속이는 일이 잦아졌습니다. 이로 인해 와이너리의 소재 지역과 가문 이름을 명시하는 제도가 생겨난 겁니다. 둘째, 유럽의 포도밭이 전멸하면서 쉽게 사 마실 수 있는 독일 맥주가 대중의 사랑을 받게 됐습니다. 물론 그 이전부터 독일, 네덜란드, 벨기에의 맥주 문화는 오랜 전통을 이어왔습니다. 마찬가지 이유로 스코틀랜드 위스키도 그 귀한 가치를 인정받게 됐습니다. 셋째, 스페인에서 좋은 와인이 대거 생산되기 시작했습니다. 피레네산맥을 넘어 스페인으로 프랑스 보르도의 와인 생산자들이 빼어난 양조 기술을 갖고 이주해왔습니다. 피레네 남쪽은 필록세라의 피해가 상대적으로 적었기 때문입니다. 넷째, 유럽 토종 포도 수종에 많은 변화가 일어났습니다. 프랑스와 이탈리아 등 유럽 주요 와인 생산국에서 줄기는 유럽 수종을, 뿌리는 필록세라에 강한 미국 동부 수종을 교배해 새로운 포도나무를 탄생시킨 겁니다. 다섯째, 칠레와 아르헨티나는 오히려 유럽 토종 포도나무의 전통을 지켰습니다. 이곳은 안데스산맥과 태평양으로 완벽하게 차단된 덕분에 필록세라의 피해에서 상대적으로 자유로웠습니다.

리오하 와인 성장의 이면엔 필록세라가

필록세라와 스페인 와인의 함수관계를 좀 더 구체적으로 살펴보겠습니다. 19세기 후반 프랑스에 필록세라가 덮치자 보르도의 양조 기술자와 상인들이 피레네산맥을 넘어 대거 스페인으로 옮겨갑니다. 스페인 북부 리오하에 정착한 그들은 보르도의 앞선 포도주 제조 기법을 스페인에 정착시켰습니다. 이것이 리오하 명품 와인이 탄생하는 첫 단추였습니다. 하지만 영화도 잠시, 1901년 리오하에도 필록세라가 덮치면서 리오하의 와인 산업은 급속도로 위축됐습니다. 게다가 1차 세계대전에 이어 3년간의 스페인 내전, 2차 세계대전으로 이어지는 60년 가까이 스페인 포도주 산업은 침체일로를 걸어야 했습니다. 그러다 1960년대 후반부터 '리오하여, 다시 한 번!'을 기치로 내걸고 스페인 와인 업계가 다시 움직였습니다.

스페인에서는 와이너리를 '보데가Bodega'라고 부릅니다. 1850년대에 명문 보데가로 이름을 날리다가 명멸한 그 자리를 전통의 보데가와 신흥 명문 보데가들이 새롭게 이어갔습니다. 1850년대 '리스칼Riscal'과 '무리에타Murrieta'는 필록세라 안전지대라는 장점을 발판으로 크게 발전했습니다. 그러나 20세기 초 필록세라의 저주에서 예외가

리오하의 마르케스 데 카세레스 와이너리

될 수는 없었고, 그길로 사실상 문을 닫았습니다. 그리고 60~70년 만에 두 보데가는 옛 영화와 전통을 되살렸습니다.

1970년에 설립된 '마르케스 데 카세레스Marqués de Cáceres'는 현재 세계 와인 업계에서 리오하의 명성과 신인도를 크게 높인 명품 보데가가 됐습니다. 리스칼, 무리에타, 마르케스 데 카세레스의 세 와이너리에서 만든 와인 가운데 병 표지에 '그란 레세르바Gran Reserva' 표시가 있는 포도주는 보르도 등급 와인에 손색이 없을 정도로 좋은 품질의 와인임을 증명하는 것입니다. 그란 레세르바가 명기된 와인은 5년 숙성을 의미합니다.

세계 와인 산업에서 스페인이 차지하는 비중이 얼마나 높은지 몇

몇 통계 자료가 잘 보여줍니다. 세계 3대 와인 생산국은 이탈리아, 프랑스, 스페인입니다. 리터 기준으로 포도주의 생산량 자체로는 스페인이 1위를 차지한 해도 있습니다. 2017년엔 이탈리아가 1위를 기록했습니다. 이탈리아 와인 센트럴Italian Wine Central이 최근 발표한 자료에 따르면 2017년 이탈리아는 42억 리터, 프랑스가 37억 리터, 스페인이 32억 리터를 생산한 것으로 나타났습니다.

세계와인기구OIV에 따르면 2013년엔 스페인이 프랑스를 제치고 2위에 올랐습니다. 2014년엔 프랑스가 이탈리아와 스페인을 따돌리고 1위 생산국에 올랐습니다. 그러나 스페인은 포도 재배 면적에서 프랑스와 이탈리아보다 월등히 앞섭니다. 프랑스와 이탈리아의 포도 농장은 대부분 '그린 하비스트green harvest'라는 방법으로 재배하는데, 포도나무의 잎이 포도송이로 가야 하는 태양광선을 가리지 않게 하려고 잎을 제거해줍니다. 반면 스페인은 잎을 무성하게 자연 상태 그대로 놔두는 '캐노피 매니지먼트canopy management' 방법으로 포도를 재배합니다. 스페인의 햇빛이 프랑스나 이탈리아보다 강렬하기 때문입니다. 캐노피 매니지먼트로 포도를 재배하면 자연히 수확량은 떨어집니다. 스페인이 프랑스나 이탈리아와 비슷한 규모의 포도주를 생산한다는 것은 한마디로 두 나라보다 훨씬 넓은 포도 재배 면적을 확보하고 있다는 뜻입니다. 그래서 스페인의 포도밭 면적이 세계 1위를 차지하는 겁니다.

프랑스는 보르도, 부르고뉴, 샹파뉴, 알자스, 론, 랑그도크 등 주요 포도 재배 지역이 구별돼 있습니다. 그러나 이탈리아와 스페인은 포도주가 생산되지 않는 지역이 없습니다. 스페인 어디에 있든 자동차로 1~2시간 달려가면 보데가를 만날 수 있습니다. 독자 여러분께 각별한 방식의 스페인 여행을 권하고 싶습니다. 일단 이주일 이상으로 일정을 짜야 합니다. 필자가 다녀온 스페인 도시는 빌바오, 부르고스, 바야돌리드, 세고비아, 마드리드, 톨레도, 하엔, 코르도바, 세비야, 카디스, 지브롤터, 말라가, 그라나다, 바르셀로나 등입니다.

아이들이 아주 어릴 때 영국 유학 시절 신년 연휴를 맞아 라스팔마스가 있는 그란 카나리아에서 휴가를 보낸 적이 있습니다. 취재 차 지중해에 있는 마요르카섬도 다녀왔습니다. 많은 스페인 도시들의 외곽에 어김없이 보데가가 있습니다. 모든 지역의 보데가를 다 둘러보는 건 비효율적입니다. 대표적으로 앞서 설명한 리오하와 인근의 나바라, 바르셀로나의 까바 와이너리, 톨레도 인근의 라만차 지역, 셰리를 만드는 카디스 등의 도시들은 반드시 방문해보기를 권합니다. 볼거리, 먹거리가 참으로 많은 나라니 아직 스페인이 미답의 영역인 분들은 먼저 기초편 관광 일주부터 해보십시오. 필자는 모두 6차례 스페인을 다녀왔지만, 여전히 다시 가서 직접 느끼고 맛보고 취하고 싶은 나라입니다.

리오하의 꽃 템프라뇨

'템프라뇨'는 '이르다early'라는 뜻을 가진 스페인어 '템프라노temprano'에서 비롯된 이름입니다. 템프라뇨 포도는 다른 품종에 비해 일찍 익기 때문에 먼저 수확하는 품종입니다. 3,000년 전부터 이베리아반도에서 재배되기 시작했습니다. 12세기에 리오하 지역에서 생산된 기록도 있는 스페인 토종 포도입니다. 리오하에 펼쳐진 템프라뇨 농장의 가을 절경을 혹시 아십니까? 예술은 바로 리오하의 가을 풍경을 칭하는 게 아닐까 싶습니다. 포도를 수확하고 난 뒤 가을이 깊어가면서 템프라뇨 포도나무의 잎사귀들은 여느 수종과는 달리 진한 붉은색으로 옷을 갈아입습니다. 지금 전 세계 포도 농장에서 재배되는 포도 품종의 넓이를 기준으로 템프라뇨는 카베르네 소비뇽, 메를로에 이어 당당히 3위를 차지합니다(〈포브스Forbes〉 2018년 1월).

포도 알맹이가 작고 껍질이 두꺼우면서도 단단한 템프라뇨는 카베르네 소비뇽이나 시라의 특징과 유사하며, 타닌이 많은 만큼 오랜 숙성이 가능합니다. 향도 복잡하고 각별합니다. 체리를 비롯해 말린 무화과, 향나무, 담배, 허브의 향까지 골고루 갖고 있습니다. 스페인 토종 품종이 리오하의 꽃으로 재탄생한 겁니다. 보르도 사람들이 필록세라를 피해 리오하로 넘어와 접목한 와인 제조 기술 두 가지가 있습니다. 하나는 다른 두 종류 이상의 포도 품종을 혼합하는 것입니다. 리오하의 명품 포도주는 요즘 템프라뇨 70%, 그

마르케스 데 카세레스 와이너리에서 템프라뇨 포도를 수확한 후 침용 전 손질 작업하는 모습

라나차 20~25%를 섞습니다. 마치 보르도 와이너리들이 카베르네 소비뇽과 메를로를 혼합하는 것과 같죠. 그리고 225리터 크기의 오크통에 숙성하는 기법을 리오하 와인에도 적용한 겁니다.

스페인 와인 등급 역시 프랑스나 이탈리아처럼 여러 단계로 분류됩니다. 1990년부터 시작된 등급 분류는 2003년에 와서 완성됩니다. 최고 등급은 프랑스의 특급 와인과 비슷한 최고급 와인으로 '비노 데 파고Vino de Pago'라고 분류합니다. 'Pago'는 라틴어로 '국가 지구country district'를 뜻하는 파구스pagus에서 유래했습니다. 국가가 지정한 최고 와인에 한해 이 등급을 붙일 수 있다는 뜻이겠지요. 2003년에 도입된 제도니, 스페인이라는 나라가 와인으로 세계 시장을 공략해보려는 의지가 얼마나 강렬한지 단적으로 드러내는 대목입니다. 다른 건 다 필요 없고 Vino de Pago, DOCaDenominacion de Origen Calificada(프랑스의 AOC나 이탈리아의 DOC에 해당함), DODenominacion de Origen 정도는 그냥 눈으로 기억해두면 좋겠습니다.

이보다 더 중요한 스페인 와인 정보는 바로 숙성 기간에 따른 구분입니다. '크리안자Crianza'는 오크통에서 6개월 숙성한 후 병에서 2년 숙성한 와인에 붙이는 표현입니다. 도합 2년 이상 숙성을 거친 와인입니다. '레세르바Reserva'는 오크통에서 1년 숙성한 뒤 병에서 2년 숙성한, 도합 3년 이상 숙성한 와인에 붙입니다. '그란 레세르바Gran Reserva'는 2년의 오크통 숙성 후 3년 병에서 숙성, 도합 5년 이상 숙성한 뒤 판매가 시작된 와인이란 뜻입니다. 필자는 프랑스 특파원 시절 파리의 백화점이나 대형 할인점, 와인 전문 매장 등에서 올드 빈티지 포도주를 파격적인 가격에 판매하는 와인 페어를 자주 찾곤 했습니다. 와인을 싸게 살 수 있는 최고의 기회니까요. 2005년 초가을 '오샹Auchan'이란 할인 슈퍼에서 1996년산 생테밀리옹 특급 와인을 병당 40유로(약 5만 원)에 파는 행사가 열린 적이 있습니다. 평상시 가격은 150~200유로를 오가는 값비싼 와인이라 눈 딱 감고 6병을 샀습니다. 그중 1병은 아직도 와인 냉장고에 보관하고 있습니다. 전성기를 지난 것이어서 빨리 마셔야 한다는 것은 알지만 상징적 가치가 있는 만큼 더 보관할 생각입니다.

그런데 최근에 스페인 리오하의 그란 레세르바 1998년산 레드 와인을 병당 2만 원에 살 기회가 있었습니다. 한 대형 할인마트에서 준비한 '2019 봄 와인 대전'의 파격 상품 가운데 하나였습니다. 저는 곧바로 달려가 2병을 샀습니다. 단돈 4만 원에 21년 숙성된 그란 레세르바 템프라뇨 와인을 2병이나 살 수 있는 기회는 좀처럼 만나기 어려운 행운이었습니다. 독자 여러분도 백화점이나 마트에서 기획하는 와인 페어 정보에 늘 촉각을 곤두세우면 뜻밖의 행운을 만날 수 있을 것입니다.

11

카르메네르, 말벡, 그리고 진판델

세상엔 많은 와인 도서가 있지만, 품종 이야기를 지금까지 필자가 써온 것처럼 전개한 책은 찾아보기 어렵습니다. 포도 자체의 이야기에서 벗어나 역사나 여행 관련 지식 등 인문학적 스토리를 가능한 한 많이 담으려 노력했습니다. 따라서 포도 품종 파트는 '품종 인문학' 혹은 '포도의 인문학 수필집' 성격을 갖는 '책 속의 책'이 될 수도 있습니다.

레드 와인 품종의 마지막 편은 아메리카 대륙에서 주로 재배되는 붉은 포도 이야기로 구성했습니다. 칠레에서 많이 생산되는 카르메네르와 아르헨티나의 말벡, 그리고 미국 캘리포니아의 진판델이 주인공입니다.

120년 만에 재발견된 카르메네르

포도 품종을 분류하는 학문 영역이 있습니다. '앰펠로그래피Ampelography'라는 학문입니다. 지구상엔 수천 종이 넘는 포도가 각지에서 재배 또는 자생하고 있습니다. 비슷하지만 다른 수천 가지 이상의 품종을 연구하는 분야 또한 학문의 한 영역으로 올라섰습니다. 1991년 프랑스의 포도품종학자 클로드 발라Claude Vallat는 세계 와인 학계에 중요한 질문 하나를 던졌습니다. 칠레에서 메를로 품종으로 분류돼 생산되는 포도가 실은 메를로가 아니라는 것이었습니다. 칠레는 물론 세계 양조 학계와 포도주 산업계가 크게 술렁였습니다. 칠레의 메를로가 메를로가 아니라면 무슨 포도란 말일까요?

이 의문은 1994년 극적으로 풀립니다. 클로드 발라의 제자이자 저명한 포도품종 학자인 장 미셸 부르시코Jean Michel Boursiquot 교수가 의문을 해결한 주인공입니다. 프랑스 몽펠리에대학교 와인학과 교수인 그는 칠레에서 메를로로 알려진 포도가 사실은 '필록세라의 난' 와중에 멸종됐다고 여겨진 '카르메네르'라는 포도라고 발표한 것입니다.

카르메네르

1850~1860년 필록세라가 프랑스 포도밭을 초토화할 무렵 프랑스 사람들이 남미로 전통 포도 품종을 대거 이식시킵니다. 카베르네 소비뇽, 메를로, 말벡, 시라 등과 함께 카르메네

르도 보냈습니다. 필록세라 이야기 때 설명한 것처럼 다른 품종은 미국 동부 포도나무의 뿌리와 교배하는 방법으로 생존에 성공했지만 카르메네르는 살아남지 못했습니다. 1850년대 필록세라의 침공으로 프랑스 카르메네르는 멸종한 것입니다. 이후 세계 포도주 학계는 무려 150년 가까운 세월 동안 지구상에 카르메네르라는 포도가 존재하지 않는다고 여겼습니다.

장 미셸 부르시코 교수

그리고 마침내 1994년 부르시코 교수가 DNA 분석 등 과학적 연구 끝에 칠레 중부 산티아고 인근에서 나오는 메를로 비슷한 포도는 멸종된 것으로 알려진 카르메네르임을 밝혀냈습니다. 그로부터 4년 후인 1998년 칠레 정부는 부르시코 교수가 찾아낸 포도가 카르메네르임을 공식 인정하고 세계 와인 학계에 이를 공표합니다. 그리고 칠레는 다른 곳에 없는 가장 향이 강하고 맛 좋은 품종으로 빚은 와인을 칠레의 대표 와인으로 브랜드화하기에 이르렀습니다.

카르메네르는 카베르네 소비뇽보다 부드럽고 신맛이 적습니다. 120년 넘게 메를로로 알려졌던 카르메네르는 그만큼 진한 향을 가진 메를로의 특징을 그대로 갖고 있습니다. 카르메네르의 어원은 진홍색을 뜻하는 '카르메네carmene'에서 유래한 것입니다. 카르메네르로 빚은 와인은 색이 진하고 선명한 진홍빛을 띱니다. 메를로처럼 진한 딸기 등 과일 향이 먼저 코를 자극합니다. 마시고 나면 입안에서 개운한 달콤함과 초콜릿, 오크 향이 은은하게 숨 쉽니다. 스파이시한 맛 때문에 삼겹살, 곱창 요리, 순대 같은 한국 소주에 잘 맞는 음식을 즐길 때 카르메네르로 만든 와인은 쉽게 어울립니다.

프랑스 보르도 메독 지방에서 온 포도가 이제는 칠레에서만 생산되니, 칠레 정부로서는 국가 대표 와인으로 마케팅하는 게 어찌 보면 당연한지도 모릅니다. 칠레는 세계에서 가장 길쭉한 나라로 유명하죠. 칠레에서 와인이 많이 나오는 지역은 나라의 가운데에 몰려 있습니다. 이 지역을 센트럴 밸리라고 부릅니다. 센트럴 밸리 안에 유명한 마이포 밸리, 라펠 밸리, 쿠리코 밸리가 모두 있습니다. 물론 이 지역에 카베르네 소비뇽과 메를로, 시라를 생산하는 포도밭도 다양하게 분포합니다.

위대한 옛 여행자 말벡

카르메네르는 보르도에서 멸종한 뒤 칠레에서 부활했습니다. 또한 프랑스에서 옮겨 갔지만, 프랑스보다 활짝 꽃을 피운 포도 품종도 있습니다. 아르헨티나의 말벡입니다. '흘러간 세기의 위대한 여행자a great traveler of passed centuries'라 일컬어지는 검은색 제왕이 '말벡' 포도입니다.

"깊고 어두운 색조, 입안을 가득 채우는 풍성한 과즙, 비단처럼 부드러운 질감, 높은 알코올 도수, 짙은 과일의 향을 드러내는 말벡. 누구든 첫눈, 첫 모금에 반하지 않을 수가 없다." 와인 평론가 잰시스 로빈슨Jancis Robinson이 말벡으로 빚어낸 레드 와인을 마시고 한 말입니다.

말벡의 원산지는 프랑스 보르도 인근의 카오르 지방입니다. 지금도 이곳에선 말벡 포도로 수준 높은 와인을 만들어냅니다. 워낙 향이 좋아 말벡으로 만든 카오르 지방 와인이 먼저 출하되면 인근의 보르도 지방 와인이 안 팔린다고 해서, 일부러 보르도 와인이 시장에 나온 일정 기간 후에 카오르의 말벡 와인을 내놓게 했다는 일화가 있을 정도입니다. 그러나 요즘 카오르의 말벡 생산량은 많이 줄었습니다. 1차 원인은 필록세라의 난이었습니다. 카르메네르가 칠레로 갔던 것과 마찬가지로 말벡은 아르헨티나로 가게 됩니다. 프랑스에선 개체가 급격히 줄었으나 아르헨티나는 안전했습니다. 2차 원인은 1956년 최악의 서리 공습 사건이었습니다. 유례없는 한파와 서리가 일찍 몰아치면서 프랑스 말벡 포도나무의 80% 가까이가 얼어 죽었습니다. 카오르 말벡 포도 농장들 대부분이 큰 피해를 봤지만, 자체 원산지 증명 규제의 원칙AOC에 따라 당국이 농장 주인들에게 말벡을 다시 심게 함으로써 그나마 명맥을 유지하게 됐습니다.

물론 요즘 보르도 인근 카오르에서 생산된 말벡 포도주가 국내에도 수입되고 있습니다. 하지만 말벡의 대세는 아르헨티나라 해도 지나치지 않을 것입니다. 아르헨티나 와인 산업에 종사하는 이들은 1853년 4월 17일을 중요한 기념일로 꼽는다고 합니다. 그날이 말벡 포도나무가 아르헨티나에 최초로 식재된 날로 기록됐기 때문입니다. 당시 멘도사 지역 지사였던 도밍고 파우스티노 사르미엔토Domingo Faustino

Sarmiento가 프랑스인 와인 전문가 미겔 푸제Miguet Pouget를 앞세워 아르헨티나 멘도사 땅에 처음으로 말벡을 심었습니다. 후일 사르미엔토는 아르헨티나 대통령 자리에 오릅니다. 이후 멘도사는 세계 말벡 포도의 성지가 됐습니다. 이 지역은 프랑스 카오르와는 토양과 자연환경이 완전히 다릅니다. 테루아르terroir가 다르니 당연히 같은 품종임에도 맛과 향에서 상당한 차이를 가져온 겁니다. 그럼 멘도사는 어떤 곳인지 살펴보겠습니다.

침용 단계 직전의 수확된 말벡

멘도사는 아르헨티나 멘도사주의 주도입니다. 인구는 주변 지역을 합해 85만여 명 정도로 아르헨티나에서 네 번째로 큰 도시입니다. 구글 지도를 보면 어서 빨리 이곳을 여행하고 싶다는 생각이 솟아납니다. 안데스산맥 해발 6,959미터 높이의 아콩카과봉 아래 아름답고 청정한 산야가 멘도사의 말벡 포도밭입니다. 호젓하게 걷고 싶은 생각이 저절로 생겨납니다. 위치는 아르헨티나지만 거리로는 칠레의 수도 산티아고와 가깝습니다. 남반구의 최고봉이자 남북 아메리카 전체에서도 가장 높은 산이 바로 아콩카과입니다. 왜 산 이야기를 꺼냈을까요? '말벡의 성지' 멘도사를 완성한 세 가지 요소 가운데 하나인 최고의 깨끗한 물은 바로 이 산이 주는 선물이기 때문입니다. 멘도사의 기후, 토양, 아콩카과가 보내주는 물, 이 세 가지가 가져온 자연환경의 차이가 프랑스 말벡과 아르헨티나 말벡 간 맛의 차이를 가져왔습니다.

아르헨티나는 세계에서 여섯 번째로 포도주를 많이 생산하는 국가입니다. 멘도사는 그 가운데서도 아르헨티나 전체 포도주 생산량의 70%를 만들어냅니다. 멘도사에서 말벡을 재배하는 포도밭 면적만 17만 헥타르에 이릅니다. 안데스산맥을 낀 세계 제일의 청정 지역이 바로 말벡의 성지가 된 셈입니다. 만년설이 녹아내려 안데스산맥 아래 해발 1,000~1,200미터 높이의 산 중턱에 조성된 포도밭으로 흘러듭니다. 연중 이어지는 강렬한 햇빛은 하늘이 포도밭에 주는 선물입니다. 멘도사 특유의 모래와 자갈이 많은 척박한 토양은 포도나무의 뿌리가 땅속 깊은 지점까지 파고들게 만들어 좋은 포도를 여물게 하는 최적의 조건이 형성되는 것입니다. 포도주는 하늘(기후)과 땅, 사람의 삼위일체가 빚어내는 예술이라고 하죠. 멘도사는 하늘과 땅만큼은 세계 어디와 비교해도 손색없는 요소를 갖췄습니다.

멘도사의 말벡으로 빚은 붉은 포도주는 체리와 서양 자두를 기본으로 블랙베리, 향신료, 커피, 초콜릿, 바닐라, 제비꽃 향이 골고루 납니다. 그래서 말벡 포도주는 스테이크나 바비큐 등 고급 육류 요리는 물론 닭고기, 파스타와도 잘 어울립니다. 단맛과 강한 향이 있어 우리나라 음식인 불고기나 잡채와도 멋진 궁합을 이뤄냅니다. 말벡 포도주는 때로는 시라인 듯, 혹은 메를로인 듯, 간혹 네비올로인 듯 가늠하기 힘든 묘한 향기를 선사합니다. 잔에 따른 뒤 10여 분의 시간이 흐르고 나면 '훅' 하고 올라오는 향이 꼭 템프라뇨와 카르메네르를 섞은

듯 복합적입니다.

1900년대 초기 아르헨티나 수도 부에노스아이레스에서 멘도사까지 기찻길이 열리면서 비교적 일찍부터 발전한 전통의 말벡 와이너리가 있습니다. 바로 트라피체Trapiche입니다. 또 한 곳의 와이너리는 1902년 이탈리아에서 이민 온 니콜라스 카테나Nicolas Catena가 멘도사에 4헥타르의 작은 포도밭을 개척한 게 출발점이 된 카테나 사파타Catena Zapata입니다. 아르헨티나 말벡을 세계의 명품 반열에 올린 사람은 니콜라스의 손자입니다.

니콜라스 할아버지의 이름까지 그대로 사용한 손자 니콜라스 카테나는 1993년에 멘도사 지역의 우코 계곡 중에서도 해발 고도가 가장 높은 1,450미터 고원에 포도밭을 조성했습니다. 동네 이름은 괄탈라리입니다. 손자는 이곳에 광대한 포도밭을 조성하고 말벡과 카베르네 소비뇽, 피노 누아 등 여러 종류의 포도를 심었습니다. 이후 카테나 사파타는 최고의 명품을 해마다 탄생시켰습니다. '세계 100대 와인(2005~2007 〈와인스펙테이터〉)'에 선정되는가 하면, 로버트 파커로부터 2004년 98점, 2006년 95점, 2007년 97점을 얻어 당대 최고 명품 와인 대열에 당당히 합류하기도 했습니다. 말벡은 결국 '흘러간 세기의 위대한 여행자'라는 별칭에 걸맞은 멋진 모습으로 금세기 다시 우리 앞에 등장했습니다.

카테나 사파타 말벡 레드 와인

미국의 대표가 된 진판델

인류의 역사에서 와인은 언제부터 시작됐을까요? 2013년 유네스코는 고대 조지아의 전통적인 이른바 '크베브리 와인 양조법'을 인류의 무형문화유산 목록에 등재했습니다. 크베브리는 와인을 담아 저장, 숙성하기 위해 고대 조지아인들이 사용한 달걀 모양의 전통 항아리를 말합니다. 기본적인 방법은 수확한 포도를 압착기에 짜서 포도즙과 껍질, 줄기, 씨를 모두 크베브리 항아리에 넣고 밀봉해 6개월 정도 숙성시킨 다음 걸러서 포도주로 완성시키는 것이라고 합니다.

진판델 얘기를 하면서 조지아의 포도주 역사부터 건드린 이유는 포도주의 역사와 진판델의 역사가 밀접한 연관성이 있기 때문입니다. 앞서 칠레의 카르메네르가 DNA 검사에 의해 1990년대에 비로소 프랑스에서 멸종됐던 품종이라는 사실이 밝혀진 것처럼 진판델도 비슷한 과정을 거쳐 뿌리가 밝혀졌습니다. 먼저 고대 조지아에서 옮겨간 포도가 크로아티아로 전파됐습니다. 포도 재배법과 양조법도 함께 소개된 거죠. 오늘날 '발칸의 진주'라 불리는 크로아티아의 와인 역사 밑바탕엔 조지아가 숨 쉬고 있었던 겁니다. 19세기엔 크로아티아에서 자라던 포도 일부가 가까운 이탈리아로 전파됐습니다. 전파된 품종은 크로아티아에서 '츨레낙 카스텔란스키'로 불렸습니다. 이런 이름은 암기할 필요조차 없습니다. 그냥 참고만 하시면 됩니다. 츨레낙 카스텔란스키가 이탈리아로 건너가서는 '프리미티보Primitivo'란 이름이 붙여집니다. 1870년의 일입니다.

그러나 그보다 40년 정도 앞선 시점인 1830년에 이미 미국 동부 보스턴의 포도밭에서 '진판델'이란 이름의 포도가 재배되기 시작했습니다. 출처는 유럽이었습니다. 그리고 1850년 동부의 열악한 포도 재배 환경 때문에 사라질 위기에 처했던 진판델은 골드러시와 함께 서부 캘리포니아로 주요 무대를 옮겨갑니다. 동부에서 멸종되기 전 가져간 진판델 묘목은 왕성한 생명력을 자랑하며 캘리포니아의 주요 품종으로 성장했습니다.

그런데 이 과정에서 고개를 갸우뚱하게 만드는 연대기의 역전 현상이 일어났습니다. 이탈리아가 먼저인데 어떻게 이탈리아보다 40년 앞선 시점에 미국에서 그 품종의 이름이 진판델로 명명된 것일까요? 그 의문은 2002년에 비로소 풀렸습니다. 크로아티아에서 거의 멸종 상태인 '츨레낙 카스텔란스키'와 이탈리아 풀리아 지방에서 재배되고 있는 '프리미티보', 그리고 캘리포니아에서 광범위하게 재배되는 '진판델'이 한 품종이라는 사실이 유전자 검사로 드러났기 때문입니다.

진판델

진판델은 포도송이가 크고 포도 넝쿨도 아주 튼튼합니다. 가장 큰 특징은 같은 포도송이에 달린 포도알의 숙성도가 균일하지 않다는 점입니다. 같은 송이에서도 완전히 잘 익은 포도가 있는가 하면 채 익지 않은 포도, 너무 익어서 수분이 거의 증발된 건포도 같은 알들이 함께 매달려 있습니다. 와이너리에서는 이런 포도를 가려내지 않고 함께 섞어 포도주로 만듭니다. 따라서 당도가 높아집니다. 같은 송이지만 여문 상태가 다양하다보니 풍부한 향과 맛이 나오는 것 역시 진판델의 자랑입니다.

미국 캘리포니아주립대학교 데이비스캠퍼스UC Davis의 앤 노블Ann Nohle 교수는 '진판델 아로마 바퀴Zinfandel Aroma Wheel'를 세상에 발표했습니다. 진판델로 빚은 레드 와인의 향이 워낙 각별하고 다양해서 아예 그 특징을 커다란 바퀴로 구분한 것입니다. 이 부분은 '아로마와 부케' 이야기를 다루면서 상세히 살피겠습니다.

진판델로 빚은 레드 와인도 좋지만, 필자는 여러분에게 진판델로 만든 화이트 와인도 권해보고 싶습니다. 본격적인 여름철, 시원한 화이트 와인이나 로제는 한줄기 소나기처럼 더위를 식혀줄 것입니다. 특히 진판델 화이트 와인은 마치 로제 같은 연분홍색을 띱니다.

여기까지가 레드 와인 포도 품종 이야기였습니다. 이 세상엔 흥미로운 역사를 가진 참으로 많은 포도가 존재합니다. '카베르네 소비뇽 일가'를 필두로 지금까지 이어진 포도 품종의 이야기를 모른다고 해서 와인을 즐기는 데 문제 될 일은 없습니다. 와인은 그냥 편하고 즐겁게 마시면 되는 술이니까요. 그렇지만 필자는 이런 이야기를 강조하고 싶습니다. 미술 감상을 할 때 '아는 만큼 보인다'라는 명제는 와인을 마실 때도 적용되기 때문입니다. 품종의 인문학을 알면 와인 맛도 다르게 다가올 것입니다.

12

타닌, 보디, 숙성의 삼각함수

지난 편으로 레드 와인을 만드는 포도 품종의 여행을 끝냈습니다. 그 품종이 그 품종 같아 잘 분간이 되지 않을 수도 있습니다. 그래도 한 가지는 기억이 날 겁니다. 포도 품종별 특징을 설명할 때 다음의 다섯 가지 기준이 등장했거든요. 흔히 레드 와인의 특징을 구분하는 요소는 크게 당도sweetness, 산도acidity, 타닌tannin, 알코올alcohol, 보디body가 있습니다. 이 다섯 가지 특징은 상호 간에 강한 함수관계를 맺고 있습니다. 바꿔 말하자면 '포도 품종의 삼각함수'입니다. 타닌, 보디, 숙성 이 세 가지가 어떤 함수관계를 맺는지 살펴보겠습니다. 이를 잘 이해하면 레드 와인의 맛의 차이, 값의 차이, 숙성 기간의 차이, 색깔의 차이를 입체적으로 이해할 수 있습니다.

보졸레 누보는 매년 11월 셋째 목요일에 마시는 바로 그해에 수확한 포도로 담근 와인입니다. 포도주는 일정 기간 숙성해야 향이 깊어집니다. 그런데 어째서 이 술은 바로 마셔도 되는 걸까요? 반면 2010년 뉴욕 크리스티 경매에서 1945년산 무통 로칠드가 약 3억 원이 넘는 고가에 팔린 일이 있었습니다. 어떻게 70년이 다 된 포도주가 상상을 뛰어넘는 가격에 판매되는 걸까요?

두 와인의 차이 속에 레드 와인을 만드는 포도 품종의 특징적 함수 관계가 모두 압축돼 있습니다. 보졸레 누보를 만드는 가메라는 포도는 타닌이 적고 껍질이 얇으며 신맛이 강한 품종입니다. 그러니 오래 숙성시킬 수 없어 바로 마시게 된 겁니다. 반면 무통 로칠드는 카베르네 소비뇽 포도 85%로 빚은 와인입니다. 앞서 반복해 설명했듯 카베르네 소비뇽은 껍질이 두껍고 타닌이 많습니다. 그런 포도로 만든 와인은 시간을 충분히 갖고 숙성해야 제대로 된 맛을 낼 수 있습니다. 여기서 가메와 카베르네 소비뇽 포도의 차이를 주목해보면 오늘의 삼각함수 문제는 바로 풀립니다.

다음의 도표를 자세히 살펴보시죠. 가메부터 시라에 이르는 9개 품종별 특징을 한눈에 구분할 수 있을 겁니다. 가메로 만든 보졸레 누보는 라이트보디에 적은 타닌, 옅은 색상, 그리고 오래 숙성할 수 없는 관계로 바로 마시길 권하는 와인입니다. 반면 카베르네 소비뇽이나 시라 같은 포도로 만든 와인은 풀보디에 많은 타닌, 진한 색깔, 그리고 오래 숙성시켜야 참맛을 알 수 있습니다. 이 도표는 레드 와인의 삼각함수인 보디, 타닌, 숙성의 관계를 알기 쉽게 보여줍니다.

그러면 '보디'란 무엇일까요? 번역하면 '몸'이 되겠지요. 와인의 몸은 곧 무게의 감을 말합니다. 와인을 놓고 '보디감'이란 표현을 쓰는

포도 품종 \ 특징	보디	타닌	색깔	숙성도
가메	라이트보디	적다	연하다	바로 마셔도 좋다
피노 누아	↓	↓	↓	↓
템프라뇨				
산지오베제				
메를로				
진판델				
카베르네 소비뇽				
네비올로				
시라	풀보디	많다	진하다	오래 숙성시켜야 한다

적포도 품종의 특징

것은 무게의 느낌 혹은 입안에서 느끼는 포도주의 질감을 언급하는 것입니다. 와인의 무게는 한 병의 용량이 750밀리리터니 750그램 정도일 텐데 무슨 무게의 차이를 말하는 건지 반문할 수 있습니다. 물이 750밀리리터 들어갔다면 그 물만의 무게는 750그램입니다. 하지만 붉은 포도주는 다릅니다. 보디감에 따라 같은 용량이라도 무게가 미세하게 다를 수 있습니다. 와인별로 다른 보디감의 차이는 입안의 혀로 느낄 수 있습니다.

지금 탁자 위에 미숫가루 한 잔과 우유 한 잔, 그리고 물 한 잔이 함께 놓여 있다고 가정해봅시다. 각각의 음료를 마실 때 입안에서 혀가 느끼는 세 음료의 무게의 감, 또는 입안에서 느끼는 액체의 질감은 어떻게 다를까요? 당연히 미숫가루 탄 물은 뻑뻑하고 진해서 혀가 무겁다 느낄 겁니다. 반면 우유는 물보다는 분명 진하지만, 미숫가루보다는 연하고 부드럽게 느껴질 겁니다. 그리고 물은 입속에 들어와도 혀가 그다지 큰 무게감을 느끼지 않을 겁니다. 여기서 미숫가루 음료는 풀보디full bodied, 우유는 미디엄보디medium bodied, 물은 라이트보디light bodied라고 분류할 수 있습니다.

미숫가루-우유-물의 관계를 레드 와인에 대입하면 바로 와인의 보디감 차이가 됩니다. 한 모금의 레드 와인을 입안에 넣었을 때 혀가 느끼는 무게의 감 혹은 액체의 농도, 빽빽함 여부가 와인의 보디를 결정하는 요소입니다. 액체의 질감으로 표현해도 됩니다. 이 질감의 차이가 보디감의 차이로 표현되는 겁니다. 와인의 보디 차이는 어디서 기인할까요? 바로 타닌이 핵심 열쇠입니다.

와인에는 수백 종류의 페놀성 화학 성분이 포함돼 있습니다. 와인의 맛과 향, 보디감에 영향을 미치는 성분이죠. 이러한 화학 성분에는 페놀산과 플라보놀이 있는데 타닌과 안토시아닌이 와인에 포함된 페놀을 이루는 두 축입니다. 타닌은 와인의 맛을 만들고, 안토시아닌은 와인의 색을 결정합니다.

타닌은 와인의 색과 숙성도, 보디감, 알코올 도수를 결정하는 데 큰 역할을 하는 화학물질 덩어리입니다. 냄새도 없고 맛도 없는 타닌은 레드 와인을 마시는 순간 사람들의 입안에서 떫거나 쓴 느낌이 들게 합니다. 타닌은 침 속에 든 단백질을 만나면 반응하기 때문입니다. 단백질이 많은 붉은 육류를 와인과 함께 섭취하면 타닌과 단백질이 만나면서 와인 자체가 갖고 있던 떫은맛이 확 줄어듭니다. 타닌은 포도 껍질에 가장 많습니다. 물론 포도 씨앗에도 있고 송이의 뼈대인 줄기에도 있습니다. 타닌은 우리가 아는 여러 식물에 다양하게 존재합니다. 감이 떫은맛을 내는 것은 그 안에 타닌이 있기 때문입니다. 녹차나 홍차도 설탕을 타지 않으면 조금 떫은 느낌을 주는데 바로 찻잎에 있는 타닌이 역할을 하는 겁니다.

레드 와인의 아름다운 색조

다시 적포도 품종의 특징 도표로 돌아가보겠습니다. 가메는 타닌이 거의 없지만 피노 누아, 템프라뇨, 메를로, 카베르네 소비뇽, 네비올로, 시라로 내려오면서 타닌 함유량이 갈수록 증가합니다. 캘리포니아에서 재배되는 카베르네 소비뇽 포도주의 경우 1리터당 타닌이 1,500밀리그램이나 들어 있습니다. 피노 누아 1리터엔 불과 300~600밀리그램이 들어 있습니다. 놀랍게도 가메엔 단지 30밀리그램의 타닌 성분만이 있을 뿐입니다.

타닌이 많은 포도로 담근 포도주는 오랜 시간 숙성 활동을 하는데 대개 오크통에서 짧게는 6개월, 길게는 3년 동안 계속해서 숙성을 이어갑니다. 오크통에서 나와 병입된 이후에도 숙성은 이어집니다. 그렇다면 타닌 함유량이 많은 포도로 빚은 와인과 적은 포도로 빚은 와인의 알코올 도수에는 어떤 관계가 있을까요? 알코올 비중을 결정하는 요소는 당도입니다. 7~8월의 뜨거운 햇살을 잘 받으면 포도의 당도가 급격히 치솟습니다. 당도가 알코올 비중을 결정하는 주역이라면 타닌은 보조 역할을 합니다. 타닌 함유량이 많은 포도로 만든 와인은 상대적으로 타닌이 적은 포도로 만든 포도주보다 알코올 도수가 높은 게 일반적입니다. 그래서 타닌이 적은 로제나 화이트 와인보다 타닌이 많은 레드 와인의 알코올 비중이 높은 것입니다.

레드 와인의 특징을 결정하는 5대 요소 가운데 단맛(당도)과 신맛(산도)의 차이는 어떤 함수관계가 있을까요? 당도와 산도는 불규칙성을 띱니다. 타닌이 많은 카베르네 소비뇽과 타닌이 적은 피노 누아나 신맛에는 큰 차이가 없습니다. 두 종류 모두 신맛이 강한 포도 품종입니다. 시라와 메를로, 말벡은 신맛이 중간 정도에 그칩니다. 반면 당도에서는 묘한 차이가 있습니다. 산지오베제, 템프라뇨, 카베르네 소비뇽은 이른바 '3대 드라이 포도'로 불립니다. 당도가 적어서 건조하다는 표현을 쓰는 거죠. 피노 누아, 시라, 메를로는 미디엄 스위트라고 해서 중간 정도의 당도를 갖습니다. 반면 말벡이나 진판델은 당도가 아주 높은 포도입니다.

5대 요소로 요약 정리하자면, 타닌이 많고 껍질이 두꺼운 포도로 만든 와인은 장기 숙성을 해야 하고 알코올 도수도 높으며 무거운 풀보디 와인일 가능성이 높습니다. 물론 라이트보디 와인 가운데도 신맛과 단맛은 풀보디 와인보다 높을 수도 있습니다. 그리고 당도와 산도는 타닌 함량과 무관하게 포도마다 다른 특징을 갖는다는 점도 염두에 두시면 좋습니다.

타닌과 보디, 숙성 가능 기간은 일종의 규칙성을 띠는 함수관계를 맺고 있다는 것을 익혔습니다. 그런데 와인은 참 신묘한 작품입니다. 세상에 예외 없는 규칙은 없다고 하죠. 그것 때문에 입시나 고시 공부를 하는 수험생들이 골머리를 앓습니다. 그 예외의 경우를 별도로 암기해야 하니까요. 와인도 비슷한 불규칙성이 있습니다.

피노 누아는 껍질이 얇고 타닌이 적습니다. 우리가 함께 익힌 삼각함수의 규칙으로 보면 피노 누아로 만든 포도주는 타닌이 적어 오래 보관하기에 부적합합니다. 보디감도 낮아야 합니다. 앞서 피노 누아 품종 공부를 하면서 세계 최고의 와인으로 꼽은 로마네 콩티DRC라는 명품 포도주 이야기를 기억하실 겁니다. 2018년 10월 뉴욕 소더비 경매에서 1945년산 로마네 콩티 2병이 팔렸습니다. 1병에 우리 돈으로 6억 원이 넘는 가격으로 최종 낙찰됐습니다. 피노 누아로 만든 로마네 콩티가 무려 73년의 시간을 무사히 지나 최고의 가격으로 팔린 겁니다. 이 대목에서 레드 와인의 삼각함수 법칙과 충돌이 생깁니다. "아니 어떻게 타닌 함유량이 적은 피노 누아로 만든 포도주가 70년 넘게 보관, 숙성이 가능하지?" 그렇습니다. 당연히 이런 질문을 하고 싶을 겁니다. 해답은 로마네 콩티만의 독특한 와인 만들기 과정에 있습니다.

로마네 콩티라는 명품의 역사는 참으로 흥미롭습니다. 한 편의 장편소설 같기도 하고 작은 나라의 역사와도 비슷하기 때문입니다.

로마네 콩티의 이름은 '로마네Romanée'라는 포도밭에서 유래됐습니다. 1232년 부르고뉴의 본 마을에 있는 생비방 수도원이 1.63헥타르의 포도밭을 만들었습니다. 1631년에 이 포도밭을 크루넴부르 가문에서 매입해 포도밭 이름을 '로마네'로 지었습니다. 크루넴부르 가문은 인접한 포도밭 '라 타슈'도 사들였습니다. 좋은 포도밭 두 곳에서 최고 품질의 포도주를 만들던 앙드레 크루넴부르는 포도원을 매각하기로 마음먹었습니다.

당시 최고 권력을 가진 두 세력이 로마네와 라 타슈를 놓고 호시탐탐 침을 흘리는 것을 알고는 파는 게 낫겠다고 판단한 겁니다. 포도밭의 소유권을 노린 두 세력은 루이 15세의 애첩으로 베르사유를 휘저었던 마담 퐁파두르와 그녀의 정적이었던 정실 소생으로 '콩티 왕자'라 불린 루이 프랑수아입니다. 두 사람은 앙숙이었습니다. 왕자는 포도밭 인수전에 나선 것 자체를 드러내지 않았습니다. 이미 베르사유의 치맛바람이 서슬 퍼렇던 시점이었기 때문입니다. 콩티 왕자는 퐁파두르의 모함을 받아 베르사유 왕궁을 떠나는 운명에 처해집니다. 이 슬픈 사건은 왕자에게 로마네 와이너리 인수라는 선물을 주었습니다. 로마네를 놓고 맞붙은 인수전에서 왕자가 왕의 측실 퐁파두르를 이겼기 때문입니다. 1760년의 일입니다. 그로부터 이 와이너리의 이름이 '로마네 콩티'로 정착됐습니다. 물론 이후에도 소유권은 니콜라 조셉, 라투르 가문, 에세조 홀딩스로 넘어가는 과정을 겪었습니다. 요즘 소유주는 오베르 드 빌렌으로 대표되는 빌렌 가문입니다.

콩티 왕자의 식탁에 올랐던 로마네 콩티는 우리가 오늘날 접하는 포도주와는 다릅니다. 콩티 왕자 시절엔 피노 누아 외에 청포도인 피노 블랑을 함께 심어 두 포도를 혼합해 포도주를 만들었습니다. 붉은 포도와 청포도를 같은 밭에 심고 거둬 발효시키는 것은 당시 독일과 오스트리아에서 유행한 오랜 전통이었습니다.

하지만 1800년대 후반 필록세라가 기승을 부리면서 로마네 콩티 와이너리에도 커다란 시련이 닥쳤습니다. 앞서 템프라뇨 편에서 보르도에서는 필록세라를 극복하는 방법으로 내성이 있는 미국 동부 포도 뿌리를 교배하는 방식을 사용했다고 했습니다. 그러나 로마네 콩티는 이 방법을 내치고, 포도밭에 이산화황을 잔뜩 뿌려서 진드기 퇴치에 나섰습니다. 1945년까지 계속됐지만 결국 포도나무는 필록세라와 이산화황이라는 두 가지 공격으로 다 죽고 말았습니다. 1946년 로마네 콩티는 포도밭의 모든 포도나무를 뽑아버렸고, 1946년부터 1951년까지 와인 생산을 할 수 없었습니다. 땅을 갈아엎고 1947년에 포도나무를 다시 심었습니다. 콩티 왕자의 식탁에 올랐던 로마네 콩티는 1945년까지 생산되고 끝난 셈입니다.

그렇다면 같은 피노 누아로 만든 레드 와인인데 어떤 묘책을 사용해서 장기간 보관, 숙성이 가능한 포도주로 만들 수 있었을까요? 비법은 재배, 수확 과정의 방법과 정성에 있었습니다. 1945년 이전에도 그랬고 1947년에 밭을 새로 갈아엎은 뒤에도 그랬습니다. 동일 면적의 다른 포도밭보다 나무의 개체 수를 절반 이하로 줄이는 것에서부터 차별화가 시작됐습니다. 그다음 포도가 익어가는 과정에서도 열매 솎아내기를 계속했습니다. 수확 단계에서는 포도송이 하나하나를 손으로 따낸 다음 알알이 구분해서 최고로 잘 익은 무결점 포도로만 와인을 만들었습니다. 물론 손으로 알을 구분해서 가려내지는 않습니다. 손으로 수확한 포도송이를 컨베이어 벨트로 골라냅니다. 최상의 포도만 골라내 발효한 다음 자연스럽게 숙성되도록 하는 노하우는 로마네 콩티 특유의 것입니다. 피노 누아로 만든 와인이지만 장기 숙성의 힘을 갖도록 기초를 탄탄히 다진 결과 오늘날 로마네 콩티는 세계 최고의 와인으로 평가받을 수 있게 된 것입니다. 심지어 포도밭 토양 상태에 미치는 외부적 충격을 예방하기 위해 트랙터를 일절 사용하지 않습니다. 대신 소나 말이 끄는 쟁기로 밭갈이를 합니다.

이렇게 정성껏 재배하고 소량의 엄선된 포도만을 수확해 포도주를 빚어내니 해마다 로마네 콩티에서 나오는 와인은 그 양이 적을 수밖에 없습니다. 당연히 희귀성도 높아지고 값도 천정부지로 치솟습니다. 로마네 콩티 라벨을 붙이고 나오는 병의 숫자는 매년 약 5,500병이 전부입니다. 포도를 엄선해서 와인을 담는다는 페트뤼스의 경우 포도를 가려내는 과정에 사람의 손이 개입됐다고 해서 '핀셋 와인'이란 별명이 붙을 정도입니다. 이 페트뤼스도 한 해 3만병 안팎의 와인만 생산합니다. 샤토 마고가 매년 가을 평균 30만~50만병을 생산하는 것에 비해 페트뤼스는 아주 적은 양을 내놓은 겁니다. 그 페트뤼스 연간

로마네 콩티 본사

출하량의 20%밖에 안 되는 소량을 생산하는 게 바로 로마네 콩티입니다.

이제 이번 편에서 익힌 붉은 포도주의 5대 요소와 삼각함수의 관계가 언제 어떻게 유용하게 쓰이는지 살펴보겠습니다. 미국이나 유럽에서 포도주를 사는 경우 진열대 위에 붙은, 세워둔 병을 그린 표시와 눕혀진 병을 그린 표시를 볼 수 있습니다. 세워둔 병 표시는 오래 보관하지 말고 곧바로 마셔야 하는 포도주입니다. 눕혀진 병 표시가 있는 진열대의 와인은 장기 보관, 숙성 후 마시는 게 좋다는 뜻입니다.

피노 누아나 그르나슈 등 타닌이 상대적으로 적은 포도로 만든 와인은 대개 생산된 지 3년 안에 마셔도 되는 제품이 많습니다. 하지만 로마네 콩티 같은 예외도 있다는 점을 기억하면 됩니다. 그리고 네비올로, 카베르네 소비뇽, 말벡, 시라, 피노타지 등으로 만든 와인은 적어도 몇 년은 지나야 제맛을 내기 시작한다는 점도 반드시 기억할 포인트입니다.

3부

청포도의 깊은 풍미 이야기

청포도의 풍미는 붉은 포도와 다릅니다. 무엇보다 신선한 향이 가장 두드러진 특징입니다. 와인으로 만들면 과즙이 빚어내는 특유의 신맛 덕분에 붉은 포도가 주지 못하는 맛의 세계를 구현합니다. 청포도는 다 영글면 황금색을 띠는 품종도 있고 연두, 연노랑을 띠는 품종도 있습니다. 지금부터 청포도가 가진 깊은 풍미의 세계로 함께 떠나보시죠.

1

청포도의 왕 샤르도네

"인생은 나쁜 와인을 마시기엔 너무나 짧다Life is too short to drink bad wine."

포도주를 언급한 명언은 참 많습니다. 독일의 대문호 괴테가 남긴 이 말은 와인 애호가들 세계에서 최고의 금언으로 깊이 각인됐습니다. 괴테 스스로 세상을 여행하는 것을 좋아했고 유럽 각지에서 나오는 맛있는 와인을 발견하고는 그런 말을 남긴 것이겠지요.

"그녀는 별장과 롤스로이스 자동차를 챙기지만, 난 몽라셰로 족하지She gets to keep the chalet and the Rolls, I want the Montrachet."

이 말은 1996년 5월 〈포브스〉에 실려서 유명해진 표현입니다. 이 말을 누가 했는지는 밝혀지지 않았습니다. 포도주 애호가라면 누구나 익히 아는 표현이죠. 별장과 최고급 승용차보다 더 가치를 부여한 '몽라셰Montrachet'란 무엇일까요? 바로 프랑스 부르고뉴 지역 코트 드 본

슈발리에 몽라셰 와이너리

에 위치한 몽라셰 마을에서 생산되는 최고급 화이트 와인을 말합니다. 《철가면》과 《호두까기 인형》으로 유명한 작가 알렉상드르 뒤마가 "몽라셰 와인은 경건한 마음으로 모자를 벗고 무릎을 꿇고 마셔야 한다. 성당에 울려 퍼지는 장엄한 파이프 오르간 소리와 같은 느낌이다"라고 표현할 정도로 향이 각별한 최고급 화이트 와인의 대표 주자입니다.

여러분은 소비뇽 일가부터 시작해 진판델에 이르는 적포도 품종의 특징과 변천의 역사를 인문학적 접근법으로 익혔습니다. 지금부터는 청포도의 주요 품종을 알아보는 여행을 떠납니다. 그 첫 편으로 '청포도의 왕'이란 별칭을 가진 '샤르도네'부터 살펴보겠습니다.

샤르도네 포도 품종에 대한 탐험에 앞서 와인은 레드가 진짜고 화이트는 보조라는 선입견을 먼저 풀고 가겠습니다. 우리나라에서 와인이 본격적으로 대중들의 사랑을 받기 이전 초기 단계에서 그런 선입견이 존재했던 게 사실입니다. 하지만 경험치가 쌓이고 즐기는 사람이 빠르게 늘어나면서 그릇된 선입견도 많이 바뀌었습니다. 용도에 따라 샴페인, 로제, 화이트 와인 등 레드 와인 외의 포도주가 꼭 필요하다는 인식이 생긴 것입니다. 식사의 시간, 기후, 같이 먹는 음식의 종류 등에 따라 화이트 와인이나 로제처럼 진하지 않은 색의 부드러운 와인이 필수적이기 때문입니다.

우리네 밥상에서 흔히 접할 수 있는 굴비나 청어, 고등어, 꽁치 등을 구운 생선 반찬이 있다고 가정해봅시다. 물론 카베르네 소비뇽으로 빚은 레드 와인을 생선구이와 함께 마실 수 없는 건 아닙니다. 하지만 익은 생선과 가장 잘 맞는 화이트 와인 한 잔을 살짝 입안에 품은 뒤 생선 한 점을 먹어보면 생선구이엔 역시 화이트 와인이 훨씬 잘 어울린다는 걸 실감할 수 있습니다. 흔하게 접하는 구이 요리가 이럴진대 하물며 바닷가재, 익힌 농어찜, 복어를 비롯해 생굴, 광어회, 오징어 요리 등 온갖 해산물 요리를 즐기려면 반드시 음식에 맞는 화이트 와인을 그날의 포도주로 준비해야만 합니다.

이제 본격적으로 샤르도네 탐구에 들어가겠습니다. 미국이나 영국에서는 '샤도네'로 발음되는 프랑스 고유의 품종인데요. 카베르네 소비뇽이 레드 와인의 황제라면 샤르도네는 화이트 와인의 왕입니다. 왜 왕이라는 별칭이 붙었을까요? 청포도 품종 가운데 세계에서 가장 넓은 재배 면적을 갖고 있고 어떤 기후에서나 잘 자라며 다양한 포도주로 변신하는 놀라운 힘을 가졌기 때문입니다. 리슬링은 같은 청포도지만 서늘한 기후를 선호합니다. 샤르도네는 추위나 더위를 가리지 않습니다. 프랑스 내부로만 봐도 샹파뉴 지방은 겨울이 일찍 찾아옵니다. 부르고뉴는 샹파뉴보다 남쪽이지만 서리 피해를 자주 입는 지역입니다. 그런데도 두 곳 모두에서 샤르도네는 정말 잘 자랍니다. 덥기로 유명한 호주나 미국 캘리포니아처럼 한낮의 태양이 뜨거운 지방에서도 좋은 품질의 포도 열매를 선사합니다. 샤르도네는 이처럼 추위와 더위에 강하지만 일찍 싹이 트는 조생종早生種입니다. 이른 봄 일교차가 큰 날 일찍 튼 싹이 밤새 서리에 얼어 죽을 수 있습니다. 그래서 부르고뉴에선 이른 봄 야간의 기온이 영하로 떨어진다는 예보가 있는 날은 밤새 포도밭 고랑 사이에 난로를 피워 냉해를 막기도 합니다.

샤르도네

일단 싹이 얼지 않으면 그 이후로는 걱정을 잊어도 될 정도로 성격이 참 좋은 품종이 바로 샤르도네입니다. 심지어 여름 한철 뜨거운 햇빛 한 달이면 농사가 끝난다는 말이 있을 정도로 잘 자랍니다. 조생종이니까요. 프랑스의 9월 중순 이후 날씨는 믿을 게 못 됩니다. 잦은 비바람과 이른 서리, 강풍으로 농사를 망치게 만드는 경우가 허다합니다. 그러나 샤르도네는 크게 걱정하지 않아도 되는 품종입니다. 농부들이 9월 하순까지 포도를 모두 수확하기 때문에 그때까지 포도나무에 포도가 매달려 있지 않습니다.

타블라 라사 같은 포도 샤르도네

샤르도네는 백지에 새로운 세계를 그려내듯 백지 상태의 와인이란 해석도 가능합니다. '흰 석판tabula rasa' 같은 와인이기 때문입니다. 어떻게 재배해서 어떻게 만드느냐에 따라 다양한 얼굴의 맛있는 와인으로 변신합니다. 특징을 한마디로 규정하면 신맛(산도)은 낮으면서 다양한 과일의 향을 두루 갖고 있습니다. 양조를 어떻게 하느냐에 따라 그만큼 다채롭게 변형이 가능한 포도입니다. 세계 샤르도네 와이너리들이 백지에 어떤 그림을 그리는지 지금부터 살펴보겠습니다.

샤르도네는 샴페인을 만드는 가장 중요한 대표 재료입니다. 샴페인 편에서 피노 누아가 주요 소재라는 건 익히 설명한 적이 있습니다. 그런데 샤르도네 역시 샴페인의 중요한 재료로 쓰입니다. 피노 누아는 검붉은 포도입니다. 그래서 샴페인은 재료로 보면 피노 누아로만 만든 것과 피노 누아와 샤르도네를 혼합해 만든 것, 그리고 샤르도네로만 만든 것 세 종류가 있습니다.

프랑스 부르고뉴엔 샤르도네로 빚어내는 명품 화이트 와인들이 있습니다. 몽라셰는 그런 특급 와인 가운데서도 최고 작품입니다. 샤르도네는 청포도임에도 불구하고 오크통에서 오래 숙성하면 더 귀한 포도주로 변신할 수 있습니다. 우리가 앞서 공부한 타닌은 청포도에는 매우 적게 함유돼 있습니다. 샤르도네는 오크의 나무 향과 타닌 성분을 흡수합니다. 오크통에서 숙성되는 동안 진한 연두색이나 노란색으로 옷을 갈아입습니다. 샤르도네는 자신에겐 조금밖에 없는 타닌을 오크에서 받아 멋진 조합을 이룹니다. 일반적으로 화이트 와인에는 좀처럼 생기지 않는 알코올 도수와 보디까지 얻게 되는 것입니다. 풀보디 화이트 와인은 이렇게 해서 세상에 나오게 됩니다.

프랑스 부르고뉴 외에도 유럽은 인접한 독일이나 이탈리아, 스페인에서도 최고 수준의 샤르도네로 빚은 화이트 와인이 출하됩니다. 레드 와인 품종이 그러했듯이 샤르도네 또한 신대륙으로 전파돼 재배 지역의 특징이 담긴 품질 좋은 화이트 와인으로 세상에 나옵니다. 샤르도네를 '타뷸라 라사' 같은 포도라고 한 이유는 바로 신대륙 여러 나라에서 각각의 고유한 특징을 지닌 화이트 와인을 선보이기 때문입니다.

대표적으로 '캘리포니아 스타일 샤르도네'란 와인 업계의 표현이 있습니다. 미국으로 옮겨간 샤르도네는 독특한 풍미를 보입니다. 캘리포니아의 나파나 소노마, 몬터레이, 산타 바바라 등에서 생산되는 샤르도네는 프랑스 부르고뉴보다 강한 일조량에 힘입어 다 익고 난 뒤 포도 자체의 풍미에서 큰 차이를 드러냅니다. 부르고뉴 샤르도네로 빚은 화이트 와인은 새콤한 사과나 레몬의 향내가 강합니다. 반면 캘리포니아 샤르도네는 바닐라, 토스트, 신선한 버터 향이 많이 납니다. 버터 향이 강한 것은 와인에 들어 있는 말산malic acid이 적기 때문입니다. 말산은 복잡한 화학 기호를 가진 성분으로, 그냥 사과에서 많이 나오는 신맛 나게 하는 성분 혹은 사과산이라고 이해하면 됩니다. 캘리포니아는 프랑스 부르고뉴에 비해 햇빛이 강하다보니 포도주로 담았을 때 사과산이 내는 향은 줄고 대신 바닐라나 신선한 버터의 향이 강해지는 겁니다.

호주의 샤르도네는 캘리포니아와 부르고뉴를 혼합한 느낌이 강합니다. 사과와 파인애플, 바닐라, 심지어 아카시아 향까지 듬뿍 담고 있으니까요. 호주와 뉴질랜드에서는 저온 발효 방식을 쓰는 샤르도네 와이너리가 많습니다. 달콤함을 줄이기 위한 수단이죠. 물론 오크로 숙성하는 와이너리도 있고 그렇지 않은 곳도 있습니다. 전자의 경우 풀보디에다 버터, 스카치 위스키, 토스트, 사과 등의 풍미가 두루 나오게 만듭니다. 후자는 포도 자체의 향이 잘 우러나도록 오크통 숙성 과정 대신 곧바로 병에 넣어 드라이한 맛을 선호하는 사람들의 기호에 맞춥니다. 이 경우 호주나 뉴질랜드의 와인 병 라벨에는 반드시 '오크통에 들어가지 않았다'는 의미를 담아 '나무 처리를 하지 않았음'이란 뜻의 'unwooded' 표기를 붙입니다. 미국이나 칠레의 와이너리 일부는 알기 쉽게 '오크통에서 숙성하지 않았음'을 뜻하는 'unoaked'로 표기합니다.

"샤르도네는 모르겠고 샤블리 주세요!"

재미있는 일화 하나를 곁들입니다. 한 유명한 식당의 소믈리에가 손님을 맞았습니다. 무더운 여름날 저녁 그들은 시원한 화이트 와인으로 만찬을 시작하고자 했습니다. 소믈리에가 물었습니다. "샤르도네 어떠신가요?" 그러자 네 명의 손님 가운데 세 사람은 "너무 좋지요. 그렇게 합시다"라고 말했습니다. 그런데 그 순간 손님 하나가 "저는 샤르도네 싫어요. 그냥 샤블리Chablis로 주세요"라며 주문을 바꾸려 했습니다. 눈치 빠르고 영리한 소믈리에는 "네, 알겠습니다. 샤블리로 가져와서 서브하겠습니다"라고 한 뒤 샤블리 화이트 와인을 준비했습니다. 나머지 세 친구는 서로 눈빛을 주고받으며 고개를 끄덕이고 아무 말 없이 즐겁게 건배한 후 시원한 샤블리 화이트 와인으로 멋진 만찬을 행복하게 이어갔습니다.

샤블리 화이트 와인을 주문하는 건 참으로 당연하고 또 가능한 일입니다. 그런데 샤블리는 포도 품종이 아니라 부르고뉴 코트 드 본의 4대 명품 화이트 와인 마을 가운데 한 곳입니다. 몽라셰처럼 샤블리는 뫼르소Meursault, 코르통 샤를마뉴Corton-Charlemagne와 함께 최고의 명품 화이트 와인을 만드는 부르고뉴의 화이트 와인 정상에 오른 곳입니다. 아마도 샤블리를 주문한 그 친구는 전에 샤블리에서 나온 화이트 와인 맛에 반해 그걸 다시 마시고 싶은 기억에 그렇게 했을 겁니다. 이 네 곳은 모두 샤르도네로 화이트 와인의 최고 반열에 같이 올라 함께 유명세를 누리고 있습니다. 물론 샤블리는 본 지방에서도 북쪽에 있고 신맛이 강하며 과일 향이 싱싱한 반면, 코르통 샤를마뉴와 몽라셰에서 나오는 화이트 와인은 오크통 숙성에서 비롯된 보디감 높은 깊은 풍미를 자랑합니다.

샤르도네로 빚은 화이트 와인은 어떤 음식과 가장 어울릴까요? 답은 서양에서 나오는 모든 음식과 다 잘 어울린다는 것입니다. 뉴질랜드의 오크통 숙성 없이 만든unwooded 와인이나 프랑스 부르고뉴의 샤블리에서 생산된 드라이한 와인은 해산물, 치즈, 샐러드, 익힌 생선

등과 참 잘 어울립니다. 그러나 오크통에서 익힌 풀보디 몽라셰 화이트 와인의 경우 워낙 과일 향이 진하고 보디감이 좋은 만큼 닭고기 같은 흰색 육류와 잘 맞습니다. 물론 피자나 파스타와도 잘 어울리고 때로는 쇠고기나 돼지고기 요리와 좋은 궁합을 이루기도 합니다.

그럼 우리나라 음식과는 어떨까요? 서양에는 올리브 오일 등으로 익힌 생선 요리가 많지만, 우리나라는 거의 맵게 생선을 요리하지 않습니까? 그런데 대구머리조림, 복어수육, 아귀수육, 조개와 낙지와 콩나물을 고춧가루 넣지 않고 찐 맑은 해물찜 등의 요리도 있습니다. 이들 요리의 공통점은 맵거나 자극적인 맛이 적다는 점입니다. 이런 요리엔 샤르도네로 빚은 화이트 와인이 최고의 궁합을 이룹니다.

2

중세의 포도 리슬링

맥주의 본고장 독일은 이웃한 와인 강대국 프랑스나 이탈리아보다 위도상 북쪽에 있습니다. 필록세라가 유럽 포도밭을 휩쓸면서 독일 맥주가 한때 와인의 대안 노릇을 하게 된 일은 앞서 살펴보았습니다. 독일은 대략 북위 47~52도에 걸쳐 있다보니 여름이 짧고 기온도 비교적 선선한 편입니다. 많고 강한 일조량을 요구하는 레드 와인용 포도를 재배하기엔 기후 조건에서 불리합니다. 그래도 독일은 유럽의 주요 와인 생산국 가운데 엄연한 독자적 존재 가치를 가진 나라로 꼽힙니다. 독일 남부를 중심으로 피노 누아로 붉은 포도주를 만드는 와이너리도 적지 않습니다. 물론 독일을 유럽의 와인 주요국 반열에 오르게 해주는 주역은 따로 있습니다. 바로 '리슬링'이라는 청포도입니다.

독일 포도주를 상징하는 유서 깊은 와이너리 한 곳을 찾아보는 것으로 이번 이야기를 풀어갈까 합니다. 현존하는 지구상의 모든 와이

독일 라인강을 낀 라인가우 지역 포도밭

너리 가운데 가장 오랜 역사를 가진 곳이 있습니다. 바로 독일의 라인강 유역 라인가우에 터를 잡은 '슐로스 폴라즈Schloss Vollrads' 와이너리입니다.

괴테가 사랑한 라인가우 리슬링

라인가우 지역은 프랑크푸르트 서쪽 마인츠 인근 라인강 일대 지역을 말합니다. 1211년에 포도주 판매를 했다는 기록이 나오면서 1211년이 슐로스 폴라즈 와이너리의 설립 연도가 됐습니다. 독일의 문호이자 여행을 좋아하는 괴테는 리슬링으로 빚은 화이트 와인을 각별히 좋아했다고 합니다. 괴테는 1814년 라인가우를 여행하면서 슐로스 폴라츠 고성에 머문 이야기를 이렇게 기록했습니다.

"윙켈 지역 중심부부터는 경사 지대며 그 경사는 폴라츠(슐로스 폴라츠 와이너리의 고어)Vollath를 향한다. 길을 따라 걷다보면 포도밭이 나오고 버드나무들이 줄지어 있는 강가의 목초지를 통과한다. 산기슭 경사지에는 '슐로스 폴라츠'가 있다. 왼편과 오른편에 기름진 토양의 포도밭이 자리하고 있고 성 뒤쪽에는 참나무와 너도밤나무 숲이 즐비하다. 와인의 품질은 포도밭 상태와 수확 시기에 따라 달라진다. 수량에 집중하면 품질이 낮아지고, 최고의 품질을 고려하면 포도주 생산 규모는 당연히 줄게 된다."

괴테가 단순히 와인을 즐긴 수준을 넘어 와인에 대한 지식이 상당한 수준에 이르렀음을 느끼게 해주는 표현입니다. 괴테는 지구상 제일 역사가 깊은 와이너리에서 나오는 리슬링 화이트 와인 가운데서도 '캐비닛Kabinett, Cabinet'으로 분류된 와인을 특별히 좋아했다고 합니다. 캐비닛은 글자 그 자체로 장롱을 뜻하는 같은 어원을 갖고 출발했습니다. 슐로스 폴라츠 와이너리에서 1716년에 처음으로 특별히 선별한 포도로 최상급 와인을 만든 뒤 캐비닛이라는 저장고에 별도 보관한 것을 계기로 캐비닛 등급이라는 표현을 사용했습니다.

슐로스 폴라츠 고성 주변으로는 총 80헥타르의 포도밭이 펼쳐져 있습니다. 포도 수확은 기본적으로 모두 손으로 합니다. 오크 숙성이나 젖산 발효를 전혀 하지 않는 것이 이 와이너리의 특징입니다. 리슬링 포도 품종이 주는 향과 라인가우의 땅이 빼어난 화이트 와인을 탄생시켰습니다.

슐로스 폴라즈는 다른 지역과 차별화된 병 디자인으로 오랜 세월 전통을 유지하고 있습니다. 병의 색을 초록색으로 만들었는데, 병 목부터 라벨 위까지 세련되게 뻗은 스트라이프 패턴이 들어갔습니다. 코발트색으로 만든 병도 있습니다. 코르크 마개가 아닌 유리 마개를 쓰는 것도 특징입니다. 유리 마개를 통해 발효와 숙성을 깔끔히 진행되게 하는 노하우를 찾아낸 것입니다.

슐로스 폴라즈 와이너리가 1211년에 시작된 것을 기념하는 특별한 와인도 소량이지만 해마다 만들어집니다. 바로 슐로스 폴라즈 1211 VDPSchloss Vollrads 1211 VDP입니다. 포도송이 가운데서도 가장 잘 익은 좋은 포도를 알알이 하나씩 손으로 골라 만드는 와인입니다. 포도송이를 손으로 따는 것은 당연하지만 그중에서도 알을 하나씩 손으로 선별해낸 정성의 결정체입니다. 1년에 단 2,000병만 생산합니다. 병입 후 5~6년이 지난 이 와인은 알코올 도수가 13.5%로 매우 높습니다. 슐로스 폴라즈 1211 리슬링 화이트 와인을 스테이크 요리에 맞춰

슐로스 폴라즈 와인

슐로스 폴라즈 와이너리

마시는 일은 이 와이너리를 찾는 애호가들에게 최고의 행복이자 중요한 코스로 정착됐습니다.

로마 시대에 건축된 라인가우의 멋진 고성은 독일 와인의 상징이자 자존심 그 자체입니다. 시간이 갈수록 관광객들과 와인 애호가들의 발길이 줄곧 이어지는 이유를 짐작하실 겁니다. 독일 리슬링 화이트 와인의 상징으로 평가받는 와이너리의 깊이는 리슬링 포도의 매력을 잘 보여주는 사례입니다.

리슬링 포도는 청포도임에도 불구하고 포도주로 만들면 오랜 시간 숙성이 이어지게 하는 힘이 있습니다. 리슬링은 오크통에서 숙성시키거나 산도를 낮춰 부드럽게 해주는 젖산 발효 과정을 거치지 않습니다. 워낙 향미가 강해 다른 풍미를 첨가할 필요가 없습니다. 강한 산도 덕분에 타닌이 없는 품종임에도 불구하고 장기 숙성이 가능합니다. 세계적인 고급 품종으로 높이 대우받는 이유입니다. 레몬과 라임의 향이 넘치고 깨끗한 감귤류 과일의 아로마를 가졌습니다.

리슬링

추위를 잘 견디고 이른 봄 냉해를 예방하기 위해 스스로 싹을 늦게 피우기 때문에 북위 47도 이상의 다소 춥고 서늘한 독일에서 잘 자라는 품종입니다. 대신 여름엔 충분한 햇빛을 요구합니다. 이런 면에서 독일 라인 강변 경사진 포도밭이 최적의 조건을 갖는 것입니다. 리슬링 포도의 매력이 알려지면서 지금은 신대륙으로 재배지가 많이 퍼졌습니다. 그래도 여전히 세계 리슬링 포도 생산의 21%를 독일이 차지합니다. 독일은 포도주 병에 리슬링이라는 표시를 붙이려면 85% 이상의 리슬링 포도를 사용하도록 법으로 정했습니다.

리슬링 포도는 녹색과 노란색 그리고 연한 밀짚의 색을 두루 띱니다. 와인으로 담은 뒤 오랜 시간 숙성이 잘 이뤄지고 나면 연두색 화이트 와인이 황금빛으로 색을 갈아입습니다. 특히 리슬링 화이트 와인의 향과 마시고 난 뒤의 풍미에는 묘한 매력이 넘칩니다. 감귤류의 향에다 사과나 자몽 냄새도 나는데 한 모금 마시고 난 후엔 미네랄 향의 여운이 강하게 남습니다. 숙성 초기를 지나 시간이 흐르고 나면 단단함보다는 부드러움이 인상적입니다. 꿀이나 꽃의 냄새와 함께 석유의 아로마까지 나오기 때문입니다. 리슬링 숙성 와인에서 석유 냄새가 나는 것을 서양에서는 윤활유 냄새나 고무 냄새라고 표현하기도 합니다. 오래 숙성된 리슬링에서만 나오는 것으로 고급 만찬에서는 석유 향이 나는 잘 숙성된 리슬링 화이트 와인을 만찬용 술로 높게 평가하지요. 그러나 석유 향에 익숙지 않은 초심자들은 포도주가 잘못 보관된 것으로 착각할 수도 있습니다.

어울리는 음식과 관련해 선입견을 덜어버리고 접근할 필요가 있는 와인이 바로 리슬링 화이트 와인입니다. 리슬링 포도주는 주로 익힌 해산물 요리와 잘 어울리긴 합니다. 물론 시원하게 보관한 리슬링을 한국식 생선회와 먹어도 톡 쏘는 향미가 특별한 감흥을 줍니다. 와인의 향이 특별하다보니 향신료를 많이 쓰는 한국 음식과 의외로 잘 어울립니다. 신맛과 매운맛, 단맛 등 강한 맛을 한꺼번에 담은 우리네 매운 갈비찜을 예로 들어보죠. 이런 음식에 반드시 카베르네 소비뇽으로 빚은 레드 와인을 같이 마시지 않아도 된다는 것을 리슬링 화이트 와인이 증명합니다. 적당한 단맛과 산도가 조화를 이루는 리슬링은 맵고 짠 맛을 부드럽게 어루만지는 역할을 할 수 있습니다. 한번 체험해보시면 이 뜻을 알게 되실 겁니다.

독일엔 로만틱 가도, 프랑스엔 와인 가도

독일 여행 하면 '로만틱 가도Romantic Road'를 손꼽는 분들이 많습니다. 프랑크푸르트에서 출발해 아름다운 역사 도시 뷔르츠부르크와 로텐부르크, 이어 딩켈스뷜을 거쳐 로마 아우구스투스 황제 때 만들어진 도시 아우스부르크를 점찍은 뒤 뮌헨을 지나 마지막으로 백조의 성(노이슈반슈타인)이 있는 퓌센까지 이어지는 350킬로미터의 아름다운 여행길입니다. 로마 시대부터 있었던 길이라고 해서 '로만틱 가도'라고 부르지만, 오늘날 여행객들은 '가장 낭만적인 길'이라는 의미를 부여합니다. 리슬링은 라인강 일대의 경사진 포도밭에서도 많이 나오지만, 뷔르츠부르크와 로텐부르크 등 로만틱 가도의 북쪽 지역에서도 많이 생산됩니다.

독일에 로만틱 가도가 있다면 프랑스엔 '와인 가도Wine Road, Route du Vin'가 있습니다. 프랑스 알자스 지방 스트라스부르 인근의 마를렌하임에서 출발해 리보빌레, 콜마르를 거쳐 탠으로 이어지는 170킬로미터에 이르는 포도밭 지구를 관통하는 길입니다. 특히 리보빌레에

로만틱 가도의 절경 가운데 하나인 노이슈반슈타인성의 아름다운 모습

서 에기스하임까지 연결된 20킬로미터 구간은 와인 가도의 하이라이트입니다. 경치가 좋고 들르는 마을마다 중세 때부터 전해져 내려오는 특유의 아름다운 풍광과 역사가 오롯이 살아 숨 쉽니다. 와인 가도 지역의 포도밭에서는 주로 리슬링을 비롯해 게뷔르츠트라미너Gewürztraminer, 모스카토 등 청포도를 재배합니다. 드물게 피노 누아를 생산하는 곳도 있지만 90% 이상의 농장이 청포도를 생산하죠. 그중에서도 리슬링은 가장 많은 생산량을 차지하는 품종입니다.

알자스-로렌 지역은 수세기에 걸쳐 프랑스와 독일이 영토의 주권을 번갈아 소유했습니다. 알퐁스 도데가 쓴 단편소설 《마지막 수업》이 국어 교과서에도 실렸던 기억이 납니다. 나라 잃고 언어를 빼앗기

알자스의 와이너리와 마을

는 서러움을 문학적으로 잘 그려낸 좋은 작품이라고 배웠지요. 그도 그럴 것이 일제에 언어와 나라를 침탈당한 대한민국의 역사와 흡사하기 때문입니다. 우리의 반일정서를 대리 표현해준 작품으로 인식됐고 당시 교사들도 그렇게 가르쳤던 게 사실입니다. 하지만 이 이야기엔 바로잡아야 할 오류가 존재합니다.

독일과 프랑스의 국경에 면한 알자스-로렌의 슬픈 역사를 온전히 이해하려면 보불 전쟁부터 1945년 2차 세계대전 종전까지의 과정을 알아야 합니다. 이 지역은 921년부터 신성로마제국(독일)에 속했습니다. 이후 1600년대 초반 독일에서 30년 전쟁이 일어났고 1648년 베스트팔렌 조약의 결과 프랑스령으로 복속됩니다. 1871년 프로이센(구 독일)과 프랑스의 보불 전쟁 후 프랑크푸르트 조약에 따라 알자스-로렌은 독일의 영토로 되돌아갑니다. 물론 베스트팔렌 조약으로 프랑스령이 된 이후에도 1,000년 이상 독일어 사용이 이어졌습니다. 자연히 이 지역은 독일적 문화가 강하게 존속돼왔습니다. 1차 세계대전 직후 잠시 독립국(알자스-로렌 독립공화국)으로 있다가 1919년 베르사유 조약에 따라 프랑스 영토로 귀속됩니다. 히틀러의 나치 정권이 2차 대전을 일으키고 1940년 잠시 나치의 땅이 됐지만, 1945년 2차 세계대전 종전과 함께 프랑스 땅이 됩니다. 그때 이후 알자스-로렌은 프랑스 영토로 현재에 이르고 있습니다.

도데는 《마지막 수업》에서 모국어인 프랑스어를 더 이상 쓸 수 없게 된 현실을 그렸지만 실제 알자스-로렌 지방에서는 이미 마을마다 1,000년 넘는 세월 동안 사용한 언어의 전통이 면면히 이어졌습니다.

독일이 지배할 때는 프랑스어를 사용하는 마을 주민들에게 프랑스어를 못 쓰게 하고, 프랑스가 지배할 때는 독일어를 쓰는 마을 주민들에게 프랑스어를 강요해온 일이 아예 없었습니다. 이 지역은 지배 국가가 독일, 프랑스 어느 쪽이 됐든 이와 무관하게 각각의 마을이나 타운 위주로 고유한 언어의 전통이 이어져왔던 것입니다. 다만 프랑스령에서 독일령으로 바뀌는 상황에서 도데는 프랑스가 나라를 빼앗기는 울분을 다소 작위적인 설정으로 드러낸 것으로 보입니다.

필자는 파리 특파원 시절 스트라스부르의 크리스마스 축제와 콜마르의 와인 마을을 즐겨 찾곤 했습니다. 지금도 이 지역 주민들은 독일어를 사용하지만, 자신들의 나라는 프랑스라고 떳떳하게 말합니다. 독일과 프랑스의 사이가 불편하거나 잦은 전쟁으로 삶 자체가 피폐하던 시절은 아득한 옛날 일이 됐습니다. 청정한 자연환경 속에서 리슬링 와인을 만드는 순수한 농심엔 독일어를 사용하는 프랑스 국민의 정서와 프랑스어를 사용하는 친독일적 문화가 함께 숨 쉴 뿐입니다.

3

낭만의 포도 소비뇽 블랑

화이트 와인에서 샤르도네와 쌍벽을 이루는 주요 품종이 소비뇽 블랑입니다. 포도 품종 이야기의 첫 번째 정거장이 '카베르네 소비뇽 일가'였던 것을 기억하실 겁니다. 그때 세계 포도의 황제로 등극한 카베르네 소비뇽은 카베르네 프랑과 소비뇽 블랑이 교배해서 탄생한 포도임을 이야기한 바 있습니다.

소비뇽 블랑은 프랑스 루아르강 유역에서 재배되던 전통의 청포도입니다. 루아르강 고성 투어는 한국인들에게도 매우 인기 높은 관광 상품입니다. 여러 개의 성이 저마다 개성이 넘치기 때문입니다. 루아르의 아름다운 성을 말하면서 와인과 레오나르도 다빈치 이야기를 건너뛸 수는 없겠지요. 루아르 유역의 많은 성은 저마다 재미있는 역사를 가졌지만 이 책에서 다 소개할 수는 없습니다. 다만 와인과의 연결점이 있는 두 성 앙부아즈와 샹보르 이야기를 짧게 짚어보겠습니다.

루아르강 유역의 앙부아즈에 위치한 소비뇽 블랑 포도밭

다빈치를 사랑한 왕 프랑수아 1세

르네상스의 거장이자 천재적인 화가, 건축가, 해부학자, 과학자였던 레오나르도 다빈치는 만년을 프랑스에서 보냈습니다. 그의 천재성을 높이 산 프랑스의 국왕 프랑수아 1세의 부름에 응한 것입니다. 1515년 거장이 프랑스로 왔을 때의 나이는 63세, 프랑스 왕은 약관 20세였습니다. 왕은 천재에게 '클로 뤼세'라는 이름의 작은 성을 헌정했습니다. 왕의 거처는 루아르 강변의 앙부아즈성이었습니다. 두 성은 걸어서 10분 거리로 가까웠습니다. 왕은 두 성을 지하로 연결해 비가 내려도 편하게 만나고 소통할 수 있게 했습니다. 천문, 지리에서부터 건축에 이르기까지 프랑수아 1세는 임금의 스승인 다빈치의 가르침을 받았습니다.

왕의 스승이 이탈리아에서 가져와 마무리하려던 그림 세 작품이 있었습니다. 그중 하나가 인류의 문화유산이 된 '모나리자'입니다. 다빈치는 이 작품을 미완성으로 남겨둔 채 프랑스로 이주한 지 4년 만인 1519년에 숨을 거둡니다. 국왕은 그를 껴안고 흐느껴 울었습니다. 정성껏 장례를 치른 뒤 왕사王師의 무덤을 자신이 기거하던 앙부아즈성 내의 교회에 모셨습니다. 다빈치 서거 500년을 맞은 2019년 프랑스 정부는 앙부아즈성에서 '레오나르도와 국왕'이라는 제목의 이벤트를 열었습니다. 관련 미술 작품을 한눈에 볼 수 있고 왕과 스승의 일상적 소통의 흔적을 느낄 수 있는 특별전이었습니다.

1519년은 다빈치가 서거한 해이기도 하지만, 세계에서 가장 웅장하고 화려한 성으로 남겨지게 된 샹보르성의 축성이 시작된 해이기도 합니다. 프랑수아 1세의 사냥 숙소 용도로 지어지기 시작했지만 정작 그는 성의 완성을 보지 못했습니다. 샹보르성은 태양왕으로 불린 루이 14세 시절인 1658년에야 완공됐습니다. 초기 디자인을 왕의 스승이던 다빈치가 했을 것으로 사람들은 보고 있습니다. 프랑수아 1세의 문장紋章인 불을 뿜는 도롱뇽 '라 살라망드르La Salamandre'가 700개 넘게 조각됐고, 방의 숫자만 무려 440개에 이릅니다. 13개의 주요 계단이 있는데 특히 내려오는 사람과 올라가는 사람이 만나지 않도록 배려한 2층 나선형 계단은 관광의 포인트입니다. 이 나선형 계단은 다빈치의 아이디어로 채택됐습니다. 샹보르성 축성 시작 500년이 된 2019년 내내 기념 전시와 행사가 이어졌습니다.

루아르의 수령 80년 된 나무에서 영글고 있는 소비뇽 블랑

프랑수아 1세 당시에도 고급 레드 와인과 화이트 와인이 같이 필요했을 겁니다. 육류로 메인 코스를 장식하는 만찬이 있는 날엔 레드 와인을, 해산물 요리로 본식을 먹을 때는 화이트 와인을 마셨을 겁니다. 국왕인 프랑수아 1세와 왕의 사부인 다빈치가 루아르 일대 숲에서 사냥해 잡은 사슴고기와 가까운 대서양 바다에서 어부들이 잡아 진상한 갖은 해산물을 좋은 와인과 함께 즐기는 장면을 상상하는 건 그리 어렵지 않습니다. 500년 전부터 루아르 일대에서 소비뇽 블랑 포도로 만든 고급 화이트 와인이 나왔음을 유추하게 하는 역사 이야기입니다.

우리가 앞서 익힌 필록세라는 19세기 중반 예외 없이 이곳 루아르 밸리 포도밭마저 쑥대밭으로 만들었습니다. 포도밭 주인들은 수종을 필록세라에 강한 소비뇽 블랑으로 대거 교체했습니다. 상세르와 푸이 퓌메 마을의 이야기입니다. 지금도 두 지역 포도 생산량의 20%는 붉은 포도가 차지합니다. 그러나 이 두 곳은 세계 최고 품질의 소비뇽 블랑 화이트 와인 생산을 자랑합니다. 소비뇽 블랑 포도는 향이 있어서 오크 숙성을 통해 와인의 균형을 잡기가 매우 힘듭니다. 대개 오크 숙성을 피하는 이유가 이것입니다. 그런데 상세르에는 10대를 거치며 가업으로 소비뇽 블랑 화이트 와인을 만들어온 가문도 여럿 있었습니다. 그런 와이너리에선 19세기 필록세라 급습 이전부터 전통의 방법인 오크통 숙성을 통해 소비뇽 블랑 화이트 와인을 만들고 있습니다. 상세르 화이트 와인은 레몬과 복숭아의 신선한 과일 향에다 아카시아 향도 강합니다. 푸이 퓌메의 소비뇽 블랑 와인은 녹색을 띱니다. 상세르가 상대적으로 풍부한 느낌을 준다면 푸이 퓌메는 강한 향에 미네랄 풍미가 두드러집니다. 푸이 퓌메에서 만드는 소비뇽 블랑을 과거엔 '퓌메 블랑'이라고 불렀는데, 화이트 와인임에도 훈제fume 냄새가 강하다는 뜻에서 그렇게 불렀습니다.

앙부아즈성이 보이는 곳에 위치한 루아르 소비뇽 블랑 와이너리

뉴질랜드에서 화려하게 꽃피운 포도

샤르도네가 화이트 와인의 왕이라면 소비뇽 블랑은 여왕입니다. 프랑스 루아르에서 출발한 소비뇽 블랑은 다른 포도 품종이 그러하듯 신대륙으로 옮겨가면서 그곳의 독특한 토양과 만나 더욱 풍미가 다채로운 멋진 화이트 와인 소재로 성장합니다. 그 대표적 성공 사례가 바로 뉴질랜드와 미국 캘리포니아입니다.

비바람이 치던 바다
잔잔해져 오면
오늘 그대 오시려나
저 바다 건너서
밤하늘에 반짝이는
별빛도 아름답지만
사랑스런 그대 눈은
더욱 아름다워라
그대만을 기다리리
내 사랑 영원히 기다리리

이 노래는 40대 이상이라면 누구나 기억할 것입니다. 대학 때 대성리로 MT 가서 모닥불 피워놓고 통기타 치면서 청춘의 순수함이란 옷을 입고 즐겨 부르던 '연가'입니다. 그 시절로 돌아가면 아마도 누구나 가슴이 뭉클해질 겁니다. 당시에는 이 노래의 출전이 뭔지 정확히 알지는 못했습니다. 이 노래는 뉴질랜드 원주민인 마오리족의 민요로, 원래 제목은 '영원한 밤의 우정'이란 뜻을 지닌 '포카레카레 아나Pokarekare Ana'입니다. 맺어지기 힘든 원수 마을 남녀의 사랑이 이뤄지게 되는 과정을 담은 노래입니다. 《로미오와 줄리엣》은 비극으로 결말이 났지만, 마오리족은 아름다운 사랑의 완성과 부족 간 화해로 사랑 이야기를 마무리했습니다.

뉴질랜드의 소비뇽 블랑 최고 와이너리는 우리나라 와인 애호가들 사이에서도 요즘은 널리 알려진 '클라우디 베이Cloudy Bay'입니다. 주인은 프랑스의 명품 재벌 루이뷔통 그룹입니다. 포도 재배의 역사는 20세기 후반에 시작돼 짧은 편입니다. 뉴질랜드는 가장 큰 도시 오클랜드가 있는 북섬과 아름다운 도시 퀸스타운을 가진 남섬으로 이뤄진 천혜의 청정 자연을 자랑하는 나라입니다. 클라우디 베이는 남섬의 가장 북쪽 끝에 자리한 말버러 지역에 위치하고 있습니다.

클라우디 베이 소비뇽 블랑 화이트 와인

클라우디 베이는 '구름 낀 만灣'을 뜻하지만 사실 말버러 지역은 구름이 적은 아주 쾌청한 날씨를 자랑합니다. 그러면 왜 이런 명칭을 붙였을까요? 바로 '포카레카레 아나'를 민요로 부르는 마오리족이 이 지역에 붙여놓은 고유 명칭이 그런 뜻에서 출발했기 때문입니다. '구름 낀 만'이란 뜻을 담아 마오

클라우디 베이 와이너리

리족은 오래전부터 이 지역을 '테코코Te Koko'라고 불렀습니다. 클라우디 베이가 만들어내는 소비뇽 블랑 화이트 와인 중에서 최상급 와인에 '테코코TE KOKO'라는 명칭을 붙입니다.

테코코는 각별합니다. 최고 품질의 포도를 엄선하는 과정부터가 다릅니다. 가을에 포도를 수확하면서 전체 수확량의 단 5%만을 포도주로 담그는 데 사용한다는 점이 핵심입니다. 이 이야기를 듣는 순간 참으로 공감이 가는 한편 고품격 와인을 만들기 위한 철저한 태도에 존경심이 더해집니다. 사업 파트너와 상담할 때 테코코 소비뇽 블랑 와인 한 병의 잔잔한 스토리를 담아 건배하는 건 어떨까요? 아니면 사랑하는 사람에게 솔직한 고백을 해보면 어떨까요? '연가'의 스토리처럼 사업도 사랑도 잘 이뤄지게 하는 힘이 될 것입니다.

나파에서 나오는 빼어난 소비뇽 블랑 화이트 와인

미국 캘리포니아에서도 소비뇽 블랑 포도주가 생산됩니다. 나파 밸리의 레드 와인 대명사로 불리는 로버트 몬다비가 1970년대에 소비뇽 블랑 화이트 와인을 만들기 시작했습니다. 프랑스 루아르의 '블랑 퓌메'란 이름에서 힌트를 얻어 앞뒤 순서만 바꿔서 '퓌메 블랑Fumé Blanc'이라는 브랜드로 포도주를 만든 겁니다. 나파의 토양과 태양이 워낙 좋아 신선한 과일 향과 산미가 일품인 고품격 소비뇽 블랑 화이트 와인이 미국에서도 탄생했습니다. 물론 그보다 더 비싼 것으로 역시 나파 밸리에서 생산되는 덕혼Duckhorn 와이너리가 만든 소비뇽 블랑 76%, 세미용 24%로 이뤄진 와인도 사람들의 사랑을 받습니다. 가격이 다소 비싼 게 흠이지만 맛은 분명 그 값을 한다는 이야기를 들을 만큼 빼어납니다.

소비뇽 블랑으로 만든 화이트 와인은 5년 이상 숙성을 허용하지 않습니다. 따라서 너무 오래 와인 냉장고에 보관하는 건 권하지 않습니다. 이 포도주는 반드시 8도 이하의 냉장 보관으로 관리해야 합니다. 급하게 마셔야 하는 상황이라면 얼음에 넣어두었다가 마시면 됩니다. 가리비 요리, 굽거나 찐 생선 요리, 생굴이나 홍합 같은 패류, 오징어나 문어 요리 등 거의 모든 해산물 요리와 궁합이 잘 맞습니다. 필자의 경험으로 볼 때 가장 어울리는 음식은 생선회입니다. 소비뇽 블랑한 모금을 마신 뒤 싱싱한 생선회를 고추냉이 살짝 곁들인 간장에 찍어서 한입 씹어 먹으면 '이게 천상의 궁합이구나' 하고 실감하실 겁니다. 시중엔 좋은 가격의 소비뇽 블랑 포도주가 많이 나옵니다. 칠레나 남아공, 호주에서도 가성비 좋은 소비뇽 블랑 화이트 와인이 생산됩니다.

4

여름을 시원하게 해주는 모스카토

'모스카토'라는 특별한 포도로 만든 와인도 알고 마시면 느낌이 다릅니다. 사람은 더울 땐 시원한 것을 찾고 추울 땐 따뜻한 것을 원합니다. 모스카토는 포도 품종이자 와인의 이름입니다. 여름철에 꼭 필요한 시원한 포도주가 모스카토입니다.

필자는 여름철이면 가끔 로제 와인이나 세미 스파클링 와인을 사서 마십니다. 며칠 전엔 마트에서 한 병에 1만 6,000원 하는 '모스카토 다스티Moscato d'Asti'라는 와인을 샀습니다. 알코올 함량이 5.5%로 와인 치고는 도수가 매우 낮은 게 특징이죠. 모스카토 청포도의 산뜻한 맛과 은은한 꽃향기가 특징인 세미 스파클링 와인입니다. 100% 모스카토 품종으로 만든 것으로 산지는 이탈리아 피에몬테의 아스티 지방입니다. 연두색이 감도는 밝은 황금색을 가졌는데 꽃 중에서도 아카시아와 재스민의 내음이 그윽한 와인입니다. 대개 레드 와인은 알코올 비중이 12.5~16% 사이에서 만들어지고 화이트 와인은 9~13% 수준으로 제조되는 것에 비해 모스카토 다스티는 깊은 에일 맥주 정도인 5.5%에 불과합니다. 와인 냉장고에 별도로 넣을 필요도 없이 그냥 일반 냉장고에 맥주 보관하듯이 넣어두면 그만입니다. 30도 이상을 넘나드는 무더운 날씨에 식전주 혹은 식후주로 마시기 알맞은 와인입니다. 가벼운 과일 한 접시도 좋고 티라미수 같은 케이크나 치즈를 곁들여 마셔도 좋습니다. 맥주만큼 시원하면서 맥주엔 없는 깊은 꽃향기가 있다는 것이 최고의 장점입니다. 술이 익숙지 않은 여성들도 모스카토는 마시기 좋은 와인입니다.

한의원에서 파는 공진단이라는 활력을 높여주는 환에 들어가는 게 사향인데요. 이 사향의 품질과 함량에 따라 공진단 가격이 천차만별로 다릅니다. 사향노루는 우리나라를 비롯해 중국, 러시아, 몽골, 우즈베키스탄 등지에 서식하는데, 폭증하는 공진단 수요 때문에 멸종위기를 맞고 있습니다. 사향을 영어로는 '머스크musk'라고 부릅니다. 모스카토 포도에서 사향과 비슷한 묘한 향이 나옵니다. '뮈스카Muscat' 혹은 '모스카토Moscato'라고 불리는 이 포도는 변종만 200종이 넘을 정도로 세계 각지에서 다양한 특징을 가진 채 재배됩니다. 식용으로도 쓰이고 건포도용으로도 애용되며 맛이 각별합니다. 물론 오늘의 주제인 도수 낮은 시원한 와인용으로도 쓰입니다.

사향이 영어로 머스크지만 이 포도의 어원과 연관이 있는지는 누구도 확인할 수 없습니다. 이탈리아어로 '파리fly'를 뜻하는 'mosca'가 어원일 수 있다는 추정도 있습니다. 포도의 달콤하고 진한 향기에 파리가 달려들어서 유래했다는 주장입니다. 오만 아라비아의 항구 도시 '무스카트Muscat'라는 곳이 있는데, 모스카토 포도 역시 중동에서 건너왔다는 점을 감안하면 포도 이름과 도시 이름 사이에 연관성이 있을 것이라는 추정도 한다고 합니다.

와인의 재료가 되는 다른 포도 품종들은 대개 우리나라 토양에서 잘 자라지 못하지만 모스카토만큼은 국내에서도 재배됩니다. 그것도 구한말이던 1901년 프랑스의 안토니오 콩베르 신부에 의해 경기도 안성 땅에서 재배가 시작됐다는 기록이 있습니다(〈매일경제〉 2014년 6월 24일).

이 포도는 같은 유럽 안에서도 재배되는 국가나 지역에 따라 특징이 다른 다양한 와인으로 변신합니다. 프랑스 알자스에서는 화이트 와인을 만듭니다. 루마니아나 불가리아에서는 스위트 와인을 만들지요. 오늘 우리가 가장 중점적으로 알아보고자 하는 포도주는 바로 이탈리아 피에몬테 지역 아스티에서 나오는 포도 이름과 같은 와인 모스카토입니다. 이것을 '모스카토 다스티'라 부릅니다. 와인을 잘 모르

피에몬테 아스티의 모스카토 와이너리

는 사람도 쉽게 가까워질 수 있는 와인입니다. 향긋한 첫인상을 코로 느끼고 나서 한 모금 마시면 달콤함과 부드러움이 혀 위로 번져 신선한 세상을 만들어냅니다. 입안에선 어느새 꽃 냄새는 물론이고 살구, 복숭아 같은 과일 내음도 그윽하게 퍼집니다.

모스카토 다스티

모스카토 다스티를 만드는 방식은 독특합니다. 섬세한 향을 유지하려고 수확하자마자 신선도가 떨어지기 전에 즙을 냅니다. 그리고 기포를 얻기 위해 압력 탱크를 이용합니다. 발효 과정에서 발생하는 이산화탄소를 와인 안에 가두는 겁니다. 알코올 함량이 5~6%에 이르면 발효를 중단시킵니다. 알코올 도수가 올라갈수록 단맛이 줄어드는데 5~6% 수준에서 발효를 중단할 경우 아주 스위트한 와인으로 변신합니다. 향기 좋은 달콤함에 시원함까지 갖춘 와인이니 더운 계절 식사에 앞서 먼저 한 잔 시원하게 마시기 좋겠지요. 식후에 마시는 디저트 와인으로도 일품입니다.

앞서 샴페인의 오묘한 세계를 알아보면서 프랑스 샹파뉴 지방에서 나오는 발포성 와인에만 샴페인이란 명칭을 허락한 이야기를 기억하실 겁니다. 그러면서 이탈리아의 스파클링 와인은 '스푸만테'라는 이름의 상품으로 제조, 판매된다는 사실도 언급했는데요. 아스티에서 바로 이 스푸만테를 만듭니다. 똑같은 포도인 모스카토를 갖고 말이죠. 그런데 스푸만테는 알코올 도수가 7~9%로 모스카토 다스티보다는 높은 편입니다. 그래서 스푸만테는 코르크 마개와 철사로 마감 처리를 하지요. 반면 탄산이 적고 알코올 비중이 5% 안팎으로 약한 스파클링 와인은 '프리잔테Frizzante'라고 합니다. 모스카토 다스티는 프리잔테에 해당합니다. 프리잔테는 일반적으로 코르크 마개 대신 알루미늄 스크루screw 마개로 마감합니다. 따라서 모스카토 다스티는 사서 냉장고에 보관했다가 마시기 직전 손으로 병뚜껑을 돌려서 열면 됩니다. 이탈리아 정부는 모스카토 다스티와 모스카토 스푸만테 모두에 국가가 공인하는 등급인 DOCG 체계를 도입했습니다. 프리잔테나 스푸만테를 사서 마시더라도 DOCG 등급이 매겨진 건 품질과 맛이 더 좋고 가격도 비싸다는 점을 알아두세요.

5

세미용, 슈냉 블랑, 게뷔르츠트라미너

화이트 와인용 포도 종류는 국제 품종 외에 토착 품종도 다양하게 존재합니다. 모든 품종을 다 익힐 수는 없는 노릇입니다. 그래서 포도 품종 이야기의 마지막 편으로 귀부 와인을 만드는 포도 세미용, 루아르의 피노로 불리는 슈냉 블랑Chenin Blanc, 그리고 독일의 달콤한 포도 게뷔르츠트라미너 세 가지를 간략히 알아보는 것으로 품종 인문학의 막을 내리겠습니다.

귀부 와인을 만드는 세미용

세계 여러 나라에서 재배되는 품종이자 고급 품종으로 꼽히는 특별한 매력을 지닌 포도가 있습니다. 세미용이란 포도인데요. 앞서 와인의 종류에서 언급한 귀부 와인을 기억하실 겁니다. 잿빛 곰팡이균이 내려앉아 포도의 수분을 빨아먹고 나면 쭈글쭈글해지는데 이렇게 귀하게 상한 포도로 달콤한 디저트 와인을 만든다는 이야기를 했습니다. 프랑스 보르도 남쪽 소테른 마을에서 생산된 귀부 와인의 소재가 되는 포도가 세미용입니다.

세미용

세미용 자체는 다소 신맛이 강한 포도입니다. 청포도지만 잘 익고 나면 거의 황금색을 띱니다. 산도가 강해 귀부 와인용을 제외하고는 독자적으로 화이트 와인을 만드는 데 어려움이 따릅니다. 프랑스에서는 세미용에 샤르도네나 소비뇽 블랑을 혼합해서 매력적인 화이트 와인을 만듭니다.

세미용은 19세기 초 오스트레일리아로 건너갔고, 남아공으로도 이식됐습니다. 1820년 무렵 남아공에서 재배된 포도 대부분을 세미용이 차지했습니다. 칠레에서도 비슷한 때가 있었습니다. 양조용 포도의 대명사로 신대륙 와인 역사에서 인식된 이유는 포도알이 일찍 여물고 수확량이 엄청나게 많다는 장점 때문이었습니다. 하지만 요즘은 남아공 포도 생산량의 1%로 재배와 출하가 급감했습니다. 남아공이나 칠레에서 세미용의 영화가 사라진 것은 보다 매력적인 레드 품종이 대거 재배 면적을 넓혀갔기 때문입니다.

세미용은 다음과 같이 크게 세 가지 특징값을 갖는 와인을 생산하는 데 사용됩니다.

첫째, 귀부 와인을 만드는 데 쓰입니다. 가론강과 시론강이 만나는 보르도 남쪽 소테른 지역에서 귀하게 상한 상태의 고당도 포도가 만들어지면 그것으로 황금색 달콤한 귀부 와인을 만듭니다.

둘째, 샤르도네 혹은 소비뇽 블랑과 혼합돼 매력적인 화이트 와인으로 변신합니다.

셋째, 미네랄 풍미를 띤 복합적인 맛을 지닌 화이트 와인이 됩니다. 이 경우 숙성의 잠재력이 뛰어납니다.

'루아르의 피노' 슈냉 블랑

슈냉 블랑은 원산지가 프랑스 루아르 지방인 청포도 품종입니다. '루아르의 피노'라는 별명을 가진 품종이기도 하죠. 루아르의 석회질 많은 토양에서 재배된 1,500년 넘는 역사적 뿌리를 자랑하는 전통의 포도입니다. 강한 신맛과 진한 벌꿀의 달콤함을 가진 매력적인 포도입니다. 재배 조건은 비교적 까다롭지 않지만 잘 익기 위해선 풍부한 일조량이 매우 중요합니다. 신선하고 부드러우며 향이 풍부한 것이 특징입니다. 산미와 당도가 같이 높으므로 화이트 와인으로 만들면 여러 가지 과일 맛과 복합적인 미네랄 향이 넘치는 매력적인 포도입니다. 산도가 높아 화이트 와인 치고는 장기 보관도 가능합니다.

슈냉 블랑

슈냉 블랑은 화이트 와인용으로도 쓰이지만 발포성 와인인 '크레망'의 재료로도 널리 쓰입니다. 와인의 종류 가운데 발포성 편에서 프랑스 샹파뉴 지방에서 나오는 게 아닌 것 가운데 샹파뉴 방식으로 제조되는 스파클링 와인을 크레망이라 칭한다고 했습니다. 바로 이 슈냉 블랑으로 루아르 지방의 크레망이 만들어집니다. 슈냉 블랑 역시 신대륙으로 많이 이식됐는데 미국 캘리포니아에서는 이름을 '화이트 피노White Pinot'라고 부르기도 합니다.

슈냉 블랑으로 빚은 화이트 와인은 매콤한 한국식 해물 요리와도 잘 어울립니다. 또한 매콤한 멕시코 요리나 중국 쓰촨식 요리와도 좋은 짝을 이룰 수 있습니다.

달달한 게뷔르츠트라미너

알자스의 대표 품종으로 앞에서 리슬링 이야기를 짚었는데요. 또 다른 대표 품종이 게뷔르츠트라미너입니다. '게뷔르츠Gewürz'는 독일어로 '향이 강하다'라는 뜻입니다. 원산지는 이탈리아 피에몬테 지방의 트라민 마을이라고 합니다. 강한 향이란 뜻의 '게뷔르츠'와 마을 이름인 '트라민'을 합해 붙여진 이름이 '게뷔르츠트라미너'입니다.

게뷔르츠트라미너

이름의 유래처럼 과일 향이 매우 풍부하

고 강렬한 향신료 맛이 납니다. 이 품종으로 만든 화이트 와인은 의외로 알코올 도수가 높아 풀보디 와인을 만들 수 있다는 것도 특별한 점입니다. 대개 게뷔르츠트라미너는 향은 좋지만 산도가 낮아 리슬링에 비해 신선한 맛이 떨어진다는 평을 받는 것도 사실입니다.

추위에 강해 프랑스 알자스와 독일에서 주로 재배됩니다. 화이트 품종 가운데 가장 진하고 오일리oily하지만 신맛이 적어 피니시가 짧습니다. 그래도 이국적인 꽃향기와 열대과일 리치의 향이 강해 동양 음식과도 참 잘 어울립니다. 청포도인데 껍질은 핑크빛에 가까운 색조를 띱니다. 따라서 같은 화이트 와인이라도 이 품종으로 만든 제품은 색깔이 훨씬 깊습니다. 오스트리아에서는 게뷔르츠트라미너로 아이스 와인을 만들기도 합니다.

4부 와인을 둘러싼 이야기들

'카베르네 소비뇽 일가' 편을 필두로 게뷔르츠트라미너에 이르기까지 기나긴 포도 품종 탐험 여행을 함께했습니다. 와인의 장구한 역사와 산업화 과정, 음주 문화의 숙성에 이르는 내용을 두루 섭렵했습니다. 품종 이야기였지만 역사이자 여행기이기도 했습니다.

와인의 종류와 포도 품종은 와인을 이해하고 온전하게 즐기는 데 필요한 기본적인 골격의 역할을 할 것입니다. 거기에 더해 와인 즐기기에 실제적으로 도움이 되는 이야기도 참 많이 있습니다. 언제 마셔야 하는지, 디캔팅은 왜 하는지, 빈티지와 숙성의 관계는 무엇인지, 어떤 와인이 어떤 음식과 잘 어울리는지 등 에티켓과 실전 정보에 해당하는 내용을 지금부터 살펴보겠습니다.

1

무수아황산의 불편한 진실

무수아황산이란?

우리가 마시는 거의 모든 와인의 병 뒷면에는 '무수아황산 첨가' 혹은 영어로 'contains sulfite'라는 표기가 있습니다. 무수아황산無水亞黃酸은 한자를 풀어서 보면 '물H2O 성분이 없는 황산의 아류에 해당하는 물질'이라는 뜻입니다. 분자의 결합 구조를 기준으로 볼 때는 '이산화황二酸化黃', 즉 SO2입니다. 그러니까 와인에는 이산화황이 포함돼 있다는 것을 와인 제조사가 명시한 것입니다.

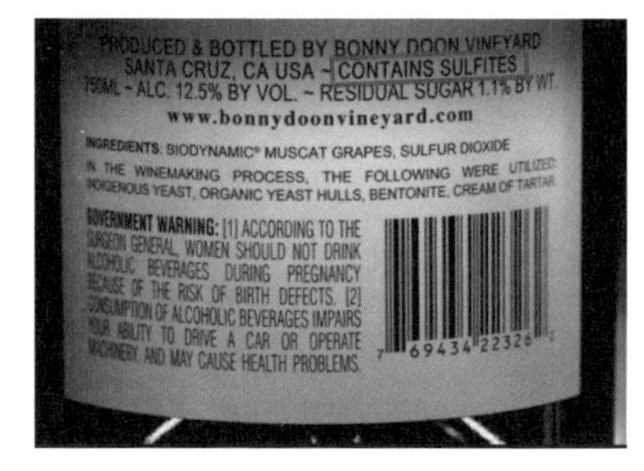

'SO2 포함'을 기재한 와인 라벨

이산화황인 SO2는 자극적인 냄새가 나는 무색 기체입니다. '황黃'은 영어로 'sulfur'입니다. 원소 기호로는 S입니다. 황은 자연 상태의 순수한 황 자체로 존재하거나 다른 물질과 결합해 황화물黃化物 형태로 존재합니다. 비료의 주성분이며 화약, 성냥, 살충제, 살균제 등에도 광범위하게 사용되는 물질입니다. 이 황이 산소를 만나는 과정, 즉 불에 태워지는 연소가 이뤄지면 이산화황이 되는 것입니다.

무수아황산이 왜 포도주에?

황 성분이 왜 포도주에 들어 있을까요? 또 포도주 한 병에는 어느 정도의 무수아황산이 들어 있을까요? 그 역할은 무엇이고 혹시 부작용은 있지 않을까요?

와인의 역사는 인류의 역사만큼이나 깁니다. 그리스 신화 시대부터 포도주는 존재했습니다. 로마가 세상을 지배하던 2,000년 전에도 와인은 있었습니다. 그때 로마 사람들은 황으로 만든 초를 포도주 담은 통 안에서 태우는 지혜를 터득했습니다. 황을 태웠더니 와인이 쉽게 상하지 않고 신선하게 보존된다는 사실을 깨달은 거죠. 이산화황, 즉 무수아황산은 두 가지 역할을 합니다. 바로 식품을 상하지 않게 하는 기능과 식품의 색상을 유지하게 하는 기능입니다. 포도주에는 포도 원액 100% 외에 유일한 첨가물로 병 뒷면 설명서에 표기된 무수아황산이 들어 있습니다. 앞서 SO2는 기체 상태라고 했습니다. 이 이산화황을 고체 상태로 만든 게 무수아황산 혹은 아황산염입니다. 말 그대로 소금 형태를 띱니다. 흰색 혹은 무색의 가루 형태로 항산화 효과가 있는 물질입니다.

그럼 도대체 얼마만큼의 이산화황이 와인 한 병에 사용될까요? 미국에서는 일반 포도주의 경우 1리터에 350밀리그램까지 이산화황 사용을 허용합니다. 350ppm이 허용치인 셈입니다. 일반 포도주가 아닌 포도주란 무엇일까요? 유기농 포도주organic wine 혹은 내추럴 와인natural wine이 아니라는 뜻입니다. 유기농 와인이나 내추럴 와인은 일반 포도주보다 훨씬 적은 양의 이산화황을 함유합니다. 미국의 포도주 제조 규정은 이른바 '유기농 포도주'로 표기하려면 많아야 100ppm까지의 무수아황산을 첨가할 수 있도록 제한합니다. 실제 대다수 유기농 와인에는 40mg/l, 즉 1리터의 포도주에 40밀리그램 혹은 그보다 적은 양의 무수아황산만을 첨가했다고 표기합니다.

왜 친환경 와인인가?

요즘 식생활에서 유기농 바람이 드셉니다. 마트에 가면 같은 달걀이나 두부라도 유기농 제품의 값이 훨씬 비쌉니다. 농산품이나 축산품은 비료나 농약 혹은 인공적 사료를 적게 사용한 제품이 인체에 덜 해롭다는 것이 상식입니다. 와인도 식품입니다. 따라서 와인이라는 식품에도 친환경 바람이 부는 게 당연합니다. 포도주의 경우 크게 보면 두 가지 범주로 친환경 제품을 나눌 수 있습니다. 하나는 유기농 와인이고, 다른 하나는 내추럴 와인입니다.

유기농 와인은 농약이나 비료 등의 사용을 가능한 한 자제하면서 재배한 포도로 만든 제품을 통칭합니다. '가능한 한'이란 뜻은 될 수 있으면 덜 사용한다는 것이지 농약, 비료 등을 완전히 쓰지 않는다는 뜻은 아닙니다. 마찬가지로 포도주를 담그는 과정에서도 이산화황을 사용하되 그 양을 훨씬 적게 넣는다는 뜻입니다.

반면 내추럴 와인은 포도 재배와 와인 제조 과정에 오직 자연 그 자체만 존재하는 포도주입니다. 포도나무는 아주 왕성한 성장력을 갖고 있습니다. 내버려진 포도밭에서 좋은 포도를 수확하기는 매우 어렵습니다. 포도송이를 솎아주지 않으면 품질이 낮은 포도를 과다하게 맺을 가능성이 커, 당도와 농도가 최적인 포도를 거두기 힘들다는 뜻입니다. 설령 운이 좋아 포도 열매가 영글기 전까지 잘 버텼다 하더라도 병충해가 발생할 위험도 있습니다. 내추럴 와인 제조업자들은 병충해가 발생한다고 해서 특별한 행동을 취하지 않습니다. 병충해도 자연의 한 부분인 만큼 그 상태로 포도가 익을 때까지 뒀다가 수확해서 자연적인 포도주 제조 방식으로 술을 만듭니다. 그러니 무수아황산을 첨가하지는 않겠지요. 포도주 맛은 어떻게 될까요? 당연히 맛이 떨어질 수밖에 없습니다. 그들이 추구하는 가치는 술의 향이나 맛보다 자연적인 과정 자체에 있습니다.

줠 쇼베

프랑스의 저명한 와인 학자 한 사람이 이 친환경 와인 운동에 불을 붙였습니다. 쥘 쇼베 Jules Chauvet가 그 주인공입니다. 위키백과는 쥘 쇼베를 이렇게 소개합니다.

"그는 보졸레에서 활약했다. 와인을 직접 만들어본 인물이다. 시음과 품평을 하는 기자로도 활동했다. 그리고 리옹의 대학에서 화학 등을 공부해 와인 과학자가 돼 유명해졌다. 특히 효모, 젖산 발효, 탄산 침용 등 와인의 제조 과정 전반에 대한 깊이 있는 지식을 가졌고 후일 그것을 바탕으로 내추럴 와인 운동에 영감을 불어넣었다."

쇼베는 작고하기 직전인 1980년대에 "토양이 식물을 지배하며, 토양의 건강을 해치는 현대적 농업 기술에서 벗어나 다시 과거로 돌아가야 한다"는 주장을 폈습니다. 평생을 바쳐 포도 재배와 포도주 만들기를 공부한 결과 "자연으로 돌아가야 한다"는 결론에 도달한 그는 포도 재배 시 농약을 치는 것과 포도주 만드는 과정에서 인공 효모, 무수아황산을 첨가하는 것을 반대했습니다.

'친환경 순수 자연 포도주'란 과연 어떤 것일까요? 인류가 처음 포도주를 빚어낸 역사는 8,000년 전 코카서스 일대, 지금의 조지아일 것으로 추정합니다. 그런데 조지아에서 8,000년 전 빚어낸 포도주가 쇼베 같은 친환경 포도주 운동가들이 주창하는 내추럴 와인은 아니었을 겁니다. 친환경 포도주 운동가들은 인간의 간섭을 완전히 배제할 것을 주장하지만, 발굴된 유적은 인간의 힘으로 포도를 재배해서 와인을 만들었음을 보여줍니다. 이 때문에 새로운 논란이 생겼습니다. 프랑스 정부에서도 "내추럴 와인의 범위나 개념이 혼란스러우며 세상에 완전한 내추럴 와인은 존재하지 않는다"는 입장을 발표했습니다.

EU 집행위, 유럽 와인병에 '내추럴' 표기 금지하기로

내추럴 와인을 만드는 사람들 사이에서도 의견이 분분합니다. 어떤 이들은 포도 재배 시에는 농약과 화학비료를 쓰면서 양조 과정에 인공 효모나 무수아황산 등을 첨가하지 않기만 해도 내추럴 와인이라고 주장합니다. 반면 어떤 이들은 포도밭에서 양조장, 병입까지 철저하게 농약, 비료, 첨가물을 넣지 않은 완전 무간섭이 실천돼야만 내추럴 와인으로 규정할 수 있다고 주장합니다.

그런데 2020년 10월 '내추럴 와인'이라는 문구를 라벨에 명기하지 못하게 하는 조치가 내려졌습니다. EU(유럽연합) 집행위원회가 내린 결정입니다.

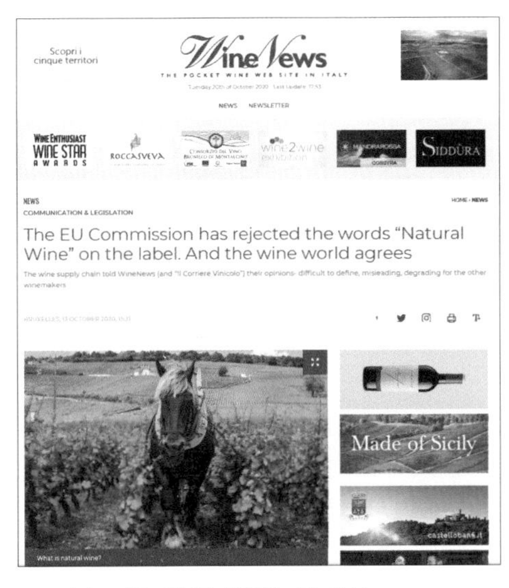
Scopri i cinque territori

WineNews

THE POCKET WINE WEB SITE IN ITALY

NEWS NEWSLETTER

NEWS

COMMUNICATION & LEGISLATION

HOME › NEWS

The EU Commission has rejected the words "Natural Wine" on the label. And the wine world agrees

The wine supply chain told WineNews (and "Il Corriere Vinicolo") their opinions- difficult to define, misleading, degrading for the other winemakers

2020년 10월 13일자 〈와인뉴스〉 기사

'내추럴'이란 어휘의 정의가 어렵고 오해를 부를 수 있는 데다 전통적 방식으로 양조되는 기존 일반 와인에 피해를 줄 수 있다는 판단 때문입니다. EU 집행위는 향후 유럽에서 생산되는 와인 라벨에 '내추럴 와인'이라는 문구를 공식적으로 금지하기로 했습니다.

내추럴이란 표현은 매우 모

호하고 논쟁적입니다. 가장 심각한 문제는 '내추럴 와인'이라는 표시가 붙으면 포도 품질에 대한 평가를 은연중에 오도할 수 있다는 것입니다. 마치 그 표현이 붙지 않은 와인은 자연적이지 않거나 품질이 떨어지는 술로 오인될 수 있습니다.

이탈리아와인협회 파올로 카스텔레티 사무총장은 "내추럴이라는 형용사는 매우 기만적인 표현이다. 내추럴이란 문구를 읽으면 소비자가 핵심적인 특성을 본질적으로 오해할 수 있기 때문이다. 또한 일반적으로 와인 품질에 대한 잘못된 평가의 계기를 제공할 수도 있다. 따라서 와인 전반에 대한 잘못된 소통과 오해를 부르는 표현이므로 '내추럴 와인'이라는 표현을 사용하는 것을 절대 반대한다"고 강조했습니다.

유기농법의 일환으로 바이오다이내믹bio-dynamic 재배법이란 것도 있습니다. 포도밭을 무성한 잡풀로 덮여 있게 하고 그 풀과 풀에 자라는 이로운 벌레를 활용하는 농법입니다. 이 포도밭의 잡초는 제거의 대상이 아닙니다. 화학물질을 철저히 배제한 채 포도나무 스스로 병충과 해로운 풀의 공격을 이겨내는 방어력을 갖게 한다는 것입니다.

친환경 와인의 그림자

친환경 와인이 세계 시장에서 관심을 끄는 것은 당연합니다. 농약이나 화학비료가 최소로 들어가는 재배 과정의 장점은 쉽게 짐작할 수 있습니다. 그런데 와인은 한해살이가 아니라 몇 년 혹은 몇십 년 가까이 계속 힘을 유지한 채 장기 보관해야 하는 식품입니다. 10년 숙성이 돼야 비로소 제맛을 가질 수 있는 포도주에는 무수아황산이 필수적인 요소입니다. 장기 보관을 위해 적은 양이지만 꼭 넣을 수밖에 없습니다. 그러나 친환경 와인은 무수아황산을 배격합니다. 그러면 어떻게 될까요? 드물게 프랑스의 유기농 포도 농장에서 무수아황산 첨가를 거부한 채 지하 동굴에서 10년 가까이 숙성하는 것에 성공했다는 뉴스가 있긴 합니다. 그러나 그 확률은 매우 낮은 게 현실입니다. 친환경 와인 가운데 2~3년 넘는 시간까지 신선한 맛을 자랑하는 와인은 존재하기 힘듭니다. 따라서 친환경 포도주로 10년 혹은 15년 이상 숙성의 맛을 느끼는 것은 아예 포기해야 하는 일입니다.

무수아황산은 숙취의 주범인가?

독자 여러분 가운데 혹시 포도주를 마시면 술이 잘 안 깨고 이상하게 머리가 아프다고 느끼는 분들도 있을 겁니다. 와인을 마시면 머리가 아프다는 이야기에 공감하는 분도 있을 겁니다. 와인과 두통의 함수관계가 과연 존재하는지, 있다면 실제 어느 정도 연관성이 있는지 궁금하시죠? 나아가 와인을 마시고 숙취에 시달리지 않는 방법이 있다면 어떤 것일까요?

와인이 두통을 유발하며 그 주범이 바로 무수아황산이라는 잘못된 정보가 많이 퍼져 있습니다. 와인 공부를 상당히 많이 한 사람들 가운데에도 그런 선입관을 가진 경우가 적지 않았습니다. 결론부터 말하자면, 무수아황산은 숙취 유발 효과와는 아무런 관계가 없습니다. 식품의 산화를 막아 보존에 도움을 주는 것이 무수아황산의 역할입니다. 그러다보니 무수아황산은 주로 안주로 많이 사랑받는 말린 살구, 자두, 무화과 등의 과일을 비롯해 식초, 겨자, 견과류, 마요네즈 등 수많은 천연식품 혹은 가공식품에 단골로 들어갑니다. 와인 제조에 첨가되는 양보다 훨씬 많은 양이 투입됩니다. 만약 와인의 첨가제인 아황산염, 즉 무수아황산이 두통을 유발한다면 말린 살구나 자두, 견과류, 겨자 등의 식품을 먹을 경우 더 많이 함유된 황 성분 때문에 심한 두통을 느껴야 마땅합니다. 하지만 그런 것을 먹고 머리가 아프다는 이야기는 없습니다.

그렇다면 왜 와인을 마시면 머리가 아프다고 할까요? 와인을 마시고 두통이 생기는 것은 과다한 음주를 했거나 섞어 마시기 때문일 겁니다. 레드 와인의 알코올 도수는 13~15%입니다. 750밀리리터가 일반 와인 한 병의 용량입니다. 반면 소주는 요즘 알코올 비중이 18%로 낮아졌습니다. 소주 한 병의 용량은 360밀리리터입니다. 와인의 절반이 채 안 되죠. 알코올 도수 차이는 줄어들었지만 양에서 큰 차이가 납니다. 그래서 소주 한 병을 마시는 것보다 포도주 한 병을 마시면 더 취할 수밖에 없는 것입니다. 아무리 좋은 포도주라도 저녁 시간에 천천히 마시는 게 상책입니다. 주량이 센 사람이라 할지라도 와인은 최대 한 병 정도에서 자제하는 게 좋습니다. 와인의 취기가 오래 간다고 느끼는 건 과실주라서가 아니라 많은 양을 마시기 때문입니다.

또 한 가지 경계해야 할 요소는 와인을 소주나 양주와 섞어 마시는 일입니다. 이것은 두 가지 측면에서 정말 안 좋은 습관입니다. 첫째는 좋은 와인을 미리 마신 경우 그 귀한 가치를 뒤에 마시는 소주나 양주가 다 훼손합니다. 그렇게 섞어 마실 바에야 와인은 그날 저녁 술자리에서 배제하는 게 마땅합니다. 둘째로 와인은 발효주, 소주는 화학주입니다. 세상에서 가장 아둔한 술꾼이 발효와 화학을 결합하는 사람입니다. 둘이 만나면 각자가 지닌 몸에 안 좋은 성분을 최상으로 끌어올려 우리 몸을 힘들게 하는 기폭제가 됩니다.

숙취는 왜 생길까요? 술에 들어 있는 에탄올이 신체 안에서 대사되는 과정 가운데 독성을 띤 아세트알데하이드acetaldehyde가 발생합니다. 이와 함께 에탄올의 이뇨작용으로 몸이 탈수 상태가 되면서 여러 가지 숙취 현상을 유발합니다. 그래서 필자는 술을 좀 많이 마시는 자리에 가면 일명 '황헌의 법칙'으로 불리는 '1 대 3 법칙'을 지키려 노력합니다. 아주 쉽습니다. 술 한 잔을 마시면 물 세 잔을 마시는 거죠. 이제 와인 병 라벨 뒷면에 명기된 무수아황산과 관련된 불편한 진실 혹은 무수아황산에 대해 알려진 오해와 편견이 모두 해소됐기를 기대합니다.

2

코르크 마개의 깊은 세계

와인의 병마개는 전통적으로 코르크가 대세였지만 요즘은 알루미늄 스크루 캡으로 처리한 포도주도 많습니다. 음료수 뚜껑을 열듯 손으로 돌려서 와인 병을 여는 편리한 마개입니다. 어디 그뿐인가요? 플라스틱으로 된 마개도 있고 코르크와 플라스틱 재료를 합성한 마개도 많아지는 추세입니다.

코르크와 와인 마개의 유래

오늘날 우리가 일상생활에서 사용하는 물건 가운데 코르크를 소재로 한 제품은 널려 있습니다. 모자의 챙이나 헬멧에도 들어가고 배드민턴 셔틀콕, 야구공에도 들어갑니다. 유럽에선 벽돌 재료로도 다양하게 활용합니다. 가장 흔하게는 여러분이 신는 캐주얼화나 정장 구두의 안창 바닥재로도 많이 사용됩니다. 코르크는 이처럼 다양한 용도로 사용되지만, 역사적으로는 와인의 병마개로 맨 먼저 쓰이기 시작했습니다.

앞서 '샴페인의 깊은 세계' 편에서 동 페리뇽 수도사의 샴페인 제조 방법 발견 과정을 설명했습니다. 17세기 후반 동 페리뇽 수도사는 샴페인 제조 기법을 알아낸 것에 이어 코르크 마개로 병을 막는 일도 가장 앞장서서 시작했습니다. 그래서 와인 학계에서는 코르크를 와인 병마개로 사용한 출발점을 동 페리뇽으로 꼽습니다. 하지만 코르크는 그리스 로마 시대부터 다양하게 사용됐다는 기록도 있습니다.

17세기 이전에는 와인의 병마개를 무엇으로 썼을까요? 크게 두 가지였습니다. 하나는 병 사이즈에 꼭 맞게 유리로 뚜껑을 만들어서 병마개로 사용한 것입니다. 다른 하나는 나무를 깎은 뒤 기름 먹인 헝겊으로 싸서 병을 틀어막는 것이었습니다. 유리로 만든 마개나 헝겊 싼 나무 마개 모두 결정적으로 취약한 점이 있습니다. 빈틈없이 병을 막을 수 없다는 것이죠. 효과적인 포도주 숙성에 유리나 나무는 역부족이었습니다.

코르크엔 무슨 비밀이 숨어 있을까?

코르크 재배는 세계적으로 조성된 대략 220만 헥타르의 숲에서 이뤄집니다. 그 대부분은 포르투갈과 스페인 두 나라에 분포한다고 봐도 크게 틀리지 않습니다. 코르크 숲은 34%가 포르투갈에 있고 27%

가 스페인에 있습니다. 기타 북아프리카와 이탈리아, 프랑스에도 작은 규모가 분포합니다. 연간 코르크 생산량은 대략 20만 톤 규모인데 절반을 포르투갈이 생산합니다. 스페인이 30%를 생산하고 나머지 20%는 모로코, 알제리, 튀니지 등의 북아프리카 지중해 쪽 숲에서 생산됩니다.

벗겨낸 코르크에서 와인용 코르크 마개를 만들어내는 과정

세포를 영어로 '셀cell'이라고 부릅니다. 그 유래가 코르크에서 비롯됐다는 사실은 자못 흥미롭습니다. 동 페리뇽이 샴페인 마개로 코르크를 사용하기 시작한 무렵인 1665년 영국의 로버트 훅이라는 철학자 겸 과학자가 현미경으로 코르크를 관찰하다가 세포를 찾아냈습니다. 코르크를 현미경 렌즈로 보니 수많은 방房 모양으로 이뤄진 것을 발견했던 거죠. 훅은 그걸 보고 '방'을 뜻하는 라틴어의 '켈라cella'에서 착안해 영어식으로 'cell'이란 이름을 붙였습니다. 오늘날 세포의 이름이 나온 유래입니다. 훅이 찾아낸 코르크의 수많은 방에 와인 마개로서 코르크가 최적의 소재임을 확인시켜주는 비밀이 숨어 있습니다.

코르크나무Quercus suber는 참나무의 한 종류인데 앞서 이야기했듯 서남부 유럽과 북서 아프리카에서만 서식합니다. 코르크는 이 나무의 겉껍질과 줄기의 중심 사이에 있는 두꺼운 껍질의 층을 말합니다. 우리나라의 굴피나무처럼 껍질을 벗겨낸 뒤 일정한 시간이 지나면 껍질이 다시 생성되는 게 코르크나무의 특징입니다. 수령 40년 이상 되는 나무부터 코르크를 벗겨내서 와인 마개 등으로 가공합니다. 한 번 코르크를 벗겨내면 반드시 9년이 지나야만 다시 코르크를 채취할 수 있습니다.

대개 6~9월 사이에 코르크나무의 껍질을 벗겨 수확합니다. 벗겨낸 껍질은 일단 6개월~1년 정도 건조합니다. 그러면 나무의 수액이 빠지면서 조직이 수축하고 풋내가 사라져 전체적으로 코르크 성분이 균일해집니다. 이것을 거대한 스테인리스 탱크에 넣고 끓는 물에 삶으면 해로운 미생물이 죽고 탄력성이 좋아집니다. 그 뒤 다시 시원한 곳에서 건조합니다. 충분히 마른 다음 일정한 크기로 자른 뒤 구멍을 내서 코르크 마개를 만듭니다. 펀칭 작업이라고 하죠. 그렇게 나온 둥근 코르크 마개의 표면을 매끄럽게 다듬고 깨끗하게 씻은 뒤 먼지를 제거한 다음 재차 소독에 들어갑니다. 소독 후 마지막으로 또 건조 과정을 거칩니다. 이때 와이너리의 주문에 따라 표백하거나 파라핀을 입혀 고급품을 만들기도 합니다. 와인 병마개를 만들고 난 나머지 코르크는 버리는 게 아니라 파쇄, 압착 후 컵 받침이나 신발 바닥 등의 소재로 다양하게 활용됩니다.

코르크 하나에는 속이 빈 벌집과 같은 육각형 방이 수천만 개 들어 있습니다. 코르크 전체 부피의 85%가 눈에는 보이지 않지만 작은 독립된 공간으로 촘촘하게 구성돼 있습니다. 코르크는 아주 연하고 가

벼워 물에 뜹니다. 내부에 존재하는 수천만 개의 작은 방을 통해 극소량의 공기를 통과시키기도 합니다.

코르크로 마개를 씌운 포도주병 상단 커버에 2~3개의 작은 구멍이 뚫려 있습니다. 무슨 용도일까요? 그 구멍은 통기通氣, 즉 산소의 통로 용도로 만들어졌습니다. 코르크를 통해 받아들이는 외부의 산소가 너무 많아지는 것을 막기 위해 커버 위에 작은 구멍을 뚫어 통과되는 공기의 양을 줄여주는 용도입니다.

코르크 와인 마개의 장점

와인은 살아 숨 쉬는 생명체처럼 오랜 시간 산소를 받아들여 변화를 계속합니다. 포도 재배에서부터 수확, 침용, 압착, 오크통 발효, 병입까지의 과정 하나하나에 최선의 정성을 기울여야 합니다. 와인이 돼 병에 들어간 뒤에도 마치 생명체처럼 숙성의 시간을 이어갑니다. 최적의 기온, 습도, 통기의 조건 속에 오랜 시간 아주 조금씩 서서히 호흡하며 익어가기에 생명체란 표현을 씁니다.

와인이 병 안에서도 오랜 시간 활동하는 통로가 되는 것이 바로 병마개입니다. 따라서 와인의 병마개는 가장 자연적인 물질로 이뤄지는 게 당연히 좋을 수밖에 없지요. 바로 그 이유 때문에 코르크야말로 최적의 마개 소재가 된 것입니다. 구대륙, 신대륙을 막론하고 고급 와인은 모두 코르크 마개로 뚜껑을 씌워서 출하합니다. 5년은 기본이고 10~20년 이상 숙성했을 때 맛이 최고에 이르는 게 명품 와인의 특징입니다. 로마네 콩티나 페트뤼스 같은 와인의 경우 품질 좋은 코르크 마개를 통해 오랜 시간 미량의 산소를 받아들여 좋은 맛과 향을 만들어냅니다.

코르크 와인 마개의 단점

코르크 마개는 친환경 소재입니다. 일정 기간마다 한 번씩 생겨나는 속껍질만으로 마개를 만들기 때문에 벌목 혹은 남벌이라는 환경 파괴 요소가 전혀 없습니다. 그러나 와인의 마개로 코르크가 유일무이한 최선의 수단인지 아닌지는 논란이 있습니다. 코르크 마개가 와인을 상하게 할 수도 있기 때문입니다.

코르크 자체에 들어 있는 화학물질인 TCA, 즉 트리클로로아니솔Trichloroanisole이라는 상한 냄새를 나게 하는 이취물질異臭物質이 그 주범입니다. 이취물질이 생기는 원인은 코르크 마개를 만드는 과정에서 이물질이 들어갔거나 나무를 삶았다가 건조하고 다시 소독하는 전체 과정 도중 어디서든 세균이 완전히 죽지 않을 수 있기 때문입니다.

TCA 현상이 생기면 포도주에는 어떤 영향을 미칠까요? 첫째, 수천만 개의 작은 방과 같은 공간을 가져야 하는 코르크 마개의 방들이 훼손되면 장기 숙성을 방해합니다. 공기, 즉 필요한 산소의 양보다 과하게 많은 양이 드나들면 포도주는 빠르게 산화합니다. 상하게 만드는 겁니다. 둘째, 와인의 향기를 망칩니다. TCA로 인해 코르크 자체에 세균이 감염될 수 있고 잘못된 마개의 틈 사이로 외부 세균이 침투

할 수 있기 때문입니다. 심하면 마개 자체가 썩는 이른바 '부쇼네' 현상이 생길 수 있습니다.

썩거나 상하지 않아도 코르크는 최장 유지 시한이 정해져 있습니다. 길어야 20년입니다. 1945년산 로마네 콩티 한 병이 경매 과정에서 1억 원 넘는 가격에 팔렸다는데, 이런 오래된 와인의 코르크 마개는 어떻게 상하지 않고 유지된 걸까요? 바로 다시 코르크 마개를 끼워넣는 '리코르킹recorking' 작업을 거쳤기 때문에 가능했습니다. 아무리 잘 만든 코르크 마개라도 20년이 지나면 조직이 물러지고 틈이 생겨 기능을 못할 수밖에 없습니다. 촘촘한 수천만 개의 작은 방이 커지거나 방과 방 사이의 경계가 허물어지기 때문입니다. 그래서 코르크를 바꿔주는 겁니다.

코르크만 있는 것은 아니다

1972년 호주에서 생산된 포도주의 절반 정도가 상해버린 사건이 발생합니다. 품질 낮은 코르크 마개를 씌운 와인들이 대거 상한 것입니다. 나중에 원인이 밝혀졌는데, 스페인과 포르투갈의 코르크 생산회사들이 저질 코르크를 호주 와이너리에 보낸 것으로 드러났습니다. 호주와 뉴질랜드는 1970년대 접어들면서 본격적으로 포도주를 수출했습니다. 프랑스나 이탈리아산보다 저렴한 값에 맛이 나쁘지 않다는 소문이 퍼지면서 판매량이 급증했습니다. 값싼 포도주가 시장을 잠식하는 것을 방해하기 위해 포르투갈의 코르크 회사들이 상대적으로 조악한 품질의 코르크를 호주로 보냈던 것입니다. 그 결과 TCA 현상과 코르크가 상하는 부쇼네 현상으로 이어졌습니다.

이 사건을 계기로 호주에서는 손으로 돌려서 와인의 병마개를 여는 이른바 '스크루 마개'가 등장합니다. 호주 와인 업계는 코르크를 사용하는 대신 알루미늄을 소재로 한 금속 스크루 캡을 시험적으로 만들어 와인 병마개로 사용했습니다. 이후 연구에 연구를 거듭한 끝에 마침내 코르크와 어깨를 나란히 하는 병마개의 지위를 얻기에 이르렀습니다.

코르크 마개와 스크루 마개

스크루 캡의 선전

1970년대 스크루 마개가 등장한 초기엔 저가 와인이라는 선입견이 강하게 퍼졌습니다. 호주산 와인 자체가 값이 쌌던 측면도 있지만, 무엇보다 스크루 마개의 밀봉에서 결함이 자주 발생했기 때문입니다. 그러나 시간이 흐르며 호주와인협회에서 심혈을 기울인 끝에 중기 혹은 장기 보관에도 적합한 스크루 캡 개발에 성공했습니다. 스크루 캡의 윗면과 측면은 알루미늄으로 구성됩니다. 윗부분의 안쪽에는 특수 처리된 폴리에틸렌으로 알루미늄 뚜껑 내부를 덮었습니다.

요즘은 '숨 쉬는 스크루 마개breathable screw cap'도 나왔다고 합니다.

스크루 캡

흔히 알루미늄으로 완전 밀봉하면 산소 유입이 불가능해서 장기 숙성이 요구되는 포도주에는 부적합한 것으로 알려져 있었는데 그 선입견을 깬 제품이 나온 것입니다.

호주와 뉴질랜드 와인 산업은 스크루 마개의 발전과 함께 성장했다 해도 과언이 아닙니다. 결정적인 일이 2003년 일어났습니다. 바로 전 세계 내로라하는 와인들이 모두 모인 2003년 애들레이드 와인쇼에서 영예의 '시라즈로 만든 최고의 와인'에 스크루 캡을 사용한 '울프 블라스Wolf Blass 2001 Platinum Label Shiraz'라는 호주의 명품 와인이 선정된 것입니다. 이듬해인 2004년 10월 와인 평론가 로버트 파커가 남긴 한마디는 세계 와인 애호가들의 인식을 크게 바꾼 계기가 됐습니다. 파커는 "스크루 캡은 대다수 세계 와인의 표준이 될 것이다"라고 단언했습니다. 요즘 호주에서 생산되는 포도주의 70%, 뉴질랜드에서 나오는 포도주의 90%가 스크루 마개로 나옵니다.

전통을 바꾸는 것은 혁신입니다. 그러나 프랑스 보르도의 명품 와이너리들은 혁신을 무척 싫어합니다. 전통이 그들의 힘이라 생각하기 때문입니다. 샤토 마고는 달랐습니다. 2003년에 병입된 샤토 마고의 세컨드 와인인 파비용 루주Pavillon Rouge 가운데 150병 정도를 스크루 캡으로 시험 봉인했습니다. 그로부터 9년 뒤인 2012년 샤토 마고 측은 코르크 마개와 스크루 마개로 된 파비용 루주 2병을 동시에 열었습니다. 블라인드 테스트로 시음한 사람들은 스크루 마개로 보관된 와인의 맛이 더 깔끔하다고 평했다고 합니다. 프랑스 전통 와인 업계에서도 스크루 마개를 주의 깊게 인식할 수밖에 없는 상황에 이르렀습니다.

또 한 가지 마개가 있습니다. 요즘 미국이나 칠레 와인 가운데 많이 사용되는 합성 코르크 마개입니다. 코르크 성분을 일부 사용하되 다른 나무 재질과 플라스틱 재질을 합성해 만든 것입니다. 일종의 인공 코르크 마개인데요. 합성 마개는 코르크와 스크루의 장점만을 취한 마개라는 마케팅 전술을 앞세웠습니다. 코르크 마개의 TCA 단점을 예방하고, 스크루가 가진 완전 밀봉의 한계를 극복한 제품이라는 것입니다. 하지만 코르크의 장기 숙성도, 스크루의 상하지 않는다는 안전성도 모두 보장이 안 된다는 혹평을 받았습니다. 코르크와 스크루의 단점만 갖고 있다는 비판이었습니다. 따라서 요즘 합성 마개로 된 포도주 가운데 고가의 고품질 와인은 좀처럼 찾아보기 힘든 게 사실입니다.

코르크냐? 스크루냐?

이런 제목의 논쟁이 가능해질 정도로 스크루 캡의 위상이 많이 성장한 것은 분명합니다. 필자는 호주와 뉴질랜드 그리고 미국 나파 밸리에서 나오는 스크루 캡 와인을 많이 마셔봤습니다. 알루미늄 마개가 손상되거나 지나친 공기 유입으로 와인이 변질된 것은 단 한 건도 없었습니다. 하지만 아직 5년 이상 된 스크루 캡 와인은 경험해보지 못했습니다. 만약 10년 넘게 숙성, 보관된 스크루 캡 와인의 맛이 코르크 마개 제품에 비해 손색없다는 결론이 나온다면 코르크든 스크루든 가리지 않을 것 같습니다. 그러나 필자의 상식적 판단으로는 코르크가 스크루보다 숙성에는 더 적합할 것이라는 생각이 듭니다.

'코르크냐? 혹은 스크루냐?'

20년 넘게 나이를 먹은 프랑스나 이탈리아의 고급 와인 몇 병이 필자의 와인 셀러에서 잘 숙성돼가는 모습을 지켜보면서 장기 숙성이 필요한 고급 와인은 코르크 마개로 닫아야 한다는 생각을 거듭 확인하고 있는 셈입니다.

정리하자면 이렇습니다. 병입한 지 5년 이내에 마실 와인이라면 스크루 캡이 손색이 없는 정도가 아니라 더 낫다는 게 제 생각입니다. 그러나 6년 넘는 기간의 숙성이 필요한 와인은 코르크 마개가 아직은 더 좋습니다. 앞서 예를 든 파비용 루주의 경우처럼 스크루 캡의 장기 보관 성공 사례가 많이 나온다면 코르크 우위라는 고정관념에도 변화가 올 것입니다.

프랑스 세균학의 아버지이자 생화학자인 파스퇴르는 와인 애호가로도 널리 알려져 있는데요. 그가 남긴 와인 관련 명언도 유명합니다. 그는 "와인은 가장 건전하며 위생적인 음료다"라는 말을 남겼습니다. 포도가 재배되는 과정부터 코르크로 닫은 병 속의 포도주가 자연을 접하는 이야기까지의 모든 순간에 깃든 깊이와 인과관계를 생화학자다운 한마디로 정의 내린 파스퇴르의 생각에 필자도 자연스레 공감이 갑니다.

3 디캔팅은 왜?

2008년 뉴욕 메트로폴리탄 미술관에서 30년 이상 소장, 전시됐던 역사적 유물 한 점이 고향 그리스의 품으로 돌아갔습니다. 유물은 바로 포도주 주전자처럼 생긴 고대 그릇 종류였습니다. 외벽엔 고대 그리스의 문자와 사제, 무사의 그림이 당시의 문양과 함께 새겨졌습니다. 우아한 손잡이는 곡선미도 좋았지만 실용적으로도 보였습니다. 당장 사용한다 해도 참 쓰기 편하겠다는 생각이 들었으니까요.

2,500년 와인 역사의 흔적 그리스 디캔터

유물은 큰 항아리에 보관한 붉은 포도주를 덜어서 잔에 붓는 용도로 사용된 포도주 주전자였습니다. 분석 결과 이 주전자의 나이는 2,500년 정도였다고 합니다. 필자는 주전자로 표현했는데 유물을 소개한 홈페이지www.theoldtimey.com는 '와인 디캔터wine decanter'로 기록했습니다. 디캔터는 어떤 액체 종류를 '디캔팅decanting(병 혹은 다른 용기에 담긴 와인을 보다 마시기 좋게 다른 용기에 옮겨 담는 것)'하는 그릇을 의미합니다.

11세기 이란의 와인 디캔터 유물, 메트로폴리탄 미술관

한편 뉴욕 메트로폴리탄 미술관은 11세기 초반 이란에서 사용된 유리로 된 유물 두 점도 소장, 전시하고 있습니다. 이 역사적 유물은 세월이 흐르는 과정에서 금이 갔지만 원형을 비교적 잘 유지했습니다. 와인 디캔터로서 갖춰야 할 요소는 두 가지입니다. 넓고 안정된 바닥과 와인을 부어 넣고 따르기 좋은 입구를 갖춰야 한다는 것입니다. 1,000년 전 이란에서 사용된 이 유리 용기는 와인 디캔터의 요건을 잘 갖췄습니다.

와인을 즐기는 분들은 레스토랑에서 오리 모양의 투명한 크리스털 용기에 붉은 와인을 부었다가 일정 시간 후 잔에 따라 마셔본 경험이 있으실 겁니다. 이것이 디캔팅한 뒤 포도주를 즐기는 행위입니다.

베네치아의 기여

본격적인 디캔팅 이야기에 앞서 관련 역사를 살펴보겠습니다. 이탈리아의 고대 도시 베네치아는 와인 디캔팅의 역사를 바꾼 무대였습니다. 르네상스가 꽃핀 베네치아는 인류 문화사에서 빼놓을 수 없는 중요한 획을 하나 그었습니다. 바로 유리공예가 크게 융성한 곳입니다. 다양한 형태의 유리그릇을 만들어내는 기술이 발전하면서 사람들의 식생활에도 커다란 변화가 왔습니다. 베네치아가 유리공예의 성지가 된 배경엔 또 다른 히스토리가 숨어 있습니다.

1291년 베네치아 공국 의회는 유리공예 기술자가 외부로 나가는 것을 법률로 정해 막았습니다. 중세 베네치아는 무역의 중심으로, 이집트나 페니키아에서 오는 귀한 물품이 집중된 곳이었습니다. 덕분에 유럽은 동방의 앞선 유리공예 제품을 가장 먼저 만났고 기술도 들여올 수 있었습니다. 수공업 길드가 형성되면서 유리 산업은 베네치아를 무대로 크게 융성했습니다. 동양의 유리공예는 베네치아로 전파되면서 한 단계 더 높은 수준으로 발전했습니다. 유럽 사람들에게 필요한 아름다우면서도 사용에 편리한 우아한 유리그릇이 대거 등장했습니다. 과거엔 볼 수 없던 멋진 유리 제품이 체코, 헝가리, 신성로마제국(독일), 프랑스 등으로 수출됐습니다. 체코는 일찍부터 유리 세공 기술을 배워 갔습니다. 오늘날 프라하의 하벨 광장 맞은편 뒷골목에 즐비한 유리공예품 상가들의 뿌리는 베네치아입니다.

그런데 유리 제품만 수출되는 것에 그치지 않고 유리공예 기술자들도 대거 나라 밖으로 이주하기 시작했습니다. 상황이 이렇게 되자 베네치아 공국 의회가 나섰습니다. 유리 장인의 이주를 막는 것은 물론 베네치아 시민권을 가진 사람만 공예가가 될 수 있도록 법으로 정했습니다. 게다가 베네치아 시내의 모든 유리 공장을 폐쇄하고는 공장들이 갖고 있던 유리 가마를 베네치아에서 조금 떨어진 무라노섬으로 옮기도록 했습니다. 유리 기술자의 외부 유출을 차단하려고 일종의 격리된 유리공예 마을을 만든 겁니다. 이렇게 해서 세계 유리공예의 성지 무라노섬이 탄생했습니다.

베네치아에서 유리공예 기술이 발전하면서 가장 큰 혜택을 받은 분야는 바로 와인 문화였습니다. 이전에 없던 병과 주전자, 잔에 이르는 다양한 용기가 사실상 요즘 수준으로 발전한 것입니다. 물병, 독한 술을 담는 병, 우유를 담는 용기나 잔 등 모든 액체를 담는 그릇의 문화도 함께 발전했습니다. 마침내 17세기에 이르자 유리로 된 오늘날의 디캔터가 고안돼 포도주를 담은 병에서 바로 잔으로 따르지 않고 디캔터에 먼저 와인을 부었다가 잔으로 옮기는 문화가 정착했습니다. 그러니까 디캔팅이 널리 행해진 시기는 1600년대였던 것입니다.

디캔팅이 알려지기 전엔 오래 숙성된 와인 병에서 곧바로 잔으로 따를 때 컵에 침전물이 들어가 불편했는데 이를 개선할 수 있게 된 거죠. 이후 서유럽 전 지역으로 와인 디캔팅 문화가 퍼져나갔습니다. 18세기 지구 전역에 식민지를 개척한 '해가 지지 않는 나라' 영국은 디캔팅 문화를 식민지에도 전파했습니다.

디캔팅은 왜 하는가?

디캔팅의 목적은 크게 두 가지로 요약됩니다. 오래된 와인의 경우 필연적으로 생겨나는 침전물을 걸러주는 역할을 합니다. 숙성되지 않은 젊은 와인의 경우에는 디캔터에 넣는 과정을 통해 와인을 마시기 좋게 빨리 열리게 하려는 목적입니다.

먼저 아주 오래 숙성, 보관된 와인의 경우 병 안에 생긴 침전물이 걸러지지 않고 잔에 함께 들어가는 것을 막기 위해 디캔터에 옮깁니다. 침전물이 많으면, 필터 역할을 하는 작은 그물로 된 거르기를 디캔터 입구에 씌워야 합니다. 대부분의 오래 숙성된 와인은 눕혀서 보관해온 병을 30분 정도만 세워두면 침전물이 바닥으로 가라앉습니다. 이 경우 거르기를 대지 않고도 디캔터에 와인을 천천히 부어 넣으면 찌꺼기가 병 안에 남게 돼 큰 문제가 되지 않습니다.

다른 하나는 숙성이 덜 이뤄진 젊은 와인을 신속히 열리게 할 때 사용하는 방법입니다. '포도주가 열린다'는 표현은 무슨 뜻일까요? 와인 학계에서는 '와인을 깨운다'는 표현도 사용합니다. 잠자고 있던 와인을 깨우는 것이란 뜻이겠지요. 와인을 연다는 것은 마시기 좋은 상태로 만든다는 의미입니다. 레드 와인은 오랜 세월 숙성돼야 열리는 제품들이 많습니다. 특히 앞서 레드 와인 품종 여행을 하면서 익혔던 타닌이 많고 보디감이 강한 카베르네 소비뇽

디캔팅하는 모습

이나 시라, 네비올로 등의 포도로 담근 와인은 3~4년 숙성만으로는 부족합니다. 미처 숙성이 다 되지 않은 와인을 마실 때 디캔팅을 해주면 훨씬 빨리 열립니다.

젊은 와인을 디캔팅하면 빨리 열리는 이유는 무엇일까요? 공기, 즉 산소와의 접촉을 늘려서 병 안에 있던 와인을 인위적으로 빠른 속도로 산화시키기 때문입니다. 잠자던 와인 혹은 병 속에 갇혀 있던 타닌이 많은 와인은 코르크를 통해 미량의 공기만으로 장기간 천천히 산화, 숙성되는 게 옳습니다. 하지만 세상일이란 게 꼭 숙성된 포도주만 마실 수는 없는 법입니다. 미처 숙성이 끝나지 않은 와인을 마셔야 하는 상황은 누구에게나 언제든지 닥치기 마련입니다. 그때 시간은 없고 마시기 전이라도 한꺼번에 많은 공기를 접하도록 디캔팅을 해주는 겁니다.

만화《신의 물방울》에 주인공이 병을 높이 쳐들어 가늘고 긴 명주실을 뽑아내듯 포도주를 디캔터에 따르는 장면이 있습니다. 덜 숙성된 고급 와인을 공기와 최대한 많이 접촉시키는 행동입니다. 디캔터에서 다시 잔으로 따른 뒤 잔을 돌리는 행위를 통해 마치 충분히 잘 열린 걸 확인한 것처럼 감탄사를 내뱉는 장면으로 이어집니다.

이 이야기는 다소 과장됐습니다. 장기 숙성이 필요한 레드 와인을 디캔팅하는 것만으로 숙성 상태의 맛으로 만들 수는 없습니다. 잔을 돌리는 행위를 영어로는 '스월swirl'이라고 합니다. 이렇게 잔을 돌리는 것으로 잠자던 포도주를 깨어나게 할 수는 없지만, 디캔팅과 스월링은 갇힌 상태의 닫힌 포도주를 조금은 열어줍니다. 두 과정을 통해 알코올에 가려서 잠자던 2차 아로마를 느끼게 해준다는 것입니다.

오래 보관한 뒤 마셔야 하는 타닌 많은 풀보디 와인을 미처 숙성되기 전에 마셔야 하는 경우 디캔팅과 스월링 과정을 통해 다소 빨리 열 수는 있습니다. 다만 완전 숙성 후 마시는 것과는 차원이 다른 수준이라는 점을 잊지 않아야겠습니다.

화이트 와인도 디캔팅이 필요할까?

와인 애호가들 중에서도 레드 와인의 두 가지 디캔팅 용도는 알겠는데, 화이트 와인도 디캔팅을 하는 게 옳은지 헷갈린다는 분들이 많습니다.

결론부터 말하자면 화이트 와인도 오래 숙성, 보관된 것 가운데 침전물을 거르는 용도로 디캔터를 사용할 수 있습니다. 마찬가지로 아주 젊은 화이트 와인의 경우, 특히 샤르도네로 빚은 와인은 디캔터를 통해 산소 접촉면을 넓힘으로써 덜 익은 와인에서 나는 다소 거친 냄새를 줄일 수 있습니다. 오크통 재질이 주는 풍미와 청포도 자체가 갖는 아로마는 강한 편입니다. 병입 후 너무 이른 시기에 마개를 열면 포도주 고유의 향기보다 오크 향이 더 강해서 와인 본연의 향을 느끼는 데 방해가 될 수 있습니다. 화이트 와인도 필요하면 디캔팅해서 마시는 것을 권합니다.

와인 침전물은 유해한가?

오래 보관된 레드 와인은 침전물이 생기기 때문에 이를 걸러내기 위해 디캔팅을 한다고 설명했습니다. 그렇다면 이 침전물은 과연 어떤 물질이며, 실수로 이걸 삼켜도 유해한 건 아닌지 궁금할 겁니다.

침전물은 와인을 오랜 기간 보관했을 때 생기는 찌꺼기입니다. 떫은맛을 내는 포도의 타닌과 색소 화합물인 안토시아닌의 화학작용으로 결합한 인자가 와인 바닥에 가라앉아 있던 것입니다. 알코올 도수가 높은 포도주일수록 칼슘과 칼륨이 더 많이 생겨 침전물도 증가합니다. 술의 돌 성분이라 해서 '주석酒石'이라고도 부릅니다. 주석이 찌꺼기로 형성된다는 것은 포도 원액만으로 만들어진 유기산이 풍부한 와인임을 말해주는 흔적입니다. 따라서 포도주를 마시다 혀에 남는 찌꺼기는 유해하지는 않습니다. 놀랄 이유도, 불편해할 까닭도 없습니다.

레드 와인 침전물

레드 와인의 찌꺼기는 색깔이 검붉은 반면 화이트 와인은 노란색을 띱니다. 화이트 와인의 경우 투명한 액체 속에 노란 침전물의 색상이 아름다운 대조를 이룬다고 해서 이 침전물을 '화이트 와인의 꽃'이라고 부르기도 합니다.

일부러 침전물을 삼킬 필요는 없습니다. 약간의 쓴맛도 있고 입안에 거친 찌끼가 남는 느낌을 주기 때문입니다. 최근엔 와인 침전물로 피부에 탄력을 높여주는 자연화장품을 만든다는 뉴스도 접한 적이 있습니다. 와인의 효모와 폴리페놀이 함유된 침전물은 아름다운 피부를 가꾸는 데 아주 효과적이라는 학계의 연구 결과가 있습니다(〈중앙일보〉 2008년 7월 13일).

라벨은 말한다

와인이 인류의 역사에서 출발한 연대는 정확하지 않습니다. 다만 8,000년 전 흑해에 면한 조지아가 그 기원이라는 설이 유력합니다. 지금의 이란 지역에서 6,000년 전 사용된 것으로 추정되는 포도주를 담은 그릇 종류가 발굴돼 이란도 와인 역사의 초기 출발지로 인식됩니다.

그러나 와인이 사람들의 실제 삶과 식생활에 중요한 요소로 정착한 시기는 대개 BC 2000년경 그리스의 미노아와 미케네 문명 시대라는 의견이 지배적입니다. 고대 그리스인들은 포도주야말로 신의 선물이라 인식했고 술의 신 디오니소스는 그때부터 줄곧 경배의 대상이 됐습니다.

수천 년의 역사를 가진 라벨

이집트 투탕카멘 왕조 포도주 단지, 메트로폴리탄 미술관

포도주 라벨의 세계도 포도주만큼이나 긴 역사를 갖고 있습니다. 'label'을 영어식으로 발음하면 '레이블'이 되지만 필자는 애호가들 사이에서 오랜 시간 통용된 발음인 '라벨'로 통칭하겠습니다. 최초의 라벨이 부착된 그릇으로 공인된 유물이 있습니다. BC 1352년, 지금부터 3,350년 전 이집트 투탕카멘 왕조 시절 사용된 것으로 확인된 포도주를 담은 단지가 그 주인공입니다. 현재 뉴욕 메트로폴리탄 미술관이 소장한 흙으로 빚어서 구운 이 단지는 이집트 북부 유적 발굴단(1910~1920년 활동)에 의해 세상에 나왔습니다. 이집트 북부 말카타 지역 지하에 묻혀 있던 투탕카멘 왕조의 아멘호테프 3세 왕의 무덤 유적에서 나온 그릇입니다. 포도주 단지의 외벽에는 포도주를 담은 연도, 준비한 장소, 기증자의 이름 등이 기록돼 있습니다. 와인 학자들은 바로 이 항아리에 표시된 기록을 현존하는 '최초의 와인 라벨'로 간주합니다.

코르크 마개의 사용을 이끈 샴페인의 아버지 동 페리뇽은 와인 라벨 문화를 정착시키는 데 큰 공헌을 했습니다. 그는 샴페인의 생산 연도, 원산지, 포도 품종 등의 정보를 양피지에 기록한 뒤 그것을 가죽 끈으로 병의 목에 매달았습니다. 이후 1798년 체코슬로바키아의 예술가 알로이스 제네펠더가 석판 인쇄lithography를 고안한 이후 포도주 병에 붙이는 라벨의 대중화가 시작됐습니다. 유럽 가운데서도 이탈리아와 독일이 라벨 부착 문화를 초기에 광범위하게 정착시켰습니다.

라벨, 무엇을 말하는가?

이제 본격적으로 라벨이 무엇을 말하는지 탐구해보겠습니다. 라벨은 해당 포도주의 이력서 겸 명함이라고 보면 정확합니다. 사람에게는 생년월일부터 출생지, 태어나 자란 곳, 공부한 학교, 그리고 졸업 후 어떤 일을 했는지 등을 소상히 기록한 이력서가 있습니다. 와인의 라벨은 곧 그 와인의 이력서입니다. 라벨은 병의 앞뒤에 붙어 있습니다. 전면 라벨엔 와이너리 이름 등 기본 정보가 큰 글씨로 적혀 있고 후면 라벨엔 와인을 만든 가문의 이야기와 양조 기법 이야기가 담긴 경우가 많습니다. 라벨이라고 해서 모두 천편일률적인 형식은 아닙니다. 라벨 읽기에도 요령이 필요한 이유입니다.

품종, 지역, 양조자 이름을 앞세우는 이유도 제각각

와인 라벨은 크게 보았을 때 양조자 이름을 위주로 한 것과 포도주가 만들어진 지역 이름을 위주로 한 것, 그리고 어떤 포도로 만들어졌는지를 중심으로 기술한 세 부류로 나뉩니다. 프랑스어나 이탈리아어, 스페인어를 잘 모르는 사람들에게 낯선 외국어는 불편함을 먼저

샤블리 장 폴 & 브누아 드루앵 라벨

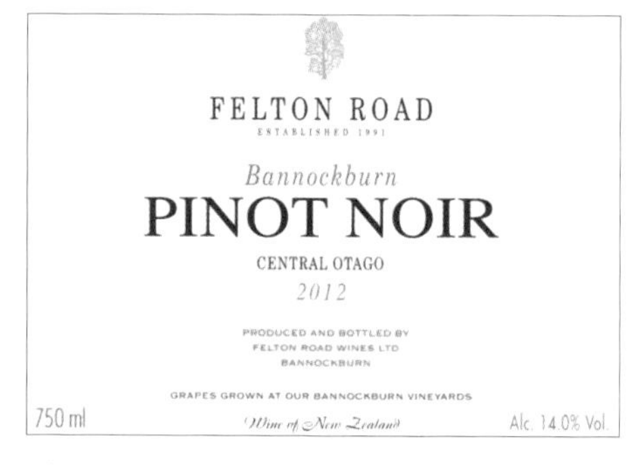

펠톤로드 피노 누아 와인 라벨

줍니다. 다 같은 포도주 병인데 어떤 라벨은 포도 품종 위주고, 또 다른 라벨은 와이너리 중심으로 돼 있어서 초심자들을 혼란스럽게 합니다.

예를 들어서 살펴보겠습니다. 우선 지역 이름 위주로 된 와인 라벨의 예입니다. 포도가 재배된 땅vin de terroir을 강조하는 와인으로 보르도, 샤블리, 키안티, 상세르, 리오하처럼 지역 이름을 앞세운 포도주들입니다.

샤블리는 샤르도네 포도의 명산지입니다. 이 지역에서 나온 화이트 와인은 일단 기본적인 품질이 보장된다는 평을 받습니다. 따라서 와이너리 가문의 이름을 앞세우는 것보다 샤블리라는 지역 이름에 의존하는 방식으로 라벨을 구성했습니다. 부르고뉴 지방 샤블리 지역의 '장 폴 & 브누아 드루앵Jean-Paul & Benoit Droin'이라는 양조자가 만든 알코올 도수 12.5%의 버건디(부르고뉴) 화이트 와인임을 이 라벨은 말해줍니다. 양조자보다 샤블리를 전면에 내세운 것을 확인할 수 있습니다.

이번엔 포도 품종으로 승부하는 와인 라벨의 예를 보겠습니다. 뉴질랜드 '펠톤로드 피노 누아 와인Felton Road Pinot Noir 2012' 라벨을 통해 해당 포도주가 피노 누아라는 붉은 포도로 만들어졌고 2012년 수확된 포도로 양조된 것임을 확인할 수 있습니다. 생산된 국가는 맨 아래 뉴질랜드고, 그중에서도 센트럴 오타고 지방에 있는 배녹번 마을의 펠톤로드 와인 회사가 제조했음을 작은 글씨로 기록했습니다. 왼쪽 하단에 와인 용량 750밀리리터, 오른쪽 하단에 알코올 도수 14%를 각각 기록했습니다. 앞서 샤블리 화이트 와인은 와인이 생산된 지역 이름을 앞세운 반면, 뉴질랜드의 이 포도주는 피노 누아라는 포도 품종을 앞세웠습니다. 뉴질랜드에서 생산되는 피노 누아의 품질이 최근 좋은 평을 받는 것에 따라 뉴질랜드산 피노 누아 레드 와인 자체도 함께 호평받는 추세입니다. 이를 의식해 펠톤로드 와인 회사는 자신의 이름보다는 피노 누아를 먼저 간판으로 내걸었습니다.

이제 명문 와이너리 양조자의 이름으로 된 라벨을 살펴보겠습니다. 프랑스 보르도 오메독 지방 5등급 와인인 '샤토 도작Château Dauzac'입니다. 이 와인은 보르도 마고 지역의 유서 깊은 샤토에서 나오는 제품입니다. 포도 재배의 역사는 13세기부터로 거슬러 올라간다고 합니다. 그러나 오늘날의 모습을 갖춘 건 1740년 포도원을 관리한 토마스 미셸 린치라는 사람에 의해서입니다. 프랑스왕립협회는 1855년 보르도 오메독 지방의 61개 와이너리를 선정해 1등급부터 5등급까지 등급을 매겼습니다. 등급이 높을수록 와인의

샤토 도작 라벨

품질과 가격이 높지만, 등급 안에 포함된 것만으로도 우수한 품질의 포도주임을 증명합니다.

샤토 도작은 맨 위에 와이너리 이름을 가장 크게 새겼습니다. 그 바로 아래 생산 연도인 2013년을 기록했습니다. 그러고는 마고 마을 와인이라는 것과 1855년에 그랑 크뤼로 지정된 와인임을 자랑스럽게 내세운 '그랑 크뤼 클라세Grand Cru Classé en 1855'를 표기했습니다. 이게 전부입니다. 다른 말로 장식하는 것 자체를 피했습니다. 대신 와이너리에서 병입됐고 유황이 포함됐으며 알코올 도수 12.5%, 용량 750밀리리터라는 기타 정보는 병 뒷면 라벨에 기록했습니다.

이상에서 알 수 있듯이 전통 있는 와이너리는 양조자 이름을 앞세우는 경우가 많습니다. 지역 이름을 앞세우는 경우는 지역 유명세에 의존하는 마케팅을 하겠다는 뜻인 만큼 와이너리를 내세운 경우보다는 수준이 떨어지지만, 포도 품종을 내세운 포도주보다는 좋은 것일 확률이 높습니다.

병 뒤의 설명서

영국 세인즈베리 마트 판매 와인의 뒷면 라벨

와인 라벨 뒷면에는 무슨 내용이 그렇게나 깨알처럼 많이 박혀 있는 걸까요? 영국 세인즈베리라는 마트가 판매하는 대중적인 포도주에 담긴 내용을 참고로 살펴보겠습니다.

맨 위에 와인 100밀리리터당 킬로칼로리가 표기돼 있습니다. 125밀리리터가 와인 1잔의 용량인데, 와인 1잔에 107킬로칼로리의 열량을 갖고 있다는 것을 환산해서 설명해줍니다. 알코올 도수는 12%, 용량은 750밀리리터임을 나타냈습니다. 그리고 마치 담배에 경고문이 표시된 것처럼 굵은 박스 안에 "당신의 한계를 알아야 한다"라는 경고가 선명하게 기재돼 있습니다. 이와 함께 잔으로 따르면 6잔이 나온다고 하면서 그 옆에 여성은 하루 2~3잔, 남성은 3~4잔을 초과해서 마시지 말라는 경고를 붙였습니다. 임신 중이거나 임신하려는 여성은 마시지 말라는 문구도 함께 표시했습니다. 이 문구 옆에 병은 재생, 반품되는 것임을 표기했습니다. 경고 박스 바로 아래는 "무수아황산을 함유하고 있으니 알레르기가 있는 사람은 참고하라"라는 설명도 있습니다. 또한 이 포도주는 장기 보관에는 부적합하니 구입 후 1년 이내에 마시라고 권합니다.

라벨이 곧 예술

보르도의 슈퍼 1등급 5대 와인 가운데 무통 로칠드는 해마다 영향력 있는 화가의 그림으로 와인 라벨을 디자인하는 것으로 유명합니다. 이 전통은 1945년 2차 세계대전 승전이 계기가 됐습니다. 윈스턴 처칠 영국 총리의 승리를 상징하는 V자 사인sign에 그림을 얹는 방식으로 디자인이 만들어진 것입니다. 와이너리의 소유주인 필립 드 로칠드 남작은 당시 프랑스의 젊은 화가 필립 줄리앙에게 그림을 부탁했고, 줄리앙이 흔쾌히 응하면서 멋진 전통이 시작됐습니다. 2차 세계대전 승전 기념으로 1945년에 시작된 무통 로칠드의 유명 아티스트 라벨의 전통은 이후 살바도르 달리(1958년), 호안 미로(1969년), 마르크 샤갈(1970년), 바실리 칸딘스키(1971년), 파블로 피카소(1973년), 앤디 워홀(1975년) 등 20세기를 대표하는 화가들의 그림으로 이어졌습니다. 그 가운데 1973년 피카소의 그림이 와인 라벨로 실리는 과정은 좀 각별합니다. 1973년은 61개 샤토 가운데 2등급에 머물던 무통 로칠드가 1등급 반열에 합류한 해였습니다. 1972년까지 1등급은 샤토 마고, 라피트, 라투르, 오브리옹 등 4개만이 고고한 지위를 누렸는데 마침내 무통 로칠드도 그 반열에 합류한 것입니다.

1등급으로 승급한 것을 기념해 피카소 작품으로 장식된 1973년산 무통 로칠드 라벨

무통의 안주인이던 마담 필리핀느Madame Phillippine는 평소 굉장한 미술 애호가이자 수집가였습니다. 특히 피카소의 그림으로 라벨을 만들려고 공을 들였지만, 피카소는 동의하지 않았습니다. 공교롭게 피카소는 무통 로칠드가 1등급에 승격한 해에 생을 마감했습니다. 마담 필리핀느는 피카소의 가족을 찾아가 애도의 뜻을 전하면서 비록 고인이 됐지만, 그의 작품으로 5대 1등급으로 승격한 1973년 와인 라벨을 만들고 싶다고

간청했습니다. 가족들은 흔쾌히 허락했고, 그렇게 해서 피카소의 그림도 결국 무통 로칠드의 라벨이 됐습니다.

이우환 화백 그림이 새겨진 2013년산 무통 로칠드 라벨

2013년은 한국과 무통 로칠드의 인연이 맺어진 해입니다. 그해 무통 로칠드 라벨에 한국인인 이우환 화백의 작품이 들어갔기 때문입니다. 마담 필리핀느의 아들 필립과 줄리앙이 베르사유궁에서 열린 이우환 화백의 작품 전시회를 보고 큰 감명을 받았다고 합니다. 샤토 무통 로칠드 측은 2013 빈티지 라벨을 장식한 이우환 화백의 작품에 대해 "연한 자줏빛이 조금씩 짙어지면서 마치 위대한 와인이 오크통 안에서 천천히 완성돼가는 것과 같은 이미지를 보여준다"고 설명합니다.

5

빈티지

“와! 저 차 멋지다. 아마도 1960년대 빈티지 모델 아닐까?”

“지난번 그 LP 카페에서 본 진공관 매킨토시 앰프 정말 멋진 빈티지 제품이던데?”

현대인들은 ‘빈티지’란 말을 자주 사용합니다. 빈티지는 명사기도 하고 형용사기도 합니다. ‘빈티지 카’나 ‘빈티지 패션’이라는 표현에서 빈티지는 형용사, 즉 관형어로 ‘오래 묵은’ 혹은 ‘전통 있는’이라는 뜻을 갖습니다. 마찬가지로 “그 페라리 자동차는 1968년 빈티지야”라는 표현에서는 ‘오랜 사물’ 혹은 ‘어느 특정 연도에 생산된 제품’이라는 의미가 담긴 명사로 사용됩니다. 요즘에는 다양하고 광범위하게 빈티지란 말이 쓰입니다. 그런데 이 빈티지라는 말은 사실 포도에서 출발했습니다.

라틴어, 프랑스어의 뿌리를 가진 단어지만 ‘vintage’는 영어 사전에 등재된 영어 어휘입니다. 어떤 과정을 거쳐 포도에서 비롯된 용어가 오늘날의 빈티지로 정착하게 됐을까요?

15세기는 영국과 프랑스의 왕가가 혼인 관계를 맺던 시절이었습니다. 오늘날 프랑스어로 '포도를 수확하다'라는 뜻을 가진 동사는 'vendanger(방당제흐)'입니다. '수확'이란 뜻의 명사는 'vendange(방당주)'입니다. 그런데 15세기 프랑스어는 '방다주'로 발음되는 철자를 썼습니다. 'vendage'가 오늘날의 방당주, 수확의 의미로 사용된 것입니다. 현대 프랑스어로 변천하는 과정에서 발음하기 부드럽게 'n' 음가가 추가됐습니다. 프랑스 와인을 유난히도 좋아했던 영국 사람들은 '포도의 수확'이란 뜻을 가진 'vendage'를 영어식으로 'vintage'라 불렀습니다. 물론 '수확하다'라는 뜻의 영어 단어로는 'harvest'나 'reap'도 있고 명사형 '수확'의 의미로는 'crop'도 있습니다. 하지만 영국 상류사회에서는 15세기부터 '포도 수확'을 칭할 때만큼은 'vintage'를 썼습니다.

그러니까 영어에서도 처음엔 포도의 경우 '수확'의 의미로 빈티지라는 말을 사용했다는 뜻입니다. 그러나 세월이 흐르면서 수확된 해에 따라 포도와 포도주의 품질에 상당한 차이가 존재한다는 사실을 알게 되면서 자연스럽게 어휘의 뜻에 변화가 생겼습니다. '수확' 자체의 의미보다 '수확된 연도'의 의미로 전용된 것입니다. 요즘 프랑스어로 빈티지는 밀레짐이라 칭합니다.

와인에서 빈티지는 또 다른 이름표

포도주에서 빈티지가 왜 중요한 것일까요?

와인폴리닷컴www.winefolly.com에 따르면 '빈티지는 포도가 수확된 해'를 의미하며, 와인의 빈티지는 맛이나 품질에 커다란 영향을 미친다고 합니다. 품질에 미치는 영향은 포도가 여무는 시기의 기후에 의해 좌우됩니다. 유럽이나 북미 같은 북반구의 포도밭에서는 4월부터 10월까지의 날씨가 빈티지를 결정하고 호주, 남미, 남아공 등 신대륙 포도밭에서는 10월부터 이듬해 4월의 날씨가 결정한다고 합니다.

그러면 기후 조건 가운데서 무엇이 가장 중요할까요? 바로 일조량입니다. 포도밭에 비가 지나치게 많이 내리거나 구름이 햇빛을 가리는 시간이 길어지면 포도가 제대로 익지 못합니다. 반대로 비는 전혀 오지 않고 섭씨 33도 이상의 고온이 이어질 경우, 제대로 익기 전에 포도가 말라비틀어지거나 껍질에 타닌 형성이 되지 않아 포도주로 만들어도 향과 맛이 엉망이 되고 맙니다.

따라서 포도밭을 관리하는 농장의 입장에서는 이른 봄부터 수확에 이르는 동안 잠시도 방심할 수 없습니다. 이른 봄 농부를 가장 긴장시키는 건 냉해입니다. 4월에도 서릿발이 내릴 수 있습니다. 그러면 피던 포도나무 꽃이 얼어붙게 돼 곧바로 그해 농사를 망칠 수 있습니다. 봄철 불어오는 강풍 또한 꽃눈을 떨어뜨려서 포도 열매의 개체가 확 줄어듭니다. 여름엔 살인적 고온이나 가뭄, 또는 장기간 이어지는 장마가 걱정입니다. 인간의 의지와 무관한 영역이 바로 하늘, 즉 날씨입니다. 좋지 않은 기상 조건이 여름 내내 이어진 해에는 뛰어난 포도주를 만들 방법이 없습니다. 가을 수확기를 앞둔 시기에 비가 오거나 추위가 빨리 찾아오는 상황도 방심할 수 없는 요소입니다. 그렇게 되면 막바지에 이뤄지는 당도와 타닌 형성에 어려움을 맞고 자칫 냉해를 입을 수도 있기 때문입니다.

양조용 포도나무는 연평균 670밀리미터의 강우량을 필요로 합니다. 강우량의 대부분은 겨울부터 봄에 오는 게 좋습니다. 특히 7, 8월의 비는 최대 적입니다. 포도알이 영그는 데 가장 중요한 것이 바로 7, 8월의 일조량입니다.

보르도와인협회가 2020년도 보르도 레드 와인을 아주 예외적인 최고의 빈티지로 꼽았습니다. 8월의 강력한 태양과 밤에 기온이 떨어지는 일교차 큰 날씨가 특별한 포도 생육의 조건이 돼주었기 때문이라는 게 협회의 설명입니다.

포도 품종에 따라 선호하는 날씨 조건도 다릅니다. 리슬링은 밤이 서늘하고 낮에 햇빛이 강한 날씨를 좋아합니다. 카베르네 소비뇽은 건조하고 뜨거운 강한 직사광선을 선호합니다. 그래야만 적합한 당도와 타닌 형성이 이뤄지기 때문입니다. 피노 누아는 봄은 따뜻하고 여름은 시원한 날씨를 선호합니다.

예전부터 유럽 지역 포도 작황은 해마다 큰 차이가 나는 까닭에 프랑스나 이탈리아산 와인은 빈티지를 중요시해왔습니다. 반면 상대적으로 기후 변화의 폭이 작은 신대륙 와인은 작황의 차이가 적기 때문에 빈티지를 그다지 중시하지 않았습니다. 그러나 최근엔 기후야말로 구대륙, 신대륙 할 것 없이 중요한 요소가 됐습니다. 그래서 신대륙 와인에 대해서도 빈티지를 평가의 중요 기준 가운데 하나로 꼽고 있습니다. 예컨대 캘리포니아에 가뭄이 이어지면서 포도가 말라 죽는 일이 자주 생깁니다. 호주나 칠레의 와이너리에서도 폭염이나 폭우의 피해로 한 해 농사를 망치는 일이 발생합니다. 뉴스로도 자주 접한 또 하나의 변수는 대형 산불입니다. 캘리포니아 나파 밸리 포도밭이 산불의 직격탄을 맞았습니다. 2019년 말 호주의 산불 또한 와인 산업에 커다란 타격을 줬습니다. 그래서 요즘은 빈티지를 무시한 채 포도주를 사는 행위는 눈감고 옷을 사는 것과 같습니다.

다음 도표는 와인 정보 잡지인 〈와인스펙테이터〉가 최근 발표한 프랑스 보르도 좌안(지롱드강 왼편의 메독)의 연도별 특징 분석을 담은 평가표입니다.

2018년을 먼저 보겠습니다. 〈와인스펙테이터〉 평가 점수는 100점 만점에 95~98점으로 거의 최상급입니다. 바로 마셔야 하는지 아니면 오래 보관해야 하는지를 구분하는 항목에는 'NYR'이라고 표시했습니다. 'Not Yet Released'를 줄인 것으로 아직 출하되지 않은 와인, 즉 와이너리에서 숙성 중인 와인이라는 뜻입니다. 그해 작황을 설명한 글에

France > Bordeaux/Left Bank Reds (Médoc, Pessac-Léognan)
‹ Return to All Regions

Vintage	Score	Drink Window	Description
2018	95-98	NYR	Similar to 2016, with wet conditions early and dry conditions late, yet both were more extreme this year, with severe mildew pressure reducing yields; second half drought saved the vintage. Reds are dense and tannic, with slightly higher alcohol and lower acidity, but terrific drive and definition
2017	90-93	NYR	Warm and dry year ran early all season; southern areas most affected by spring frost, while Médoc generally spared. Well-timed rains prevented maturity blockage, but September diluted earlier-ripening Merlot. Wines are fresh and pure; best in Pauillac and St.-Julien, other AOCs more heterogeneous
2016	97	Hold	A year of extremes, with a very rainy spring backed by a very dry summer. Cabernet relished the drought, yielding reds that are ripe and tannic, but also racy, fresh and full of aromas; yields normal to above normal. Upper Médoc superb, with St.-Estèphe, Pauillac and St.-Julien the epicenter of quality
2015	94	Hold	Extremely dry season saved by rain at veraison led to an even crop of ripe and lush reds. Later rains hampered some parts of the upper Médoc. Margaux is truly special. St. Julien and Pessac superb
2014	93	Hold	A good spring was followed by a gray, humid summer, but dry weather and a long harvest period through September and October saved the vintage. Best in the upper Médoc with Cabernet Sauvignon and Franc, along with Petit Verdot, relishing the late harvest; less dynamic in Margaux and Pessac
2013	84	Drink	Cool start and very wet finish saved by warm, dry July and August. Disease pressure was very high and harvest on the early side. Reds are light and easy; Margaux least

〈와인스펙테이터〉가 발표한 2013~2018년 보르도 빈티지 평가표

는 "2016년과 비슷하게 상반기는 비가 충분히 왔고 하반기엔 맑은 날이 많았지만, 가뭄으로 이어져 수확량은 다소 감소했다. 그러나 붉은 포도는 잘 익었고 타닌도 최고였으며 평년보다 알코올 도수가 조금 올라가고 산도는 떨어져서 최고의 술을 빚어낼 여건을 갖췄다"고 기술합니다.

〈와인스펙테이터〉는 2016년산에는 97점이라는 높은 점수를 부여했습니다. 당연히 당장 마시지 말고 오랜 세월 보관해서 충분히 숙성한 다음에 마시라고 권합니다. 봄엔 비가 많이 왔지만 여름이 되면서 건조한 날씨가 이어졌고, 카베르네 소비뇽은 건조한 날씨를 잘 수용해서 탄탄한 힘과 신선한 향기, 풍부한 타닌을 가졌다고 표현했습니다. 그러면서 생테스테프, 포이약, 생쥘리앵 등 오메독 지역 와인들이 2016년엔 하나같이 뛰어난 와인을 만들어냈다고 설명했습니다.

반면 2013년산 메독 지방 와인은 84점으로 낮은 평가를 받았습니다. 혹시라도 이 와인을 입수하게 됐다면 당장 마시라고 권합니다. 봄부터 날씨가 너무 추웠고 7~8월은 건조했지만, 병충해 우려가 커지면서 일부 지역에선 조기 수확을 할 수밖에 없었다는 점을 지적합니다. 이 평가표를 보면 알 수 있듯이 와인 고르기에 있어 연도(빈티지)는 매우 중요합니다.

〈와인스펙테이터〉는 최근 신대륙 와인도 빈티지에 따라 품질이 천차만별로 다르다는 것을 보여줍니다. 요즘 피노 누아로 뜬다는 미국 오리건의 피노 누아 레드 와인 평가표를 한번 보겠습니다.

아직 출하되지 않은 2017년산은 89~92점으로 중상 정도의 평가를 받았습니다. 반면 2016년산은 97점으로 최고 평점을 받았습니다. 피노 누아는 따뜻한 봄과 시원한 여름을 좋아합니다. 그래야 포도가 최적으로 잘 자라기 때문입니다. 오리건의 2016년 봄은 포근하고 폭우도 없었습니다. 그해 여름은 아주 시원했습니다. 이 조화가 와인의 밸런스와 우아함으로 연결됐다고 본 것입니다. 이와 달리 2011년산은 권하기 힘든 빈티지라는 것을 보여줍니다. 너무 가볍고 손상되기 쉽다는 표현을 썼습니다.

United States > Oregon: Pinot Noir

‹ Return to All Regions

Vintage	Score	Drink Window	Description
2017	89-92	NYR	A cold, rainy spring and hot, dry summer led to potentially soft and blowsy Pinots
2016	97	Drink or hold	Early and warm vintage with pockets of cool weather in summer, lending balance and elegance
2015	95	Drink or hold	Large clusters helped to balance a hot vintage toward elegance
2014	96	Drink or hold	A very large crop was able to attain balance in a hot vintage
2013	88	Drink or hold	Rain turned a very ripe year into a light, uneven vintage
2012	97	Drink	Ideal conditions produced generous wines; not over the top
2011	85	Drink or hold	Light, bordering on fragile; tantalizing if flavorful enough
2010	94	Drink	Best have real ripeness and depth, with modest alcohol
2009	90	Drink	Supple structures, bold flavors

〈와인스펙테이터〉가 발표한 오리건 피노 누아 빈티지 평가표

고가 와인의 경우 빈티지가 가격을 결정하는 중요한 열쇠입니다. 영국의 치스윅 경매 회사에서 20년 넘는 와인 경매 경력을 가진 담당자 피터 맨셀은 빈티지의 중요성을 이렇게 설명했습니다.

"해마다 날씨가 다르고, 그 차이가 포도주 품질의 차이로 이어진다. 따라서 처음 고가의 와인을 구매할 의사가 있는 사람이라면 빈티지별 작황을 반드시 숙지해야 한다. 예컨대 1982년산 프랑스 1등급 라피트Château Lafite Rothschild 12병짜리 한 박스는 4만 파운드에 거래되지만, 1983년산은 단지 7,500파운드에 살 수 있을 정도다"(영국 일간지 〈텔레그래프The Telegraph〉 2018년 11월 30일).

와인을 즐기는 사람들은 아예 지갑에 빈티지별 평가를 한눈에 알 수 있도록 만든 빈티지 평가표를 갖고 다니기도 합니다. 그러나 그걸 귀찮게 어떻게 다 들고 다니겠습니까? 지금은 스마트 시대입니다. 〈와인스펙테이터〉 홈페이지는 최근 유료 회원제로 운영 방침을 바꿨습니다. 무료로 빈티지 평가표를 편하게 보려면 구글에서 'Wine Enthusiast vintage chart'를 검색하면 됩니다. 곧바로 최신판 빈티지표를 볼 수 있는데 국가별, 지역별, 품종별로 자세한 정보가 나옵니다. 스마트 정보 검색 능력도 4차 산업혁명 시대 와인 애호가들에겐 필수 요건입니다.

6

아로마와 부케

'향香'이란 글자는 벼를 뜻하는 '禾'라는 글자와 날을 뜻하는 '日'이란 글자가 합해져 만들어졌습니다. '禾' 아래 '日'이라는 글자는 '날'이라는 뜻도 있겠지만 '달다'라는 뜻을 가진 '감甘' 자의 변형이기도 합니다. 두 가지 의미가 함께 담긴 것이지요.

벼는 옛 한자 문화권에서 가장 소중한 식물입니다. 허기진 이에게 밥이 익을 때 나는 냄새만큼 좋은 향기는 없을 겁니다. 매일 느끼는 혹은 매일 느끼고 싶은 냄새로 고대 중국인들은 '香'이란 글자를 사용한 것입니다. 아울러 밥이 익어가는 냄새만큼 달콤한 것은 없다는 의미도 담겼습니다. 이렇듯 동양에서 오늘날 '향기'의 의미로 쓰는 글자 뒤에는 밥 한번 넉넉하게 먹어보고 싶은 백성들의 간절한 욕망이 존재했습니다.

아로마와 부케의 유래

와인에서 향의 의미로 사용되는 두 단어인 '아로마aroma'와 '부케bouquet'는 어디서 유래된 말일까요? 아로마는 '달콤한 냄새'를 뜻하는 고대 라틴어에서 비롯됐습니다. 유럽 각국에서 공통된 단어로 오랜 세월 '좋은 향'이란 의미로 사용됐습니다. '부케'라는 어휘는 역사적 뿌리를 가졌습니다. BC 3000년 무렵 고대 이집트의 왕족이 권력의 상징으로 파피루스와 수숫대처럼 생긴 부들을 묶어서 가졌는데 그 다발을 부케라 불렀다고 합니다. 처음엔 귀한 곡식을 묶어 부케로 활용했습니다. 중국의 '香'이란 글자가 만들어진 유래와 맥이 닿는 걸 보면서 경이롭다는 생각이 들었습니다. 오늘날엔 신부가 결혼식장에서 친구에게 던져주는 꽃의 의미로도 많이 쓰입니다.

아로마와 부케 무엇이 다른가?

똑같이 와인의 향을 표현하는 용어인데, 아로마는 무엇이고 부케는 또 무엇일까요? 포도주가 독특한 고유의 향을 내는 까닭은 크게 세 가지로 볼 수 있습니다. 하나는 포도 품종 자체가 내는 향입니다. 두 번째는 포도가 발효되면서 장기 숙성 전 오크통 보관 과정에서 얻어지는 향입니다. 세 번째로는 병입 후 수년 이상 거치는 장기간 숙성 과정을 통해 얻어지는 향이 있습니다. 이 세 가지를 흔히 1차 향, 2차 향, 3차 향이라고 말합니다.

여기서 아로마는 '1차 향'을 말하는 것으로, 포도 품종 자체가 가진 고유의 향을 의미합니다. 카베르네 소비뇽과 피노 누아, 템프라뇨가 각기 독특한 향을 가진 포도 품종인 만큼 각각이 빚어내는 와인은 당연히 처음부터 다른 향을 낼 수밖에 없습니다. 와인은 참으로 오묘합니다. 수확해서 으깨어 발효만 시켜도 포도 자체의 향이 많이 변하면서 양조 과정에서 얻어지는 향을 띠게 됩니다. 이것을 '2차 향'이라고 부릅니다. 2차 향에는 두 가지 이상의 품종을 섞었을 때 오크통에서 만들어지는 향의 의미도 당연히 포함됩니다. 이어 장기간 숙성하는 과정에서 생겨나는 향을 '3차 향'이라고 부른 거죠.

1, 2, 3차 향을 각각 쉽게 구분하기 위해 1차 향을 '아로마'로 칭하고, 2차와 3차는 '부케'로 부르는 구분이 오랫동안 계속됐습니다. 그러다 한 가지 변화가 생겼습니다. 포도를 수확해서 양조를 거쳐 오크

오메독과 생테밀리옹의 등급 레드 와인

통에 들어간 초기까지 만들어지는 향은 대개 포도 품종의 차이 외에 의미 있는 차이는 없습니다. 그래서 최근에는 편리하게 1차와 2차 향을 통칭해서 아로마로 부르는 편입니다. 마찬가지로 오크통에서도 1년 넘게 숙성하다보면 고유의 독특한 향기가 조성되는 만큼 2차 향이 만들어지는 후반부와 3차 향이 만들어지는 기간의 포도주 향기를 합해서 부케라고 부르기도 합니다.

사람과 포도주를 비교하면 쉽게 이해할 수 있을 겁니다. 누구나 태어나면서 부모로부터 받은 유전자에 의해 그 사람의 얼굴, 성품의 특징 등을 갖게 됩니다. 그게 그 사람의 아로마인 셈입니다. 그런데 자라고 공부하고 사회생활을 하는 과정에서 그 사람만의 고유한 인품이 형성됩니다. 이렇게 후천적으로 형성된 한 사람의 인격 혹은 그 사람의 향기가 바로 부케입니다. 나이를 먹어가면서 멋진 인격과 우아한 내공을 가진 인격체는 근처에만 가도 고유의 향, 즉 부케를 느낄 수 있듯이 와인도 좋은 포도로 정성이 들어간 양조와 세심한 숙성의 과정을 거치고 나면 멋진 향기를 내뿜습니다.

와인의 향은 어디서 오는가?

바나나를 시작으로 사과, 딸기 등 각종 과일부터 꽃의 향기, 심지어 담배나 흙냄새, 초콜릿에 이르는 다양한 향이 포도주에서 나옵니다. 도대체 어디서 그런 다양한 향이 생겨나는 걸까요? 와인의 화합물이 그 신비한 마술의 원동력입니다.

포도주는 거대한 유기화합물입니다. 크게 보았을 때 과일이나 꽃과 같은 종류의 향을 만들어내는 화합물과 토양, 나무, 버섯 등의 향을 내는 화합물 두 가지로 구분됩니다.

과일이나 꽃의 향을 내는 화합물은 산酸, acid에서 나옵니다. 그래서 과일이나 꽃향기는 조금만 지나치면 강한 신맛으로 이어져 와인의 맛과 향을 망칠 수 있습니다. 피라진pyrazine이라는 화합물은 식물이나 풀의 향을 만듭니다. 이 화합물은 와인에서 초콜릿이나 커피의 향을 느끼게 하는 힘이기도 합니다. 그 밖에도 장미나 라벤더 같은 매혹적인 꽃의 냄새를 만드는 것 역시 테르페네스terpenes라는 이름의 와인 화합물이 빚어내는 냄새입니다.

지오스민geosmin이라는 유기화합물의 역할도 큽니다. 흙 혹은 버섯의 냄새를 만들어내는데, 주로 신대륙보다는 프랑스나 이탈리아 등 유럽의 전통적 와이너리에서 만든 와인에 이런 냄새가 많이 난다고 합니다.

아로마 바퀴

앞서 포도 품종이 내는 1차 향과 양조 과정에서 생기는 2차 향, 마지막으로 오랜 세월 숙성되면서 생기는 3차 향을 구별해서 살펴보았습니다. 포도 품종에서 비롯되는 1차 향은 과일, 식물, 흙 등의 냄새로 크게 요약됩니다. 2차 향은 효모와 누룩의 작용이 큰 역할을 해서 만들어지는 만큼 빵 냄새가 나거나 이스트 냄새가 나게 하는 것으로 이해하면 좋습니다. 마지막으로 오랜 세월 나이를 먹어가며 숙성해서 생기는 3차 향은 바닐라나 호두, 헤이즐넛, 건포도, 무화과가 내는 것과 같은 그윽한 향이라 보시면 됩니다.

이렇게 다양하면서도 복잡한 와인의 향기를 좀 더 쉽게 도식화해서 구분하는 방법은 없을까요? 미국 캘리포니아대학교 데이비스캠퍼스의 앤 노블 교수가 1980년대 초에 원형의 수레바퀴 같은 표를 하나 만들어냄으로써 갈증을 해소해줬습니다. 이름하여 '아로마 바퀴'입니다. 노블 교수는 와인의 품종과 맛, 향기를 전문적으로 연구하면서 학생들에게 와인학을 가르쳤습니다. 와인에 대해 알면 알수록 복잡한 향기의 세계를 적절하게 묘사하는 방법을 찾는 것이 매우 어렵다는 사실을 절감하고, 아로마 바퀴를 만들기로 마음먹었습니다. 그때부터 전 세계 수많은 와이너리에서 생산되는 각종 화이트 와인과 레드 와인, 발포성 와인, 로제, 아이스 와인에 이르기까지 모든 와인에 대해 수많은 전문가를 대상으로 설문조사를 벌였습니다. 이렇게 모인 방대한 자료를 토대로 노블 교수는 하나의 바퀴를 만들었습니다. 그리고 마침내 1984년 《아로마 바퀴Aroma Wheel》라는 책을 펴냈습니다.

노블 교수가 분류한 방식은 상위 개념, 중위 개념, 하위 개념의 순서로 바퀴의 중심부에서 가장자리로 나아가면서 갈수록 세분화하는 방식이었습니다. 먼저 상위 개념으로 향 10여 종을 분류한 다음 그 10개 항목을 다시 중위 개념으로 구분했습니다. 그런 다음 최종적으로 구체적인 사물별로 대입하는 식으로 분류했습니다. 10여 개의 상위 개념 구분 항목에는 화이트 와인의 과일 향, 레드 와인의 과일 향,

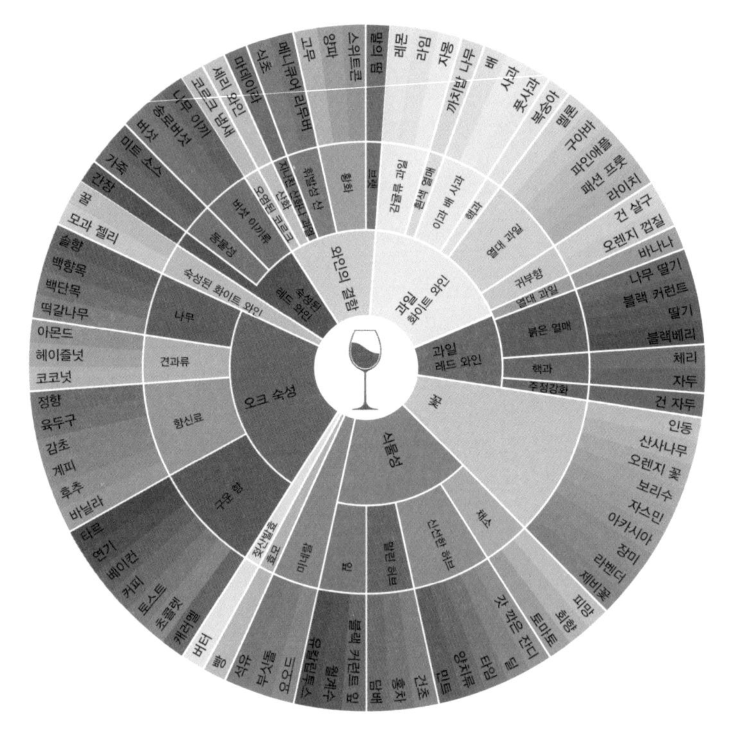

아로마 바퀴

꽃, 식물성, 오크 숙성의 향, 미네랄, 오래 숙성한 레드 와인 향, 오래 숙성한 화이트 와인 향 등이 들어갑니다. 같은 화이트 와인의 과일 향이라 할지라도 다음 중위 개념 구분으로 감귤류인지 열대 과일인지 등으로 나누고 마지막으로 최하위 개념 구분으로 같은 감귤류라도 레몬인지 라임인지 아니면 자몽인지를 선택하도록 하는 분류표를 제시한 것입니다.

와인 초보자들에게 처음부터 아로마 바퀴의 마지막 단계인 구체적

사물 단위의 구분은 매우 힘든 일입니다. 꽃향기인지 과일 향인지 분간도 쉽지 않습니다. 그래서 쉬운 접근법이 필요합니다. 먼저 흙냄새 종류인지 꽃 종류인지 아니면 과일 냄새 쪽인지 이 세 가지만 감별하는 노력을 해보라는 것입니다. 그렇게 반복하다보면 오래지 않아 감이 잡힐 겁니다. 훈련이 이어지면 마침내 초콜릿이나 커피, 버섯, 담배꽁초 냄새 등의 구별도 가능해질 것입니다.

와인 마실 기회가 있는 날에는 스마트폰 메모장에 와인의 큰 향기 분류부터 그냥 느껴지는 대로 메모하는 습관을 익혀보십시오. 그게 쌓이다보면 어느덧 아로마 바퀴의 중심부에 나오는 분류 정도는 분간해낼 수 있다고 느낄 겁니다. 같은 와인을 놓고 어떤 사람은 마른 살구 냄새가 난다고 하는데 본인은 아카시아꽃 향기로 느낄 수도 있습니다. 파인애플과 바나나의 구분도 어려울 정도지만 실전을 반복하다보면 점점 구분이 익숙해집니다.

7

병과 잔의 미학

"와인 병을 보면 포도 품종이 보인다"라는 명제는 성립하는 것일까요? 맞을 수도 있고 맞지 않을 수도 있습니다. 적어도 프랑스의 경우에 이 명제는 성립할 수 있습니다. '성립할 수 있다'는 표현을 쓴 까닭은 대개는 맞지만, 예외가 상당히 존재하기 때문입니다.

와인 병은 왜 모양이 다를까?

먼저 프랑스에서 와인이 나오는 곳은 크게 보면 남서부의 보르도, 중동부의 샹파뉴, 그 아래 중남부의 부르고뉴, 남부 론 등으로 나뉩니다. 최근엔 피레네산맥 동쪽 남부의 랑그도크 지방도 주요 와인 생산지로 꼽힙니다. 이 가운데 레드 와인의 경우 보르도와 부르고뉴는 확실하게 다른 모양의 병을 사용합니다. 보르도 레드 와인은 뚜렷한 어깨선을 갖는 것이 가장 큰 특징입니다. 어깨가 각이 지다보니 남성적인 이미지가 떠오릅니다.

그도 그럴 것이 대개 보르도 레드 와인은 타닌이 많은 카베르네 소비뇽과 아로마가 각별한 메를로를 혼합해 만들어서 보디감이 풍부한 묵직한 와인 이미지를 갖고 있습니다. 색깔도 진한 붉은색 혹은 진한 자주색을 띱니다. 반면 피노 누아 단일 품종으로 만드는 부르고뉴 레드 와인은 색깔이 연붉은 분홍에 가깝고 첫 모금이 주는 향도 가냘픈 여성의 이미지처럼 부드럽고 달콤합니다.

보르도와 부르고뉴 레드 와인 병의 차이는 포도 품종의 차이에서 비롯된다는 설명이 설득력 있던 시절이 있었습니다. 보르도 와인은 타닌이 많다보니 오래 세월 숙성해야 하고 이런 장기간의 숙성 과정에서 와인 병 밑바닥에 찌꺼기가 생깁니다. 잔에 따를 때 뚜렷하게 각진 어깨의 선이 만들어내는 공간에 찌꺼기가 걸리게 만들어졌다는 겁니다. 반면 부르고뉴는 타닌이 적은 피노 누아로 만든 포도주인 만큼 장기 숙성해도 찌꺼기가 많이 생기지 않아 어깨선을 만들 필요가 없기에 완만한 부드러운 곡선 모양의 병을 사용한다는 것입니다.

보르도 레드 와인 병(좌)과 부르고뉴 레드 와인 병(우)의 차이

하지만 이런 설명과 다르게 너무나도 많은 예외가 생겨났습니다. 특히 신대륙의 경우 카베르네 소비뇽보다 타닌이 많은 시라(시라즈)

로 만드는 레드 와인을 부르고뉴 병처럼 완만한 곡선을 띤 병에 담아 판매하는 와이너리가 많아졌습니다. 같은 프랑스에서도 랑그도크 지방에서 나오는 레드 와인 가운데는 카베르네 소비뇽이나 시라로 만든 와인이지만 버건디(부르고뉴) 레드 와인 스타일의 병에 담아서 판매하는 경우도 많아졌습니다.

따라서 "와인 병의 모양이 포도 품종을 말해준다"는 말은 프랑스 보르도와 부르고뉴에 적용할 경우 참인 명제지만, 다른 지역으로 가면 항상 맞지는 않습니다. 부르고뉴 남쪽 론 지방 와인도 부르고뉴 레드 와인의 병처럼 완만한 곡선이긴 하지만 조금 더 날씬한 게 특징입니다. 결론적으로 와인 병의 모양은 프랑스의 경우 지역의 특징을 말해주는 것 정도로 이해하면 됩니다. 호주나 칠레, 미국의 포도주는 타닌의 많고 적음에 상관없이 해당 와이너리가 선호하는 디자인의 병에 담는다는 점도 기억하면 좋습니다.

동 페리뇽 샴페인

그러나 샴페인 병은 생김새가 다릅니다. 우선 병 밑바닥이 매우 넓어야 합니다. 유리의 두께도 일반 와인 병보다 두껍습니다. 다른 포도주와는 달리 6~7기압의 상대적으로 높은 압력을 견뎌야 하기 때문입니다. 이런 실용적 이유에다 1600년대부터 내려온 샹파뉴 지방 특유의 발포성 와인을 담는 병 디자인의 전통을 이어받았습니다. 그런 과정을 거쳐 샴페인 병의 모양은 오늘날의 형태로 정착됐습니다.

그 밖에 아이스 와인 등 디저트 와인의 경우 가격이 비싼 만큼 병의 재료도 잘 깨지지 않는 좋은 유리에 색을 입혀 예쁘게 만들기도 합니다. 이 역시 해당 와이너리의 선택입니다.

와인 병 바닥의 펀트

와인 병 밑바닥을 안쪽으로 쑥 들어가게 만든 이유는 무엇일까요? 영어로는 '펀트punt' 혹은 '딤플dimple'이라고 부릅니다. 와인 학계에서는 이와 관련해 정설은 없다고 말합니다. 다만 블로파이프blowpipe를 이용해 와인 병을 만들 때 도구를 사용해 쉽게 작업하는 과정에서 펀트를 내는 것이 유래했을 것으로 추정됩니다. 바닥이 평평한 병은 마무리 처리가 완벽해야 하지만 펀트를 허용하면 그만큼 병 바닥 부분의 결함을 감춰주면서 병을 세웠을 때 안정성이 높아지는 장점이 있습니다. 물론 와인의 침전물이 바닥에 가라앉게 해서 나중에 잔으로 따를 때 맨 마지막에 나오도록 고이는 공간의 역할을 하는 것도 부정할 수 없습니다. 또 와인을 잔에 따를 때 병의 바닥에 엄지손가락을 넣으면 병을 안정적으로 잡는 데 도움이 되는 면도 있습니다. 와인 동호인들 사이엔 펀트가 크고 깊을수록 와인 품질도 좋은 것이라는 속설이 퍼져 있습니다. 이것은 전혀 근거 없는 이야기입니다. 품질과 펀트의 크기나 깊이는 아무 상관관계가 없습니다.

와인 잔은 왜 그렇게 다를까?

앞서 와인 병은 품종 혹은 지역에 따라 특징적 차이를 가질 수도 있지만, 예외도 많다는 점을 설명했습니다. 그렇다면 와인 잔은 어떨까요? 와인 잔에는 어떤 종류가 있고 그 차이에는 어떤 논리적 이유가 있는지 궁금할 것입니다. 병과는 달리 잔은 담을 와인의 종류에 따라 실용적인 용도로 차별화가 이뤄집니다. 한마디로 말하자면 와인의 종류에 맞는 와인 잔을 사용해야 와인 맛을 제대로 누릴 수 있다는 것입니다.

먼저 풀보디 레드 와인용 잔입니다. 잔의 크기가 크고 입구도 넓습니다. 주로 카베르네 소비뇽 같은 타닌이 많이 함유된 포도로 만든 보르도 레드 와인을 마시는 데 최적화된 잔입니다. 이 디자인은 복합 아로마를 가장 잘 전달하는 동시에 와인 병에 담긴 에탄올이라는 알코올의 주요 성분이 빠르게 날아가도록 도와줍니다. 풀보디 레드 와인의 잔은 와인 향을 부드럽게 느끼도록 만드는 역할도 합니다.

두 번째로 라이트보디인 피노 누아를 주 품종으로 하는 부르고뉴 레드 와인에 적합한 잔의 디자인입니다. 잔 가운데 부분은 더 통통하고 넓지만 높이는 조금 낮습니다. 피노 누아처럼 부드러움을 특징으로 하는 레드 와인의 경우 입에 와인이 닿기 전 코로 향을 충분히 느낄 수 있도록 설계된 잔이 더 적합하기 때문입니다. 그리고 잔을 더 기울여야 와인 액체가 입안으로 들어오기 시작하게끔 만들어졌습니다. 코로 느끼는 향을 최대한 깊게 즐길 수 있는 디자인이라는 이야기도 되는 겁니다.

피노 누아로 만드는 부르고뉴 와인의 잔은 테두리가 튤립처럼 바깥으로 휘게 만들어진 모양도 경험할 수 있습니다. 이 디자인은 두 가지 목적이 있습니다. 첫째, 향을 충분히 누리기에 좋은 디자인입니다. 둘째, 잔의 테두리가 찌꺼기를 걸러줄 필요가 상대적으로 없는 와인을 마실 때 적합한 디자인입니다. 카베르네 소비뇽이나 시라 같은 포도로 만들어진 와인은 풀보디, 많은 타닌으로 인해 숙성이 길어지면 자연스럽게 주석이라 불리는 찌꺼기가 많이 생깁니다. 테두리가 안쪽으로 오목하게 디자인된 보르도 레드 와인 스타일의 잔으로 마셔야만 침전물이 입안으로 들어오는 것을 막을 수 있습니다. 그러나 피노 누아 부르고뉴 와인은 침전물이 덜 생기기 때문에 찌꺼기를 걸러주는 기능이 필요하지 않습니다. 그래서 튤립 꽃송이처럼 바깥으로 잔의 입구를 살짝 휘게 만들었다는 점도 일리 있는 해석으로 보입니다.

화이트 와인용 잔은 레드 와인 잔에 비해 크기가 작고 대개 달걀 모양을 띕니다. 화이트 와인은 레드 와인보다 낮은 온도에서 시원하게 보관한 상태로 즐겨야 하는데, 잔이 커서 와인을 너무 많이 따르면 와인 온도가 빠르게 올라갈 수 있습니다. 이를 예방하기 위해서라도 잔을 작게 만들었습니다.

샴페인 같은 스파클링 와인의 경우 몸통이 좁고 긴 잔을 사용해야 합니다. 와인에 숨어 있던 탄산가스 기포가 잔에서 오래 보관돼야 하기 때문입니다. 스파클링 와인 전용의 길쭉한 잔은 기포가 상승하는 아름다운 장면을 오랜 시간 즐길 수 있다는 장점도 있습니다.

그 밖에 포트나 셰리 같은 주정 강화 와인이나 디저트 와인은 높은 도수의 알코올과 지나친 단맛에 지배되는 것을 막기 위해 적은 양을 조금씩 나눠 즐겨 마시라는 뜻에서 잔의 크기를 더욱 작게 만들었습니다.

〈와인 엔수지애스트〉가 분류한 품종별 적합한 와인 잔

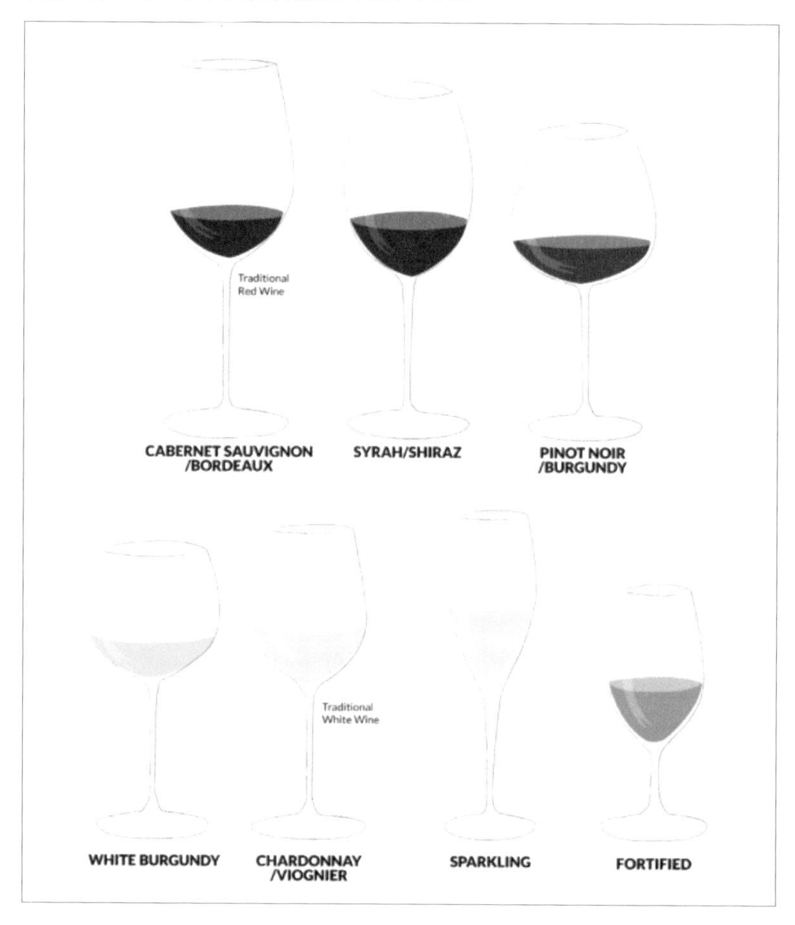

음식과 와인의 궁합 마리아주

세상 모든 일이 그렇듯 조화는 중요합니다. 하모니를 이루지 못한다면 사람과 사람 사이는 오래갈 수 없습니다. 사람과 자연도 마찬가지입니다. 산 좋아하는 사람과 바다 좋아하는 사람의 취향이 다르듯, 하모니는 세상 모든 관계에서 생명과도 같은 중요한 요소입니다. 이러한 조화 혹은 하모니를 한자 문화권에선 '궁합'이라는 단어로 통용합니다.

'와인과 음식의 관계'는 바로 좋은 궁합이 요구되는 관계입니다. 와인과 음식 궁합의 기본은 지나온 과정에서 익혔습니다. 대개 화이트 와인은 해산물이나 닭고기 같은 연한 육류와 잘 맞고, 레드 와인은 붉은 육류와 잘 어울린다는 것으로 요약됩니다. 프랑스 사람들은 와인과 음식의 조화를 남녀의 결혼에 빗대 '마리아주mariage'라는 단어로 표현합니다. 그만큼 양자의 조화가 중요하다고 판단하기 때문입니다.

음식과 와인의 짝짓기 기본 원칙

와인폴리닷컴은 와인의 마리아주와 관련해 기본적인 일곱 가지 원칙을 제시했습니다. 매우 논리적이고 암기하기에도 좋으니 이 기준으로 음식에 맞는 와인을 선택하는 것도 방법입니다.

1. 와인은 음식보다 산도가 높아야 한다.
2. 와인은 음식보다 당도가 강해야 한다.
3. 와인은 음식과 같은 맛의 농도를 가져야 한다.
4. 레드 와인은 강한 맛의 육류와 잘 어울린다.
5. 화이트 와인은 부드러운 맛의 생선이나 닭고기와 잘 어울린다.
6. 쓴 와인(레드 와인)은 지방과 잘 맞는다.
7. 고기 자체보다 소스의 맛에 맞춰 와인을 선택한다.

참 쉽고 단순합니다. 이 일곱 가지 원칙을 통해 와인과 음식의 궁합이 어떻게 좋은 결과를 낳을지 어렵지 않게 간파할 수 있습니다. 와인과 음식의 조화에 대한 보다 심층적인 정보가 필요하다면 위의 일곱 가지 원칙으로 맞춰보면 좋은 조합을 만들 수 있습니다.

음식이 너무 시거나 달아서 와인보다 신맛(산도), 단맛(당도)이 강할 경우 와인 고유의 향을 느끼지 못한다는 이유에서 1번과 2번 기준은 중요합니다. 3번에서 '같은 맛의 농도'라 표현한 것은 와인은 드라이하고 약한 보디를 가졌는데 음식은 너무 강한 맛을 가지면 와인을 제대로 느낄 수 없다는 뜻입니다. 생선과 육류의 차이는 익히 알고 있는 내용입니다.

다만 '쓴 와인'이 '지방' 성분과 잘 맞는다는 것은 강한 맛의 육류와 풀보디 레드 와인이 잘 어울린다는 뜻입니다. 마지막으로 고기 자체보다 소스에 맞춰야 한다는 뜻은 같은 쇠고기라도 최대한 부드럽게 삶은 수육 같은 경우 피노 누아로 빚은 레드나 화이트 와인도 가능하다는 뜻입니다. 등심이나 안심 구이처럼 강한 맛을 내는 조리 과정으로 만들어진 음식은 반드시 카베르네 소비뇽이나 시라 같은 풀보디 레드 와인이 좋다는 뜻입니다.

프랑스 음식 코스와 와인

프랑스 식당에서는 크게 구분하면 전채, 본채, 후식의 세 가지 종류로 나눠서 음식이 나옵니다. 물론 각각의 코스에 맞는 와인이 따로 있습니다.

맨 처음 나오는 건 식전주인 '아페리티프'와 '아뮈즈 부슈amuse-bouche'라 부르는 입맛 촉진용 음식입니다. 아페리티프는 입맛을 돋우면서 동시에 맛있는 음식과 술을 받아들일

음식과 어울리는 와인

수 있도록 입과 식도에 신호를 보내는 역할을 합니다. 아페리티프로 무슨 술을 마셔야 하는지 꼭 정해진 건 없습니다. 시원하게 보관한 샴페인이 가장 많이 사용됩니다. 또한 살짝 달콤한 로제도 애용되는 식전주 중 하나입니다. 물론 화이트 와인도 가능합니다. 코냑에 달콤한 오렌지 시럽을 섞은 뒤 얼음을 띄워 마시는 방법도 있습니다.

이 모든 아페리티프는 어디까지나 식전주로만 마셔야 합니다. 샴페인이 맛있고 시원하다고 해서 두 잔, 석 잔 연이어 마시면 식전주의 범주를 벗어나는 음주가 됩니다. 뒤이어 나올 전채나 본채에 맞는 와인과의 궁합을 깨는 것입니다. 첫 번째 코스인 전채가 나오기 전 간에 기별이 갈까 말까 할 정도로 입맛을 돋우는 데 필요한 소량의 음식과 한 잔의 식전주로 입맛을 자극하면 충분합니다.

두 번째는 전채입니다. 영어로는 '애피타이저' 혹은 '스타터starter'라 부르지만, 프랑스어로는 '앙트레entree' 또는 '오르되브르hors-d'œuvre'라고 합니다. 메뉴판에서 어떤 스타터를 먹을 것인지 선택할 때 'Entrees'라고 돼 있는 칸을 보면 됩니다. 여기서부터 재미있는 궁합의 세계가 본격적으로 열립니다.

애피타이저만 해도 수십 가지가 있습니다. 간편하게 구운 바게트 위에 토마토 샐러드와 다진 새우를 얹은 브루스케타bruschetta를 시작으로 조개찜, 생굴, 야채와 새우, 닭가슴살과 양상추 샐러드, 햄과 멜론, 관자로 만든 코키유 생 자크coquilles saint-jacques, 달팽이 요리 등 전채의 세계는 무척 다채롭습니다. 이때부터 음식에 어울리는 와인을 얼마나 잘 선택하는지에 의해 즐거움의 강도도 좌우됩니다.

선택의 기준은 앞에서 제시한 일곱 가지 원칙입니다. 바꿔 말해 음식의 맛과 와인의 당도, 산도, 타닌 등을 고려한 조화를 이뤄주면 됩니다. 닭가슴살 요리를 애피타이저로 선택했다면 샤르도네 화이트 와인이 좋겠지요. 샤르도네로 빚은 화이트 와인은 조개, 연어 같은 해산물 전채나 본채 요리와도 잘 어울립니다. 햄과 멜론으로 만든 전채를 골랐다면 부드러운 향미를 지닌 피노 누아로 만든 레드 와인도 제격입니다.

이제 본채와 어울리는 와인 이야기로 넘어갑니다. 프랑스의 본채는 육류와 생선 두 가지 종류로 나뉩니다. '비앙드viande'라고 적힌 칸 아래 소, 돼지, 양고기를 필두로 토끼, 노루, 사슴 요리 등이 다양하게 선택을 기다립니다. 닭이나 오리, 비둘기 같은 조류도 한 칸을 차지합니다.

여기서 재미있는 요리를 하나 언급하고 넘어가겠습니다. 이름하여 피조노 앙 베시pigeonneau en Vessie입니다. 글자 그대로 작은 비둘기, 즉 양념을 맛있게 입힌 새끼 비둘기를 돼지의 오줌보에 싼 상태에서 오븐으로 익혀낸 요리입니다. 오줌보는 프랑스에선 고급 요리의 소재로 쓰입니다. 필자가 어린 시절 시골에선 돼지 한 마리 잡는 날이면 아이들이 좋아했습니다. 축구공이 귀한 때라 오줌보가 축구공의 대안이었기 때문입니다. 어른들은 돼지를 잡아 배를 가른 뒤 오줌보를 칼로 떼어 기다리던 아이들에게 주었습니다. 오줌보 입구에 입을 대고 불어서 공기를 가득 넣고 꼭지를 단단히 끌어맨 다음 콧노래를 부르며 앞마당으로 달려갔던 기억이 아직도 새롭습니다.

피조노 앙 베시 요리

육류 메인 코스를 즐길 때는 고기에 따라 궁합이 맞는 레드 와인에 미묘한 뉘앙스의 차이가 존재합니다. 쇠고기나 양고기처럼 붉은 살코기의 경우 육즙과 레드 와인의 향이 조화를 잘 이뤄야 합니다. 카베르네 소비뇽과 메를로를 혼합해서 만든 보르도 레드와 네비올로로 만든 이탈리아 레드, 카베르네 소비뇽과 진판델로 만든 미국 나파 레드, 시라즈로 빚은 호주산 레드 등이 잘 어울립니다. 반면 가금류인 닭이나 오리 요리엔 피노 누아로 빚은 부르고뉴 레드가 최적으로 좋은 합을 이룹니다.

메인 코스에는 육류와 함께 해산물도 중요한 요리입니다. 우리나라 음식으로 해산물은 대개 찜이나 구이, 탕과 같은 익힌 생선 요리와 회나 초밥 같은 날것으로 먹는 회 종류의 두 가지로 구분됩니다. 프랑스도 마찬가지입니다. 프랑스 사람들이 즐겨 먹는 것은 대부분 익혀 먹는 요리지만, '바다의 과일'이란 뜻을 가진 '프뤼 드 메르Fruits de Mer'는 익히지 않은 해산물 요리입니다. 프뤼 드 메르는 홍합부터 시작해 조개, 굴, 오징어, 바닷가재, 새우 등이 두루 포함된 거대한 해산물 종합 접시입니다. 물론 계절에 따라 새우나 홍합을 살짝 익혀 나오기도 하지만 신선 해산물 그 자체로 즐기는 요리입니다. 익히지 않은 해산물 접시와 가장 잘 어울리는 와인은 바로 소비뇽 블랑으로 빚은 화이트 와인입니다.

반면 '푸아송poisson'이라 부르는 익힌 생선 요리엔 강한 화이트 와인이 멋진 파트너입니다. 농어나 아귀, 대구 등 유럽인들이 즐겨 먹는 생선을 찐 요리엔 샤르도네로 빚은 화이트 와인이 좋습니다. 강한 크림소스를 입힌 찐 생선 요리에는 리슬링으로 빚은 화이트 와인도 잘 어울립니다.

이렇게 본 코스를 마치고 나면 마지막으로 후식, 곧 디저트가 나옵니다. '데세르dessert'라 부르는 프랑스 음식 코스의 후식도 종류가 다양한데, 주로 치즈와 달콤한 케이크 종류가 많습니다. 먼저 치즈와 과일 안주를 독한 술과 맞춰서 즐기는 방식이 있습니다. 여러 가지 치즈와 함께 코냑이나 알마냑 같은 알코올 도수 40%의 강한 증류주로 만찬의 대미를 장식하는 것입니다. 치즈와 코냑을 함께 즐기는 것은 그날 저녁 먹은 음식과 와인을 발효 음식인 치즈와 증류한 독한 술 코냑으로 깨끗하게 마무리한다는 의미입니다.

달콤한 케이크 종류 후식으로는 계란을 가운데 넣고 익힌 에그 타르트와 '태운 크림'이란 뜻을 가진 크렘 브륄레, 맛이 너무 좋아 번개처럼 먹어 치우게 된다는 것에서 유래한 '번개'라는 뜻의 에클레르, 달콤한 과자 마카롱, '초콜릿이 녹아내린다'는 뜻을 가진 퐁당 쇼콜라, 크레페 등 수없이 많습니다. 프랑스 만찬에서 이런 달콤한 후식을 먹을 때 함께 마시는 와인은 크게 세 가지입니다. 황금색 귀부 와인, 달콤하고 차가운 아이스 와인, 식전주로도 쓰이는 로제입니다. 맛있는 후식과 함께 귀부나 아이스 와인 한 모금을 마시는 순간 누구나 "이 맛에 프랑스 정찬을 하는구나" 하는 감탄사를 터뜨립니다.

더 복잡한 이탈리아 요리

이탈리아 요리 코스는 훨씬 더 길고 복잡합니다. 무려 7~8개 코스로 구성되기 때문입니다. 아마 여러분 가운데도 이탈리아 식당의 메뉴를 보고 당황하신 분들이 많을 겁니다.

1. 안티파스토Anti Pasto : 전채 요리
2. 프리모 피아토Primo Piatto : 뇨키, 피자, 스파게티 등의 첫 번째 정찬 요리
3. 세콘도 피아토Secondo Piatto : 스테이크, 연어, 양고기, 닭, 대구 등 본 요리
4. 콘토르노Contorno, 인살라타Insalata : 세콘도 피아토와 같이 먹는 샐러드

5. 돌체Dolce : 정찬 후 먹는 과일과 과자 혹은 티라미수 같은 케이크
6. 포르마조Formaggio : 고르곤졸라 등 치즈
7. 카페Caffe : 진한 에스프레소 커피로 입을 헹굼

이탈리아 정찬의 긴 코스 역시 각 단계별로 스파클링 와인인 스푸만테부터 화이트, 로제, 레드, 증류주인 오드비, 귀부, 아이스 와인 등을 차례로 곁들여 마십니다. 지금까지 서양 요리의 대명사인 프랑스와 이탈리아 음식을 즐기는 데 잘 어울리는 포도주 짝짓기의 방법과 실전 상식을 살펴봤습니다.

세상엔 유럽 음식만 있는 건 아닙니다. 우리가 즐겨 먹는 한식, 중식, 일식과 서양 술인 와인은 과연 어떻게 조화를 이뤄내야 할까요? 해당 국가나 지역의 음식은 그곳에서 생산된 오랜 세월 조화가 입증된 술로 즐기는 것이 제일입니다. 동파육이나 팔보채, 탕수육 같은 중국 요리는 중국의 고량주와 곁들여 마셔야 제격입니다. 기름진 육류를 그것도 튀기는 과정을 거쳐 만든 음식이니 독한 고량주가 기름 성분을 쓸어내려서 우리 몸에 잘 맞도록 해주는 조합인 겁니다. 한국 음식은 안동 소주 등 각종 발효, 증류주로 곁들이면 좋겠지요. 일본의 생선 요리에 정종인 '사케'가 잘 어울리는 것도 같은 이치입니다.

그런데 요즘 와인 문화가 빠르게 퍼짐에 따라 한식이나 중식, 일식을 먹으면서 포도주를 즐겨야 하는 기회가 많아졌습니다. 어떻게 해야 할까요? 역시 마찬가지로 서두에 언급한 일곱 가지 원칙에 맞춰 즐기면 크게 틀리지 않을 겁니다. 필자의 경험에 의존해 몇 가지 예를

제시해보겠습니다.

먼저 한국의 전을 먹을 때입니다. 김치전, 감자전, 배추전, 파전 등 채소를 주재료로 해서 만든 전은 샤르도네로 만든 화이트 와인이 잘 어울립니다. 대조적으로 육전을 즐길 때는 레드 와인이, 생선전을 먹을 때는 화이트 와인이 잘 어울립니다. 잡채 또한 화이트 와인이 좋습니다.

두 번째로 감자탕, 김치찌개, 닭볶음탕 등 고춧가루가 많이 들어간 강한 맛을 내는 붉은 찌개 종류의 음식에는 풀보디 레드 와인만이 좋은 파트너가 됩니다.

셋째, 등심이나 불고기 같은 쇠고기 구이는 시라나 카베르네 소비뇽으로 빚은 타닌 많고 보디감 강한 레드 와인을 권합니다. 같은 쇠고기 요리라 해도 쇠고기 수육이나 꼬리찜처럼 삶거나 찐 요리에는 피노 누아로 빚은 레드 와인이 좋습니다. 때론 샤르도네 화이트 와인도 어울립니다. 돼지고기의 경우에도 마찬가지로 적용됩니다.

넷째, 익힌 생선 요리를 먹는 경우엔 샤르도네나 리슬링으로 빚은 화이트 와인이 잘 어울립니다. 도미머리구이, 고등어구이, 도미찜, 우럭찜 같은 요리나 맵지 않게 맑은 국물로 먹는 생선 요리를 즐길 때는 샤르도네 화이트 와인이 좋습니다. 하지만 아귀나 꽃게, 홍어 등으로 만든 매운 해물찜 요리엔 화이트보다 레드가 제격입니다. 반면 갈치조림, 조기매운탕엔 샤르도네나 리슬링으로 빚은 화이트 와인이 좋습니다.

다섯째, 생선회의 경우입니다. 소비뇽 블랑으로 만든 화이트 와인은 최상의 궁합을 이룹니다.

중국 요리에는 어떤 와인이 어울릴까요? 간단히 말해 재료에 따라 맞는 와인도 바뀐다고 보면 됩니다. 대개 해산물로 만든 중국 요리는 샤르도네나 소비뇽 블랑으로 만든 화이트 와인이 좋습니다. 반면 육류로 만든 기름진 중국 요리엔 카베르네 소비뇽이나 시라로 빚은 레드 와인이 좋습니다. 같은 육류라도 닭이나 오리로 만든 요리는 피노 누아나 메를로로 양조된 레드 와인도 좋습니다.

동양 3국 음식과 와인의 궁합 이야기는 필자의 개인적 경험에 의한 견해라는 점을 거듭 말씀드립니다.

9

흥미로운 와인 등급의 역사

1855년은 프랑스 정부가 파리에서 제2회 만국박람회를 개최한 해입니다. 초대 만국박람회는 그로부터 4년 전인 1851년 런던에서 열렸습니다. 오늘날 프랑스 보르도 지방의 와인이 이른바 등급 체계를 도입하게 된 배경에 만국박람회가 연관돼 있다는 사실은 널리 알려져 있습니다.

만국박람회의 영향

1851년 5월 1일 런던에서 시작된 제1회 만국박람회는 유리와 철골로 된 3층 건물에서 열렸습니다. 축구장 11개 넓이의 거대한 유리 구조물에서 열려 '수정궁 박람회Crystal Palace Expo'라 불렸습니다. 세계 각국의 최고 상품을 한자리에서 볼 수 있는 최초의 기회였습니다. 영국은 기관차와 선박용 엔진, 고급 인쇄기, 공작 기계 등 산업혁명의 후광에 힘입은 당시 최고의 기술력을 자랑하는 제품을 대거 내놓았습니다. 관람객들은 영국관을 보고 모두 넋을 잃었습니다. 영국은 첨단 제품을 앞세우면서도 전통의 위스키와 캐시미어 의류를 함께 선보였습니다. '해가 지지 않는 나라' 영국은 19세기 중반 기술과 문화라는 두 분야 모두에서 세계 최강임을 과시했습니다.

그로부터 4년 뒤 1855년엔 프랑스가 파리에서 제2회 만국박람회를 개최했습니다. 개최국 프랑스는 산업 측면에서 앞선 영국에 견줘 뽀족한 무언가를 내세울 아이템이 필요했습니다.

나폴레옹 3세는 1852년 황제에 즉위했습니다. 1848년 2월 혁명으로 공화정이 들어서면서 대통령으로 선출된 인물이죠. 그는 나폴레옹 황제(1세)의 동생인 네덜란드의 국왕 루이 보나파르트의 아들이었습니다. 선거로 대통령이 됐지만 1851년 12월 친위 쿠데타를 일으켜 제2 제국을 선포하고 자신은 황제인 나폴레옹 3세에 등극합니다.

어쨌든 황제 즉위 3년 차에 맞게 된 만국박람회를 나폴레옹 3세는 멋지게 치르고 싶었습니다. 그래서 영국의 앞선 산업혁명 기술을 프랑스에 과감히 옮겨 심었습니다. 도시 정비를 하고 해외 식민지도 확장했습니다. 하지만 정치적으로는 언론 통제와 인권 탄압을 강화해 국민적 불만이 쌓여갔습니다. 그러던 끝에 1870년 프로이센(지금의 독일)과의 보불 전쟁에서 패배한 이후 폐위됐고 프랑스엔 제3 공화정이 들어섰습니다.

나폴레옹 3세는 프랑스의 마지막 황제가 된 셈입니다. 그는 황제에 오른 초반부엔 강력한 리더십으로 나라를 부강하게 만드는데 성공했습니다. 또한 1855년 제2회 만국박람회를 파리에 유치하면서 파리를 크게 정비했습니다. 국제적 도시로 만들어 대내외에 과시하겠다는 야심이 깔려 있었지요. 구불구불한 도로는 모두 직선으로 바꾸고 도로의 폭도 크게 확장했습니다. 녹지와 공원을 조성하고 오늘날에도 잘 활용되는 파리의 상하수도 체계를 확립했습니다. 가히 지하 도시를 방불케 하는 파리의 하수도 시설은 요즘도 빼놓을 수 없는 관광 코스에 들어갑니다.

파리의 하수도 시설

외관은 잘 정비했지만, 나폴레옹 3세는 영국이 자랑한 캐시미어와 위스키가 걸렸습니다. 그래서 프랑스의 자존심을 내세울 만한 상징으로 최고급 와인에 등급을 매겨 박람회를 찾는 손님들에게 내보이기로 했습니다. 1889년은 프랑스혁명 발발 100년을 맞는 해였는데, 프랑스 정부가 혁명 100년을 맞아 다시 파리 만국박람회를 유치했습니다. 제국에서 공화정으로 복귀한 프랑스 정부는 이 박람회를 기념해 아주 뜻깊은 건축물 하나를 선보였습니다. 파리 만국박람회의 관문이 된 기념비적 건축물인 에펠탑을 건설한 것입니다. 몽마르트르 언덕 아래에 '붉은 풍차'란 뜻을 가진 '물랭 루주Moulin Rouge'라는 이름의 카바레도 같은 해 문을 열었다는 것 역시 재미있는 사실입니다.

1855년 등급 분류의 배경과 전개

1889년 건립된 에펠탑

이제 본격적으로 1855년 보르도의 와인 등급이 정해진 과정을 알아보겠습니다. 황제 나폴레옹 3세는 프랑스의 자존심인 와인을 체계 있는 명품으로 자랑하고 싶었습니다. 그래서 와인을 생산하는 지역별로 와인 등급 기준을 마련하라는 지침을 내렸습니다. 그 무렵 프랑스의 보르도 지방 와인은 이미 해외로 수출되고 있었습니다. 보르도의 지롱드강 왼쪽 지역에는 지방 상공회의소가 있었지만, 오른쪽 지역엔 없었습니다. 오른쪽 지역은 생테밀리옹과 포므롤 지방입니다. 왕실로부터 와인 등급을 매겨보라는 지시를 받은 곳은 좌안의 상공회의소였던 거지요. 구체적으로 보르도의 중개상 조합이 작업을 주도했습니다. 메독 지방 와인 중개상 조합은 강 우측 지역 와인은 손대지 않았습니다. 당연히 생테밀리옹 등 우측 지역에도 빼어난 와이너리가 많았지만, 심사 대상에서 원천 배제된 것입니다.

상공인 조합이 1855년 4월 18일 '지롱드 지방의 레드 와인 등급'과 '지롱드 지방의 화이트 와인 등급'을 제출했습니다. 이 둘을 합해서 '1855년 그랑 크뤼 등급'이라 통칭한 것입니다.

1855년 정해진 레드 와인 등급에는 총 61개가 들어 있었습니다. 1855년 당시엔 1등급 4개, 2등급 15개, 3등급 14개, 4등급 10개, 5등급 18개로 분류됐습니다. 61개 와이너리 모두 제각기 고유한 역사가 있습니다. 61개 명품 와인 각각의 와인 제조 비법이나 소유주 변화 과정은 소설처럼 흥미롭습니다. 그 하나하나의 스토리만으로도 한 권의 책으로 담기 모자랄 정도로 사연이 깊고 다양합니다.

Vins rouges classés du Départ de la Gironde

Crûs	Communes	Propriétaires
Premiers crûs		
Château Lafite	Pauillac	Sir Samuel Scott Baronnet
Château Margaux	Margaux	Aguado
Château Latour	Pauillac	de Beaumont, de Courtivron, de Flers
Haut Brion	Pessac (Graves)	Eugène Larrieu
Seconds crûs		
Mouton	Pauillac	B. N. de Rothschild
Rauzan Ségla	Margaux	Comtesse de Castelpers
Rauzan Gassies	Margaux	Viguerie
Léoville	St Julien	Marquis de las Cases, Baron de Poyféré, Barton
Vivens Durfort	Margaux	de Puységur
Gruau Larose	St Julien	de Bethman, Baron Sarget, de Boisgerard
Lascombe	Margaux	Mademoiselle Hue
Brane	Cantenac	Baron de Brane
Pichon Longueville	Pauillac	Baron de Pichon Longueville
Ducru Beau caillou	St Julien	Ducru — Ravez
Cos Destournel	St. Estèphe	Martyns
Montrose	[illegible]	[illegible]

1855년 보르도 메독 와인 중개상 조합이 수기로 분류한 등급안

그 가운데 무통 로칠드는 꼭 챙겨 기억해야 할 특별한 역사가 있습니다. 유일하게 등급의 승진을 이뤄낸 와인이기 때문입니다. 무통 로칠드를 제외하고는 어떤 와인도 1855년 이후 등급의 변화가 없었습니다. '라벨은 말한다' 편에서 해마다 영향력 있는 화가의 그림을 라벨 디자인으로 채택한다는 이야기를 소개한 바 있습니다.

무통 로칠드는 1855년 이후 아직까지 소유주가 바뀌지 않은 곳으로도 유명합니다. 유대인 금융 재벌 가문인 로칠드(로스차일드)Rothschild가 소유주입니다. 1855년 프랑스왕립협회 등급표엔 무통 로칠드가 2등급으로 등재됐습니다. 1등급은 메독의 샤토 마고Château

Margaux, 샤토 라피트Château Lafite Rothschild, 샤토 라투르Château Latour, 그리고 그라브 지방의 샤토 오브리옹Château Haut-Brion까지 단 4개였습니다.

1973년 1등급으로 승격한 무통 로칠드

무통 로칠드는 1855년 프랑스왕립협회에 의해 정해진 등급 와인 61개 가운데 유일하게 등급의 변화가 이뤄진 와인이라고 앞서 언급했습니다. 1973년의 일입니다. 그 배경엔 숙질叔姪 간의 묘한 경쟁심이 숨어 있습니다. 로칠드 가문의 적자인 바롱 나다니엘Baron Nathaniel 경이 무통 로칠드를 매입한 것은 1853년입니다. 이 와이너리가 1855년 2등급으로 분류됐습니다. 그러나 1868년 나다니엘 경의 숙부인 제임스 남작은 이미 1등급에 올라 있던 샤토 라피트를 매입합니다. 그러고는 라피트를 '라피트 로칠드Lafite Rothschild'로 개명합니다. 조카인 집안의 적자가 무통 로칠드를 매입한 비용의 4배를 주고 샀습니다.

이미 1등급에 오른 와이너리를 사들이는 것이라 당연히 많은 돈을 지불한 것입니다. 하지만 숙부인 제임스 남작 자신은 정작 라피트 로칠드의 영화를 누려보지도 못한 채 매입한 해인 1868년 숨을 거두고 맙니다. 나다니엘 경은 숙부가 매입한 와이너리 라피트에 견주어 무통 로칠드가 결코 손색이 없다고 생각했습니다. 그러나 그는 무통을 1등급으로 승격시키겠다는 꿈을 이루지 못한 채 1870년 세상을 떠납니다. 이후 아들과 손자로 이어지면서 와인에 대한 열정과 관심이 크게 식었습니다. 무통 로칠드에 큰 위기가 찾아온 것입니다.

오늘날 무통 로칠드의 명성은 나다니엘 경의 증손자인 필립 드 로칠드 남작Baron Philippe de Rothschild에 의해 완성됐습니다. 증손자가 와이너리를 상속하면서 모든 게 달라졌습니다. 그는 파리에 머물지 않고 보르도로 내려가 와이너리를 관리했습니다. 현장에 가보니 모든 게 엉망이었습니다. 증조부가 매입한 와이너리에서 생산되는 와인이 체계적으로 관리되지 않은 채 오크통 단위로 중간 상인에게 넘어간다는 것을 확인한 그는 이때부터 혁명적인 변화를 시도했습니다. 모든 와인의 오크통 발효에서부터 병입, 라벨 붙이기, 보관, 판매에 이르는 과정을 직접 관리했습니다.

포도 작황이 좋지 않은 해엔 무통 로칠드의 생산량을 크게 줄였습니다. 1930년부터 3년 연속 나쁜 날씨가 이어지자 필립 경은 수확한 포도로 보급형 와인을 만들었습니다. '작은 무통'이라는 뜻을 가진 중저가 와인 브랜드 '무통 카데'를 내놓았던 거죠. 레드 와인, 화이트 와인, 로제까지 세 가지 종류의 무통 카데가 이때부터 출시됐고, 나오자마자 가격은 저렴한데 맛은 무통 로칠드 가문의 품격을 유지하고 있다는 이유로 인기를 끌었습니다.

무통 로칠드 오크 숙성

한편으로 필립 경은 증조부의 오랜 꿈을 실현하는 데 모든 정성을 쏟았습니다. 무통 로칠드의 1등급 승격은 매우 힘든 일이었습니다. 특히 사촌이 땅을 사면 배 아픈 시기심이

무통 로칠드 와이너리

그 일을 어렵게 했습니다. 1등급인 라피트 로칠드를 소유한 사촌들은 필립 경의 1등급 진입 노력에 노골적인 방해 공작을 폈습니다. 또 다른 1등급 와인인 샤토 오브리옹도 견제에 나섰습니다. 그들은 필립 경에게 무통 카데를 포기한다면 무통 로칠드의 1등급 편입을 반대하지 않겠다는 타협안을 내놓았습니다. 무통 카데가 중가 와인 시장을 석권하는 것을 견제하기 위한 속셈이었습니다. 이는 샤토 오브리옹도 무통 로칠드의 맛이나 품격은 1등급에 들어올 자격이 있다는 것을 논리적으로 인정했다는 의미입니다.

그러나 필립 경은 타협하지 않고 무통 카데를 계속 지켰습니다. 무통 로칠드는 숱한 도전 끝에 결국 1973년 1등급으로 승격했습니다. 4대 명품 1등급이 아닌 5대 명품 1등급 와이너리의 시대를 열었습니다. 이 과정 가운데 무통은 수많은 블라인드 테스트에서 다른 1등급을 제쳤습니다. 어떤 와이너리도 성취하지 못한 과학적이고 체계적인 와인 생산과 보관 시스템을 도입, 실천했습니다. 그러한 차별화 실적이 축적되면서 마침내 프랑스 정부는 무통 로칠드의 가치를 인정했습니다. 1973년 정부는 무통 로칠드의 1등급 진입을 공식 발표했습니다. 후일 대통령에 오르게 되는 자크 시라크 당시 농업부 장관이 직접 무통 로칠드의 1등급 승격을 인정하는 문서에 서명했습니다.

1855년 이후 처음이자 마지막이 된 등급 변화가 1973년 이뤄진 것입니다. 1855년 연말에 샤토 캉트메를르Château Cantemerle가 5등급에 추가 진입한 일은 있지만, 1855년의 일인 관계로 역사적 의미를 부여하지는 않습니다. 필립 경은 그해를 기념하기 위해 특별히 피카소의 그림을 라벨에 썼습니다. 필립 경이 피카소가 살아 있을 때 사둔 그림을 피카소 가족의 동의를 받아 라벨 그림으로 채택했습니다. 라벨 맨 아래엔 "Premier je suis, second je fus, Mouton ne change"라는 문구가 있습니다. 영어로 직역하면 'First I am, second I was. Mouton never changes', 즉 "지금은 1등급, 과거엔 2등급, 무통은 불변"이라 선언한 것입니다.

1973년 무통 로칠드 라벨에 새겨진 문구

등급 와인만 좋은 건 아니다

1855년 정해진 등급은 와인 산업에 긍정적 효과와 부정적 효과를 동시에 가져왔습니다. 긍정적인 측면의 변화는 와인 생산, 유통, 판매의 과정이 공정하고 투명하게 혁신됐다는 것으로 요약됩니다. 'AOC'라는 원산지 증명 제도가 공식적으로 안착했습니다. 1855년 이전에는 이름 없는 포도 농장에서 생산된 포도를 싸게 사서 고급 와인으로 포장해 내놓는 일도 없지 않았습니다. 필록세라의 난으로 포도 작황이 나빠지면서 그런 현상은 더욱 심해졌습니다. 또 중간 유통 업자들이 오크통 단위로 포도주를 거래하다보니 자연히 품질 관리가 제대로 이뤄지지 못했습니다. 이런 문제들은 AOC 제도의 도입을 계기로 크게 개선됐습니다.

반면 부작용도 생겨났습니다. '61개 양조장 와인은 고급이고, 나머지는 등외'라는 인식이 퍼지면서 등급 와인에 들어가지 못한 와이너리들의 불만이 극도로 높아졌습니다. 메독이나 그라브 지방의 다른 레드 와인 생산자 가운데 당시 등급에 포함되지 않은 수백여 개 와이너리들의 불만은 크게 두 가지였습니다. 하나는 등급에 들어간 와인보다 더 우수한 와인을 생산하는 것이 가능하며 실제 그런 경우가 자주 발생했다는 점입니다. 그런 와이너리 입장에서는 등급 체제가 일종의 불평등 약관과 같았습니다. 두 번째 불만은 품질 좋은 등급외 와인을 저급, 저가 와인으로 인식한다는 점입니다.

그래서 이후 메독 지방 등외 와이너리들은 협회를 결성합니다. 그들 나름대로 원산지 증명과 와이너리에서 직접 병입했음을 증명하는 체계를 세웠습니다. 등급에 포함된 61개의 경우에는 '그랑 크뤼 클라세'라는 문구를 라벨에 넣습니다. 등급에 들진 못했더라도 보르도에서 생산되는 와인 가운데 품질 좋고 생산자가 분명한 와인을 3단계로 구분해서 표시하기 시작했습니다.

먼저 '크뤼 부르주아Cru Bourgeois'라는 문구가 들어간 와인입니다. 등급 바로 아래 수준의 고급 와인으로 보르도 생산 와인의 약 40%인 260여 개 와이너리가 이 범주에 들어갑니다. 샤토 샤스 스플린 등 고급 와인이 대거 여기에 포함됩니다. 크뤼 부르주아 등급은 1932년부터 시작돼 몇 차례 경연을 거쳐 마침내 1978년 크뤼 부르주아 와인으로 정식 분류됐습니다.

다음 단계는 '그랑 뱅 드 보르도Grand Vin de Bordeaux'라는 문구로 표현된 와인들입니다. 등급 와인, 크뤼 부르주아 와인 다음 단계의 비교적 좋은 와인들을 의미합니다.

마지막으로는 '보르도 쉬페리에르Bordeaux Superieurs'라는 명칭이 붙은 와인들입니다. 이 와인은 앞서 분류된 부르주아, 그랑 뱅 등급보다는 상대적으로 품질이 떨어지지만 값이 아주 저렴합니다. 프랑스 일반 가정의 저녁 식사 때 가장 많은 사랑을 받는 와인이 바로 보르도 쉬페리에르입니다.

그 아래로는 그냥 보르도 지역에서만 나왔다는 뜻의 와인인 '뱅 드 페이Vin de Pays', 그보다 저급한 와인으로 흔히 테이블 와인이라 부르는 수준인 '뱅 드 타블Vin de Tables'이 있습니다.

그런데 보르도엔 당연히 메독 지방만 있는 것이 아닙니다. 보르도 시를 중심으로 대서양을 향해 북쪽으로 흐르는 지롱드강 왼쪽엔 메독 지역이, 오른쪽엔 코트 드 블라이, 코트 드 부르, 프롱삭, 포므롤, 생테밀리옹이 있습니다. 이들 지롱드 우안 지역에서도 좌안의 등급 와인과 비교해 가격과 품질 면에서 손색없는 최고급 와인이 많이 생산됩니다.

대표적으로 필자가 '우정의 포도 메를로' 편 때 언급한 '샤토 페트뤼스'는 포므롤 지방에서 나오는 최고 명품 와인입니다.

생테밀리옹 와이너리

독자적 등급 체계로 경쟁력 키우는 생테밀리옹

생테밀리옹은 1855년 보르도 좌안 중심의 등급 체계 결정을 폭거로 규정하는 지역입니다. 61개 등급 와인에 비해 평균적으로 전혀 떨어지지 않는 좋은 품질의 와인을 대거 생산하는 곳이라 자부하기 때문입니다. 실제 외부 와인 평단의 평가도 보르도 등급 와인보다 떨어지지 않았습니다. 생테밀리옹 지역 포도주생산협회에서는 1855년의 100년 뒤인 1955년부터 독자적으로 등급을 매겼습니다. 엄격한 자체 평가를 하는 대신 메독처럼 등급이 고정불변한 게 아니라 10년마다 새로 심사해서 탈락과 진입에 탄력을 기했습니다.

슈발 블랑이나 샤토 파비Château Pavie는 그랑 크뤼 클라세 A그룹에 들어가는 생테밀리옹 4대 명문 와이너리입니다. 이 와인들은 메독 지방 1등급 와인과 비슷한 가격에 맛에서도 경쟁력이 있습니다. 생테밀리옹에서 등급에 들어가는 와인은 모두 합해서 72개입니다. 10년에 한 번씩 재심사를 통해 등급 와인을 다시 선정하는 까닭에 생테밀리옹 와이너리들은 항상 변화와 발전을 키워드로 끊임없이 노력합니다.

부르고뉴는 그랑 크뤼가 특급

부르고뉴의 와인 등급 분류 체계도 독특합니다. 주로 피노 누아로 만드는 부르고뉴 레드 와인의 경우 기본적으로 5단계로 분류된다는 점을 점을 기억하시면 좋겠습니다.

최고급 단계는 '그랑 크뤼Grand Cru'로 특급 포도밭 와인을 뜻합니다. 2단계는 '프리미에 크뤼Premiérs Crus/1er Cru'로 1급 포도밭을 뜻합니다. 3단계는 'AOC Villages'로 마을 단위의 원산지가 보증된 고급 와인을 뜻합니다. 4단계는 'AOC Régionales'로 특정 지역의 원산지를 보증해 주는 와인입니다. 마지막 단계는 그냥 'Régionales'로, 부르고뉴 지역 생산이라는 정도의 와인입니다.

부르고뉴에선 프리미에 크뤼보다 더 좋은 등급이 그랑 크뤼라는 점을 반드시 기억해둬야 하겠습니다.

프랑스 와인을 마켓에서 구입할 때 지금까지 소개한 역사와 산지별 분류의 기준과 방식의 차이에 대한 이해를 갖고 라벨을 살펴보면 훨씬 알기 쉽게 접근할 수 있을 것입니다.

부르고뉴 라 로마네 와이너리

10

파리의 심판

역사와 전통은 무릇 모든 것의 우선적인 판단 기준이 됩니다. 한 국가나 사회의 오랜 역사를 신생 국가나 사회가 단숨에 따라잡을 수 없는 건 오랜 세월 쌓인 깊이 때문일 것입니다. 포도주의 세계에서도 역사와 전통은 중요한 요소입니다. 와인의 정통성은 오랜 세월 프랑스와 이탈리아의 전유물이었습니다. 특히 1855년 프랑스왕립협회가 메독 지방 와이너리 61개를 1등급에서 5등급까지 분류한 이후 보르도 등급은 곧 와인 등급의 대명사처럼 여겨졌습니다. 그러나 스페인의 남미 정복을 시작으로 세계의 와인 주산지는 신대륙으로 빠르게 확장됐습니다. 하지만 구대륙의 역사와 전통이 없었던 신대륙 와인은 맛에 걸맞은 대접을 받을 수 없었습니다.

1976년의 1차 심판

그런데 1976년 〈타임Time〉지에 '파리의 심판'이라는 제목의 기사가 실리면서 와인의 역사에 충격적인 변화가 시작됐습니다. 지금까지 최고 품질 와인 하면 프랑스나 이탈리아의 와인으로만 알려졌는데 그게 단숨에 무너졌기 때문입니다. 도대체 무슨 일이 일어난 것일까요?

이야기의 전개를 위해 한 인물을 먼저 소개하겠습니다. 영국인 스티븐 스퍼리어Steven Spurrier인데요. 대학에서 경제학을 전공한 그는 졸업 후 곧바로 와인 산업에 뛰어듭니다. 1964년 런던의 오랜 와인 상점에서 점원으로 일하며 와인과의 인연을 맺었습니다. 1970년엔 와인 선진국으로 진출해 제대로 와인을 익히려고 파리로 옮겨갔습니다. 1971년 파리의 중심가인 콩코르드 광장 인근에 '마들렌의 저장고Les Caves de la Madeleine'란 이름의 와인 가게를 열었는데, 열자마자 파리의 와인 애호가들을 사로잡았습니다. 영국의 젊은이가 프랑스 와인 업계에 신선한 충격을 몰고 온 비결은 단순합니다. 와인을 사기 전에 마셔볼 기회를 줌으로써 기존의 와인 상점들과는 차별화된 전략을 펼친 것입니다. 내친걸음에 그는 프랑스의 수도에 처음으로 사설 와인 교육기관Academie du Vin을 설립하기도 했습니다.

문제의 사건은 1976년 봄에 일어납니다. 프랑스의 영향력 있는 와인 전문가 지위에 오른 스퍼리어에게 미국 와인을 접할 기회가 온 것입니다. 캘리포니아에서도 좋은 품질의 와인이 많이 나온다는 이야기를 듣고 스퍼리어는 직접 몇몇 와인을 맛보게 됩니다. 그는 자신의 선입관이 틀렸다는 사실에 스스로 놀랐습니다. 신대륙 와인이 좋아봐야 프랑스 최고급엔 못 미칠 거라는 게 지금까지 그를 지배한 생각이었습니다. 그 생각이 틀릴 수 있다는 가능성을 엿본 것입니다. 스퍼리어는 곧바로 재미있는 행사를 착상했습니다. '세계 최고라는 프랑스 와인과 미국의 품질 좋은 와인을 라벨을 뗀 채 전문가들에게 직접 마시고 점수를 매겨보게 하면 어떤 결과가 나올까?' 그는 곧바로 와인 블라인드 테이스팅 행사를 기획하며 발상을 실천에 옮겼습니다.

1976년은 미국 독립 200주년이 되는 해입니다. 미국 와인 업계에서는 스퍼리어에 의해 마련된 블라인드 평가를 통해 미국 와인이 프랑스 와인에 비해 결코 손색이 없다는 결과가 나오기를 은근히 기대했습니다. 독립 200년을 맞아 와인의 독립도 완성하고 싶었던 겁니다.

1976년 파리의 심판

블라인드 테이스팅 행사는 1976년 5월 24일 파리 인터컨티넨탈 호텔에서 열렸습니다. 대상은 레드 와인과 화이트 와인이었습니다. 레드 와인 평가는 프랑스의 최고급 4종과 캘리포니아의 경쟁력 뛰어난 6종을 대상으로 삼았습니다. 프랑스 레드 와인 4종은 보르도의 1등급인 무통 로칠드, 샤토 오브리옹과 2등급인 샤토 몽로즈Château Montrose, 레오빌 라스 카즈Château Léoville-Las Cases였습니다. 보르도 최고급 4개 와인이 대표 선수로 나간 것입니다. 이에 맞서는 캘리포니아 와인은 6종으로 스택스립Stag's Leap, 릿지 몬테 벨로Ridge Vineyards Monte Bello, 하이츠Heitz Wine Cellars Martha's Vineyard, 클로 뒤 발Clos Du Val, 마야카마스Mayacamas Vineyards, 프리마크 애비Freemark Abbey Winery가 미국 대표로 나섰습니다.

심사위원 11명이 10종의 와인을 맛보고 병에 붙은 번호별로 20점 만점 기준 몇 점인지를 기록하는 방식으로 평가가 이뤄졌습니다. 모든 평가가 끝난 뒤 11명의 심사위원이 매긴 점수의 총합으로 10병의 종합 점수 순위가 나왔습니다.

결과는 경악 그 자체였습니다. 레드 와인의 테이스팅 결과 영예의 1위에 1973년산 캘리포니아 스택스립이 올랐기 때문입니다. 그나마 2, 3, 4위는 프랑스의 무통 로칠드, 몽로즈, 오브리옹이 차지해서 프랑스 와인의 체면은 겨우 유지했습니다. 5위는 몬테 벨로가 차지했고 보르도 2등급 레오빌 라스 카즈는 6위로 밀려났습니다. 나머지 7~10위는 캘리포니아 와인의 몫이었습니다.

지켜본 전문가들이나 언론인들은 물론 평가에 참여한 심사위원들

스스로도 1위가 미국 와인이란 사실에 큰 충격을 받았습니다. 더구나 심사위원 11명 가운데 9명이 프랑스의 와인 전문가들이었다는 점에서 충격은 더했습니다. 행사를 기획한 스퍼리어가 영국인이었고 그가 경영하는 파리의 와인 아카데미에서 일하던 패트리샤 갤러거는 미국인이었습니다. 나머지는 프랑스 와인 업계가 인정하는 최고 전문가들로 구성됐습니다. 최고급 식당인 투르다르장La Tour d'Argent의 소믈리에 크리스티앙 바네크를 비롯해 로마네 콩티의 공동 소유주이자 최고의 소믈리에 오베르 드 빌렌 등 세계가 공인하던 내로라하는 프랑스 측 전문가들이 대거 포함된 것입니다.

이들 11명의 심사위원들은 화이트 와인도 마찬가지 방식으로 평가했습니다. 화이트 와인 역시 프랑스의 최고급 4종과 캘리포니아 샤르도네 화이트 와인 6종이 대상이었습니다. 화이트 와인 평가에서도 프랑스 부르고뉴의 충격적 참패로 마무리됐습니다.

1위에 오른 와인은 캘리포니아의 샤토 몬텔레나Château Montelena 1973년산이었습니다. 2위엔 부르고뉴의 뫼르소 샤름 룰로Meursault Charmes Roulot 1973년산이 올랐습니다. 하지만 3위와 4위마저 미국의 찰론Chalone Vineyard과 스프링 마운틴Spring Mountain Vineyard이 차지했습니다. 화이트 와인의 톱 4 가운데 3개를 미국 캘리포니아 샤르도네 와인이 휩쓴 것입니다. 부르고뉴 화이트의 대명사로 대접받던 대표 선수 무슈 조셉 드루앵Beaune Clos des Mouches Joseph Drouhin과 퓔리니 몽라셰Puligny-Montrachet는 5위와 8위에 그쳤습니다.

기획자 스퍼리어의 초대로 수많은 전문가들과 와인 전문 기자들이 이 놀라운 심판의 과정을 지켜봤습니다. 하지만 프랑스 언론은 내용을 외면했습니다. 아니 애써 무시했습니다. 5월 24일에 이뤄진 와인 불미 전쟁 관련 기사는 이후 수개월이 지나도록 프랑스 언론엔 전혀 보도되지 않았습니다.

그러나 5.24 심판이 끝난 직후인 1976년 6월 7일 〈타임〉에 기사가 실리면서 이 충격적인 드라마가 세상에 알려졌습니다. 〈타임〉은 '파리의 심판'이란 제목으로 프랑스 와인이 참패한 5월 전쟁의 전말을 자세히 보도했습니다. 〈타임〉 보도가 나오고 몇 달 후 프랑스의 몇몇 신문들이 마지못해 파리의 심판을 보도했습니다. 프랑스 언론의 논조는 "파리의 심판은 무의미하며 과정이 매우 비과학적이고 불합리하다"는 비판으로 일관됐습니다. 그렇지만 1976년 파리의 심판은 와인 산업과 문화에 몇몇 중요한 변화를 가져왔습니다.

TIME

June 7, 1976

Modern Living: Judgment of Paris

Americans abroad have been boasting for years about California wines, only to be greeted in most cases by polite disbelief—or worse. Among the few forceful and respected admirers of le vin de Californie in France is a transplanted Englishman, Steven Spurrier, 34, who owns the Caves de la Madeleine wine shop, one of the best in Paris, and the Académie du Vin, a wine school whose six-week courses are attended by the French Restaurant Association's chefs and sommeliers. Last week in Paris, at a formal wine tasting organized by Spurrier, the unthinkable happened: California defeated all Gaul.

The contest was as strictly controlled as the production of a Chateau Lafite. The nine French judges drawn from an oenophile's Who's Who, included such high priests as Pierre Tari, Secretary General of the Association des Grands Crus Classés, and Raymond Oliver, owner of Le Grand Véfour restaurant and doyen of French culinary writers. The wines tasted were transatlantic cousins—four white Burgundies against six California Pinot Chardonnays and four Grands Crus Chateaux reds from Bordeaux against six California Cabernet Sauvignons.

Gallic Gems. As they swirled, sniffed, sipped and spat, some judges were instantly able to separate an imported upstart from an aristocrat. More often, the panel was confused. "Ah, back to France!" exclaimed Oliver after sipping a 1972 Chardonnay from the Napa Valley. "That is definitely California. It has no nose," said another judge—after downing a Bâtard-Montrachet '73. Other comments included such Gallic gems as "this is nervous and agreeable," "a good nose but not too much in the mouth," and "this soars out of the ordinary."

When the ballots were cast, the top-soaring red was Stag's Leap Wine Cellars' '73 from the Napa Valley, followed by Mouton Rothschild '70, Haut-Brion '70 and Montrose '70. The four winning whites were, in order, Chateau Montelena '73 from Napa, French Meursault Charmes '73 and two other Californians, Chalone '74 from Monterey County and Napa's Spring Mountain '73. The U.S. winners are little known to wine lovers, since they are in short supply even in California and rather expensive ($6 plus). Jim Barrett, Montelena's general manager and part owner, said: "Not bad for kids from the sticks."

1976년 6월 7일자 〈타임〉에 게재된 '파리의 심판' 기사

첫째, 미국 와인에 대한 인식이 완전히 달라지는 계기가 됐습니다. 심판 이전 미국 와인은 아무리 맛이 좋아도 가격이 100달러를 넘을 수 없었습니다. 이후 미국 와인은 정당한 평가를 받게 됐고 미국 와인업계 자체 평가에서 좋은 결과를 얻는 와인은 값이 천정부지로 높아지기도 했습니다. 값을 너무 올렸다는 불만도 커졌습니다.

둘째, 와인의 역사와 전통에 대한 사고 체계를 근본적으로 바꿔놓았습니다. 심판에서 드러났듯이 역사와 전통에만 의존한 선입관은 편견일 수 있음을 증명하면서, 편견에 지배된 와인 문화와 와인 산업을 되돌아보게 만들었고 변화가 시작됐습니다.

셋째, 세계의 와인 산업계에 신선한 혁신의 바람을 일으켰습니다. 프랑스 와인 생산자들도 신대륙 와인의 품질을 인정하게 됐습니다. 파리의 심판은 체계적이고 과학적인 방식의 포도 농사와 와인 생산 시스템을 프랑스 포도주 산업계에 도입하게 만든 자극제가 됐습니다. 호주나 칠레, 남아공 등 다른 신대륙 와인 생산업자들도 품질 좋은 와인은 구대륙의 전유물이 아니라는 사실에 고무됐습니다.

〈타임〉 보도 이후 파리의 심판에 참여했던 프랑스의 심사위원들은 인터뷰를 회피한 채 한동안 숨어 지낼 정도로 곤욕을 치러야 했습니다. 행사를 기획한 스퍼리어는 파리에 있는 와인 상점과 아카데미는 유지했으나 영국과 미국에 머무는 시간이 많아지도록 삶의 틀에 변화를 기해야 했습니다. 그러다 1988년 그는 영국으로 귀국했습니다. 크리스티 와인 코스의 대표 역할을 맡았고 와인 컨설턴트와 칼럼니스트로 명성을 날렸습니다. 지금은 주요 항공사의 와인 컨설팅을 하면서 유명한 와인 잡지 〈디캔터Decanter〉의 편집인으로 활동하고 있습니다.

파리의 심판이 보도된 이후 프랑스 내에서 자신에 대한 비판 여론이 높아지자 스퍼리어는 스스로 블라인드 테이스팅이 불완전한 것이었으며 비과학적인 측면이 많았다는 점을 인정해야 했습니다. 그는 1976년 실제 심사 결과표를 전부 공개했습니다. 레드 와인의 경우 심사위원 11명 가운데 4명만이 미국의 와인(스택스립 2명, 릿지 몬테 벨로 1명, 하이츠 1명)을 1위로 평가했고 나머지 7명은 프랑스 와인을 1위로 꼽았다는 사실이 드러났습니다. 그들 7명 가운데 5명은 몽로즈를 1위로 꼽았습니다. 그런데 실제 종합 채점 결과 몽로즈는 3위로 밀려났습니다. 심사위원들의 편차가 심했기 때문입니다. 1위 평가가 가장 많은 와인을 최고로 치는 방식을 택했다면 몽로즈 1위, 무통 로칠드 2위, 오브리옹 3위, 스택스립 4위로 평가 순위가 바뀌었을 겁니다. 그런데 전체 11명 심사위원으로부터 골고루 비교적 높은 평가를 받은 스택스립이 종합 점수에서 0.5점 차이로 1위에 오른 것입니다. 스퍼리어는 프랑스 언론과 업계의 비난을 의식한 듯 "와인을 혀로 맛보고 점수 매기는 일은 어제 다르고 오늘 다른 결과가 나오는 법"이라며 애써 프랑스 와인을 두둔하기까지 했습니다.

필자는 인간의 입으로 와인을 평가하는 일만큼 주관적인 것은 없다고 생각합니다. 같은 와인이라도 그날의 몸 상태에 따라 다른 평가가 나올 수도 있습니다. 특히 기후 변화가 적은 캘리포니아 레드 와인과 빈티지에 따라 평가가 달라지는 보르도 레드 와인을 동일한 잣대로 평가하는 것 자체가 과학적이지 않다는 지적 역시 일리는 있다고 봅니다.

2006년의 2차 심판마저

와인 문화에 커다란 혁신을 불러온 파리의 심판 이후 30년 만에 '2차 심판'이 펼쳐졌습니다. 1976년 파리의 심판 때 대상으로 삼은 빈티지 그대로 재차 블라인드 테이스팅의 기회를 가져보자는 뜻에서 이뤄진 이벤트였습니다. 2006년 심판이 다시 열린다는 소식이 전해지자 프랑스 측은 난색을 표했습니다. 특히 로칠드 측에서는 주관적인 보여주기 행사라고 평가하면서 자사의 와인은 심사 대상에서 제외하라고 요구했습니다.

2006년 2차 심판은 파리가 아닌 런던과 캘리포니아 나파 밸리에서 동시에 진행됐습니다. 런던 쪽 행사는 런던의 와인 거래 업체인 베리 브러더스 & 러드Berry Bros. & Rudd가 주재했고 심사위원은 스퍼리어가 선정했습니다. 나파 밸리 행사는 와인앤드아트Wine and the Arts사가 조직했습니다. 무통 로칠드의 소극적 반응에 아랑곳하지 않고 주최 측은 1970년 빈티지 무통 로칠드 등 1976년 파리의 심판 당

2006년 2차 파리의 심판

시 등장했던 10개의 포도주를 완벽하게 준비했습니다. 프랑스 보르도 레드 와인 4종과 캘리포니아 레드 와인 6종이 모두 준비된 것입니다.

일반적으로 프랑스 보르도의 명품 와인은 적어도 15년이 지나야 열리기 시작합니다. 1970~1973년 병입된 포도주를 1976년에 평가한 것은 보르도 와인의 가치를 온전히 드러낼 수 없었다는 것이 프랑스 언론이나 와인 업계의 생각이었습니다. 따라서 2006년 경합은 보르도의 완승 기회가 될 것이라는 기대를 프랑스 측은 은연중에 하고 있었습니다.

결과는 어떻게 됐을까요? 한마디로 프랑스 포도주는 대재앙을 맞았습니다. 2차 블라인드 테이스팅 결과 점수가 높은 순서로 상위권 1~5위를 캘리포니아 와인이 싹쓸이했기 때문입니다. 런던과 나파

1976년과 2006년의 두 차례 심판 결과

Rank Position	1976	2006
1	Stag's Leap, 1973	Ridge Monte Bello 1971
2	Ch Mouton-Rothschild 1970	Stag's Leap, 1973
3	Ch Montrose 1970	Mayacamas 1971
4	Ch Haut-Brion 1970	Heitz Martha's Vy 1970
5	Ridge Monte Bello 1971	Clos Du Val 1972
6	Ch Leoville Las Cases 1971	Ch Mouton-Rothschild 1970
7	Heitz Martha's Vy 1970	Ch Montrose 1970
8	Clos Du Val 1972	Ch Haut-Brion 1970
9	Mayacamas 1971	Ch Leoville Las Cases 1971
10	Freemark Abbey 1969	Freemark Abbey 1969

두 곳 모두에서 1971년 릿지 몬테 벨로가 압도적 점수를 얻으며 1위를 차지했습니다. 런던에서 2위는 무통 로칠드가 올랐지만 나파에서는 6위에 그쳤습니다. 2006년 심판은 런던과 나파 밸리 양측 점수를 합산해 순서를 매기기로 사전에 공표됐습니다. 그 결과 종합 1위는 1971년산 릿지 몬테 벨로, 2위는 1976년 1위였던 미국의 스택스립, 공동 3위는 캘리포니아의 하이츠와 마야카마스가 올랐고 5위마저 캘리포니아의 클로 뒤 발이 차지했습니다.

대지진 같은 충격이 시작됐습니다. 특히나 이번 테이스팅은 유명한 잰시스 로빈슨을 비롯해 휴 존슨, 크리스티앙 바네크 등 당대 최고 전문가들이 대거 심판관으로 참여한 결과였기 때문에 프랑스 와인 업계로서는 더욱 참담할 수밖에 없었습니다. 프랑스 언론들은 이번에도 충격의 패배 소식을 전하지 않았습니다. 그러나 보이지 않는 곳에서 자성이 시작됐습니다. 폐쇄적인 와인 생산과 판매 시스템에 개선이 일어나고, 와이너리 투어 유치부터 적극적인 마케팅 확산에 이르기까지 변화가 일었습니다. 갑이 아닌 을의 입장에서 프랑스의 고급 와이너리들도 크고 작은 변화의 길을 모색하는 계기를 맞았습니다.

그러나 무엇보다 중요한 것은 와인을 소비하는 사람들의 인식에 큰 변화가 생겼다는 점입니다. 여전히 보르도의 등급 와인은 비쌉니다. 두 차례의 심판으로 의기양양해진 미국 와인들은 값이 10배 이상으로 올랐습니다. 이를 못마땅히 여긴 소비자들의 태도도 달라졌습니다. 어떻게든 좋은 와인을 좋은 가격에 마셔야 하는 만큼 등급이나 전통적인 명예보다 맛 자체를 중심 가치에 두게 됐습니다. 유명한 와이너리 제품에는 거품이 끼어 있다고 본 겁니다. 파리의 심판에서 드러난 것처럼 이름이 알려지지 않았거나 와인 생산의 역사가 짧은 제품 가운데도 뜻밖에 좋은 가치를 지닌 와인이 많다는 것에 소비자들은 주목했습니다.

다른 모든 산업이나 문화가 그러하듯 와인도 영원한 강자, 영원한 1등은 없습니다. 그들만의 카르텔이 보호하고 유지해온 고가 와인 브랜드 대신 실용적인 가격에 판매되는 질 좋은 와인을 즐기려는 소비자의 힘이 갈수록 커지고 있습니다. 와인의 주권은 소비자의 것이지 결코 생산자, 특히 소수 카르텔의 전유물은 아니라는 인식이 자리 잡았습니다. 소비자가 '와인 주권'을 회복함으로써 '와인 민주주의'도 실현되기 시작한 겁니다.

두 차례의 심판은 와인 산업과 소비 문화에 큰 변화를 가져왔지만, 넘어야 할 과제는 많습니다. 몇몇 와이너리의 경우 사람들의 반응이 좋고 언론에서 평가가 잘 나오면 곧바로 값을 2배로 올립니다. 필자는 와인 공부를 하고 그 내용을 책으로 옮기면서 '포도주만큼 미스매치mismatch가 많은 분야도 드물다'는 생각을 자주 했습니다. '부조화'의 뜻을 가진 '미스매치'라는 어휘로 와인 산업을 평가하는 이유는 간단합니다. 세상에는 품질이 좋으면서 값도 저렴한 와인이 너무나도 많은데, 정작 그런 와인을 찾는 소비자들은 정보가 없어서 좀처럼 쉽게 만날 수 없기 때문입니다.

에필로그

술은 감성의 액체입니다. 이성을 갖고는 닿을 수 없는 세계를 술이 다리가 돼 만날 수 있습니다. 술은 왜 마실까요? 당연히 애주가들은 술에 취하는 맛으로 마신다고 답합니다. 혹은 취하기 위해 마신다고 말합니다. 그러나 술이 과해지면 언행도 과해집니다. 깨고 나면 후회할 일을 하는 경우도 적지 않습니다. 크게 취한 상태에선 이를 분간하지 못하는 사람이 많습니다.

행복한 사람에게만 달콤한 와인

영국의 낭만파 시인으로 20대에 요절한 존 키츠는 "술은 행복한 자에게만 달콤하다"고 했습니다. 슬픔과 근심이 있거나 불편한 사람과 논쟁이라도 하는 상황에서 마시는 술은 독입니다. 버트런드 러셀은 그의 명저 《행복의 정복》에서 "술은 일시적인 자살이다"라고 표현했습니다. 술을 마시고 제대로 자신을 다스릴 수 없다면 술이 마시는 사람의 가치를 추락시킬 수 있음을 경계한 말입니다. 그래서 술을 좋아하는 경지와 술에 빠져 헤어나지 못하는 상태는 분명 다릅니다.

다음의 시는 작자가 누군지, 출전이 어딘지는 정확하게 알 수 없지만 술의 가치를 돌아보게 만드는 내용이라 인용합니다. 술을 마시려면 돈이 듭니다. 그래서 예부터 술이 생긴다는 일은 참 좋은 일입니다. 늘 함께 대화하고 싶은 혹은 숲길이라도 함께 걷고 싶은 벗은 참으로 소중한 존재입니다. 그런데 그 소중한 벗은 내가 필요할 때는 곁에 없는 경우가 많죠.

술 얻으니 벗이 없고
벗 있으니 술이 없네.
오늘이 무슨 날인가?
술도 있고 벗도 있네.

취하도록 마시자.
취하도록 사랑하자.

좋아하는 벗과 좋은 술을 마주하고 흥겹게 마시는 술은 아름답습니다. 취해도 취하지 않습니다. 이러한 술의 긍정적 가치와 의미를 많은 이들이 노래했음에도 불구하고 술에 대한 부정적 평가도 이어집니다. 특히 과도한 술은 몸에, 가정에, 사회에 해악을 끼칩니다. 적당함의 경계선은 모호합니다. "한 잔만 더!" 혹은 "3차 가서 맥주로 입가심만 하고 헤어지자!"라고 말하는 사람의 모습에서 적당함의 경계는 허물어질 공산이 큽니다. 계속 달려야만 직성이 풀리는 폭주가 반복되는 일상은 곧 가정의 희생과 사회적 비용이 뒤따른다는 것을 의미합니다.

필자는 술과 사람의 인연도 어쩌면 운명이라는 생각을 합니다. 일종의 '총량 불변의 법칙'이 적용되는 게 인간과 술의 상관관계가 아닌가 싶습니다. 젊어서 두주불사의 주량을 자랑하는 사람은 50대 후반 혹은 60대에 접어들면 건강이 빠르게 나빠지는 사례를 어렵지 않게 볼 수 있습니다.

언론사 동료 가운데도 술 잘 마시는 것으로 유명한 사람 몇몇은 암 등의 치명적 질환으로 깊은 병에 걸리거나 안타깝게도 유명을 달리했습니다. 총량 불변이라 칭한 것은 일생을 통틀어 마실 수 있는 술의 양은 다소의 개인차가 있을지언정 비슷하다는 겁니다. 그러니까 젊어서 술을 잘 마시면 나이 들어 술을 즐길 수 없는 상황을 맞을 수 있다는 겁니다. 젊어서부터 폭음보다는 적당히 마시는 사람이 노년이 돼도 술을 음미하며 즐길 수 있게 될 공산이 큽니다.

참으로 오묘한 술 와인

술과 관련한 총량 불변의 법칙은 와인에도 적용돼야 마땅합니다. 그런데 참 묘한 구석이 와인이라는 술 안에 숨어 있습니다. 소주, 맥주, 위스키, 고량주 등을 즐기는 경우 조금만 방심하면 폭음, 폭주로 진입하기 일쑤입니다. 하지만 필자가 경험한 바에 따르면 와인은 그럴 확률이 상대적으로 낮습니다. 그 차이는 바로 와인 자체의 특성에서 비롯됩니다. 우선 와인은 벌컥벌컥 이른바 '원샷'으로 마시는 술이 아닌 게 가장 큰 요인입니다. 레드 와인의 경우 알코올 비중이 보통 13~15% 정도로 요즘 도수 낮아진 소주에 근접할 정도로 비교적 낮지 않기 때문에 단번에 한 잔을 그냥 비울 수 없습니다. 또 한 가지 이유는 와인에는 수십 가지 향이 존재한다는 점입니다. 시간이 갈수록 그 향이 변합니다. 물론 위스키에도 향이 있지만 와인만큼 다양하진 않습니다. 따라서 시간을 갖고 음미해야만 진정한 가치를 누릴 수 있는 술이 바로 와인입니다.

와인도 많이 마실 경우 간경화 혹은 소화기관의 심각한 질환을 유발합니다. 프랑스에서 3년 넘게 살면서 프랑스인들의 와인 마시는 문화를 유심히 살펴봤더니 특징이 있더군요. 저녁 정찬의 경우 1인당 마시는 양으로 보면 750밀리리터 용량의 와인 1병을 채 마시지 않습니다. 어느 집에서 저녁 식사를 준비해 지인을 초대하는 경우 한 부부가 괜찮은 품질의 와인 1병씩을 들고 갑니다. 8명이 모인다면 손님들이 3병을 가져오는 경우가 많습니다. 주인도 1~2병을 준비합니다. 그리고 식전주 1병, 식후주 1/2병 정도로 만찬을 마칩니다. 8명이 서너 시간 동안 이어지는 만찬 내내 마시는 와인은 많아야 6병인 거죠. 긴 시간 동안 사는 이야기, 세상 이야기를 나누며 천천히 마시는 와인이 대취하게 만드는 일은 그래서 거의 생기지 않습니다. 바로 이 점에서 필자는 와인이 참 매력적인 술이라고 느꼈습니다.

와인의 힘 '프렌치 패러독스'

와인의 또 한 가지 매력은 '프랑스의 모순French Paradox'이 주는 시사점에도 존재합니다. 1991년 11월 미국 CBS는 시사 프로그램 '60분60Minutes'에서 프랑스인들이 다른 유럽 사람들보다 고지방 음식을 많이 먹는데도 불구하고 심장병 사망률이 현저히 낮은 현상을 분석했습니다. 이 모순적인 상황은 바로 소량의 와인을 규칙적으로 마시는 프랑스인들의 식습관에서 비롯된 게 아닐까 하는 추측을 방송을 통해 내보냈습니다. 그러면서 이것을 바로 '프랑스의 모순'이라고 표현했습니다. 방송이 나간 뒤 미국에서 본격적으로 와인 열풍이 불기 시작했습니다. 1993~1996년까지 3년 사이에 미국의 와인 소비량은 2배 이상 급증했습니다. '프랑스의 모순'이라는 표현은 사실 1990년 〈헬스Health〉지의 에드워드 돌닉Edward Dolnick이 처음 사용했다고 합니다.

프랑스의 모순은 큰 줄기에선 맞지만, 반드시 정확한 것은 아니라는 게 필자의 생각입니다. 소량의 레드 와인을 매일 규칙적으로 식사 때마다 마신다는 조건 속에 이미 소식과 절주가 전제돼 있기 때문입니다. 술을 적게 마시면 당연히 혈관계에 악영향을 덜 미치고 이는 곧 심장 관련 질환을 줄이는 요인이 될 수 있습니다. 그러니까 프랑스에 국한되지 않고 어느 나라, 어떤 민족이든 음식과 술을 적게 마시면 장수하는 것은 당연한 결과겠지요.

이런 맥락의 논란이 일자 추가적인 연구가 이어졌습니다. 캘리포니아 오클랜드의 카이저 퍼머넌트 병원 심장전문의 아서 클라츠키Arthur

Klatsky 박사는 CBS 방송 이후 심장병 환자를 대상으로 다시 연구했습니다. 그는 연구 결과를 근거로, 심장병 환자 중 와인을 마시는 사람이 그렇지 않은 사람에 비해 사망률이 낮다는 결론을 내렸습니다. 비슷한 시기 하버드 의대의 림Rimm 교수는 하루 한두 잔의 와인을 마시면 심장질환 사망률이 25~45%나 줄어든다는 연구 결과를 발표해 프랑스의 모순을 과학적 통계로 입증했습니다.

그런데 프랑스의 모순은 프랑스 북부 지방 사람들에게는 상대적으로 해당되지 않는 것 같습니다. 그들의 심장병 발생 비율은 다른 유럽 나라 사람들과 별반 차이가 없기 때문입니다. 그러니까 프랑스의 모순은 프랑스 가운데서도 남부 지중해 연안 사람들에게만 적용된다는 것입니다. 여기서 한 가지 시사점은 온화한 기후와 느긋한 삶의 태도, 신선한 채소의 다량 섭취가 무엇보다 소중하다는 것입니다.

와인 자체가 가진 매력에다 '프랑스의 모순'이 주는 시사점은 세계적으로 포도주 문화의 일반화에 큰 공헌을 했습니다.

모시 적삼 입고 안동 소주 고아내시던 어머니를 그리며

필자는 실제 경험한 이야기와 와인과 연관된 인문학적 스토리를 씨줄, 날줄로 엮어 이 책을 꾸몄습니다. '책을 쓰면서'에서도 언급했지만, 첫 페이지부터 통독해도 좋고 읽는 사람의 독서 습관이나 관심에 따라 선호하는 제목 위주로 선택해서 읽어도 좋게 꾸몄습니다.

와인 책을 집필하는 동안 가끔 이제는 세상을 떠나신 어머니를 떠

올렸습니다. 제가 태어나 자란 소백산 아래 산촌의 사랑채에서 어머니는 안동 소주를 직접 고아내셨습니다. 먹을 것이 귀할 때 쌀로 고두밥을 짓고, 누룩과 맑은 샘물을 합해 큰 단지에 넣어두면 사흘이 지나면서 술 익는 소리가 들립니다. 그걸 저어 마시면 아주 맛있는 수제 막걸리가 되지요. 그러다 다시 며칠 후 단지 안이 조용해지면 맨 위에 투명한 맑은 액체가 보입니다. 그걸 떠내면 청주가 됩니다. 그런데 최종 목적지는 청주가 아니라 소주였습니다. 청주 맛이 최적으로 잘 익었다 싶은 시점에는 그 단지 안에서 익은 술 전체를 큰 가마솥에 넣고 장작불로 뜨겁게 데웁니다. 김이 모락모락 나면 이번엔 가마솥 위에 커다란 고리를 거꾸로 얹습니다. 그러면 알코올 도수 50도가 넘는 최고 품질의 천연 증류주가 이슬처럼 고리 천장에 맺히고 그 액체가 한 방울씩 대나무 잎사귀로 만들어진 대롱을 따라 주전자로 떨어집니다.

어머니는 그렇게 나온 정통 소주가 제대로 됐는지 확인하기 위해 불을 붙여보십니다. 납작한 접시 위에서 푸른 불빛이 활활 타오르는 경이로운 모습을 지금도 기억합니다. 당신의 시아버지와 남편을 위해 정성껏 소주를 고아내시던 어머니의 모습은 필자에게 '술과 관련된 일종의 원형原型, archetype'으로 각인됐습니다. 이렇게 정성껏 만들어진 술은 잘만 절제해서 마시면 약 그 자체입니다.

와인은 스토리입니다. 어떤 와인 한 병이라도 스토리 없이 마시는 건 반대합니다. 스토리를 어떻게 일일이 다 만들까요? 이 책을 다 읽으셨다면 와인을 즐기는 노하우도 알게 됐을 겁니다. 제가 권하는 스토리 만들기를 따라 하는 것은 어렵지 않습니다. 와인의 선택 및 가격, 더불어 마신 사람, 마신 장소, 함께 먹은 음식과의 조화 등을 기록하는 게 그 방법입니다. 몇 번만 해보면 마시는 와인마다 고유의 스토리를 만들어준다는 것을 느끼게 될 것입니다. 와인을 마시면서 스토리를 기록하는 것은 건강하게 와인을 즐기는 방법이기도 합니다. 한 병의 와인은 남녀를 떠나 멋진 인연을 연결해주는 가교 노릇을 충분히 해낼 수 있습니다. 이성 간의 사랑이 됐든, 안 풀리던 비즈니스가 됐든 한 잔의 와인이 촉매가 돼 술술 풀려나가는 체험도 할 수 있을 것입니다. 와인은 스토리 그 자체입니다.

인류의 역사보다 더 긴 역사를 가진 와인을, 이 졸저를 통해 쉽고 흥미롭게 이해하고 보다 행복하게 즐길 수 있기를 기대하면서 글을 닫습니다.

참고문헌

도서

김준철, 《와인 알고 마시면 두 배로 즐겁다》, 2007, 세종서적
김준철 외, 《와인 에피소드》, 2018, 백산출판사
이주호, 《이제는 와인이 좋다》, 2005, 바다출판사
장홍, 《와인, 문화를 만나다》, 2010, 다할미디어
전상헌, 《와인특강》, 2015, 예문
조정용, 《올 댓 와인》, 2007, 해냄
한관규, 《보르도 와인》, 2017, 지구문화사
그레그 제너, 서정아 옮김, 《소소한 일상의 대단한 역사》, 2017, 와이즈베리
닐 베케트 외 편, 박홍영 외 옮김, 《죽기 전에 꼭 마셔봐야 할 와인 1001》, 2009, 마로니에북스
버트런드 러셀, 서상복 옮김, 《러셀 서양철학사》, 2019, 을유문화사
아기 다다시, 설은미 외 옮김, 《와인의 기쁨》, 2007, 중앙북스
아자 가트, 오숙은·이재만 옮김, 《문명과 전쟁》, 2017, 교유서가
에드워드 스타인버그, 박원숙 옮김, 《산 로렌조의 포도와 위대한 와인의 탄생》, 2018, 시대의창
제인 앤슨, 박원숙 옮김, 《보르도 전설》, 2020, 가산북스
존 캐리 편, 김기협 옮김, 《역사의 원전》, 2006, 바다출판사

케빈 즈렐리, 정미나 옮김, 《와인 바이블》, 2008, 한스미디어
프레이저·리마스, 유영훈 옮김, 《음식의 제국》, 2012, RHK
하이드룬 메르클레, 신혜원 옮김, 《식탁 위의 쾌락》, 2005, 열대림

Hugh Johnson & Jancis Robinson, World Atlas of Wine 7th ed, 2013, Mitchell Beazley
Jancis Robinson, The Oxford Companion to Wine, 2016, Oxford University Press
Jon Bonne, The New Wine Rules, 2017, Penguin Random House
Pierre Casamayor, LE VIN en 80 questions, 2004, Hachette

인터넷 사이트

와인폴리닷컴 www.winefolly.com
와인즈닷컴 www.wines.com
와인21닷컴 www.wine21.com
와인스펙테이터 www.winespectator.com
와인엔수지애스트 www.wineenthusiast.com
와이너리스트 www.winerist.com
미국 역사박물관 www.americanhistory.si.edu
와인뉴스 www.winenews.it

권말부록

-프랑스, 이탈리아, 스페인의 주요 와인 용어-

영어도 아닌 프랑스어, 이탈리아어, 스페인어로 표기된 유럽의 정통 와인 라벨을 읽으려면 해당 언어에 대한 기초적 지식이 필요합니다. 요즘엔 스마트폰이 있으니 큰 걱정은 없습니다. 번역기 애플리케이션을 열고 라벨의 알고 싶은 원어 표현에 스마트폰을 들이대면 바로 해석이 나오기 때문입니다. 하지만 기본적인 몇몇 표현이나 어휘는 두고두고 써먹을 가치가 있습니다.

프랑스의 주요 와인 용어

AOC Appellation d'origine contrôlée(아펠라시옹 도리진 콩트롤레): 원산지 통제 명칭 와인

Brut(브뤼): 스파클링 와인, 즉 샴페인이 달지 않은 드라이한 상태

Cépage(세파주): 와인 제조에 사용된 포도 품종

Château(샤토): 와이너리(주로 보르도 지방에서 양조장의 의미로 사용)

Domaine(도멘): 와이너리(주로 부르고뉴 지방에서 양조장의 의미로 사용)

Clos(클로): 주로 부르고뉴에서 담장으로 둘러싸인 포도밭의 의미로 사용

Côte(코트): 강을 따라 조성된 경사진 언덕을 가진 포도밭 혹은 거기서 나온 와인

Cru(크뤼): 포도밭이란 뜻과 포도의 성장 상태라는 두 가지 의미를 가짐

Grand Cru(그랑 크뤼): 아주 훌륭한 포도밭이란 뜻, 부르고뉴의 최고 등급 와인 명칭

Grand Cru Classé(그랑 크뤼 클라세): 1855년 등급 와인으로 분류된 것임을 증명

Cuvée(퀴베):. 큐브에서 파생된 탱크를 의미하며 혼합 포도주를 주로 표현함

Demi-Sec(드미 섹): 절반 정도의 당도를 가진 스파클링 와인

Doux(두): 달콤한 스파클링 와인

Grand Vin(그랑 뱅): 등급 와인은 아니지만 품질이 좋은 보르도 지방 와인

Millésime(밀레짐): 영어로 빈티지vintage와 같은 의미로 포도가 수확된 연도

Mis en Bouteille au Château(미즈 앙 부테이유 오 샤토): 와이너리가 직접 제조해 병입함

Premiérs Crus1er Cru(프리미에 크뤼): 부르고뉴의 그랑 크뤼 바로 아래 등급 와인

Premier Grand Cru Classé(프리미에 그랑 크뤼 클라세): 1등급 5대 샤토에 한해 붙여진 명칭

Vendangé à la main(방당주 알라 맹): 손으로 하는 포도 수확

이탈리아의 주요 와인 용어

Bianco(비앙코): 화이트 와인

Rosso(로소): 레드 와인

Rosato(로사토): 로제 와인

Secco(세코): 드라이 혹은 단맛이 적은 와인

Dolce(돌체): 단맛이 강한 와인

Spumante(스푸만테): 스파클링 와인

Poggio(포지오): 언덕 혹은 경사진 땅에 조성된 와이너리

Vigneto(비그네토): 와이너리

Castello(카스텔로): 프랑스 보르도의 샤토와 같은 의미, 와이너리

Cascina, Cantina(카시나, 칸티나): 카스텔로보다는 규모가 작은 와이너리 지칭
Classico(클라시코): 특정 지역의 정통한 와인(예, 키안티 클라시코)
Riserva(리세르바): 일반 와인보다 오크통 숙성을 1년 이상 더 길게 한 와인

스페인의 주요 와인 용어

Vino(비노): 와인
PAGO Vino de Pago(파고, 비노 데 파고): 스페인 국가 지정 최고 등급 와인
DOCa Denominacion de Origen Calificada(데노미나시온 데 오리헨 깔리피까다): 파고 등급 바로 아래의 스페인 최고 등급 와인
DO Denominacion de Origen(데노미나시온 데 오리헨): DOCa 바로 아래 등급의 우수 와인
Vino Viejo(비노 비에호): 올드 와인
Vino Joven(비노 호벤): 젊은 와인
Vino Tinto(비노 틴토): 레드 와인
Rosado(로사도): 로제 와인
Vino Blanco(비노 블랑코): 화이트 와인
Dulce(둘세): 단맛 강한 와인
Seco(세꼬): 드라이한 와인
Cava(까바): 스파클링 와인
Bodega(보데가): 와이너리
Cosecha(꼬세차): 빈티지
Crianza(크리안자): 오크통 숙성 6개월, 병입 숙성 2년을 거친 와인
Reserva(레세르바): 오크통 숙성 1년, 병입 숙성 2년으로 도합 3년 이상 숙성한 와인
Gran Reserva(그란 레세르바): 오크통 18개월 포함 5년 이상 숙성한 와인

와인잔에 담긴 인문학

초판 1쇄 발행일 2020년 12월 25일
초판 6쇄 발행일 2024년 8월 30일

지은이 황헌

발행인 조윤성

디자인 박지은
발행처 ㈜SIGONGSA **주소** 서울시 성동구 광나루로 172 린하우스 4층(우편번호 04791)
대표전화 02-3486-6877 **팩스(주문)** 02-585-1755
홈페이지 www.sigongsa.com / www.sigongjunior.com

ISBN 979-11-6579-332-6 03300